〔漢〕鄭　玄　等注

十三經古注

五　　禮記

中華書局

本册目録

〔著者小傳〕鄭玄（見前）

禮記

《四部備要》

經部

上海中華書局據相臺岳

氏家塾本校刊

桐鄉　陸費逵　總勘

杭縣　高時顯　輯校

杭縣　吳汝霖　輯校

杭縣　丁輔之　監造

禮記卷第一

曲禮上第一　　鄭氏註

曲禮曰。毋不敬。禮主扵敬。○陸曰。毋音無。說文云。毋。止之詞。其字从女。内有一畫。象有姦之者。禁止之物。令姦字。案毋字無音。非也。後竝不音。俗本多以毋字作母字。讀者皆朱點母字。以毋作字。無與父母字不同。儼若思。○【儼】魚檢反。矜莊皃。如字。又人之坐思。又息嗣反。然。安定辭。審言語也。易曰。言語者。君子之樞機。安民哉。說此上三句可以安民。說曲禮者美之云耳。

敖不可長。欲不可從。志不可滿。樂不可極。以四者慢遊。敖之道。○【敖】五報反。又五到反。【長】展丈反。【樂】音洛。又音岳。【從】足用反。賢者狎而敬之。畏而愛之。近狎。書也。謂附近之。○【狎】户甲反。令。日畏而愛之。心服曰畏。曾子曰。吾畏。愛而知其惡。憎而知其善。以己心與人交。不可憎而諱。先王之所畏也。積而能散。謂己有蓄積。見貧窮者則當能散。宋樂氏。○【樂】音岳。謂宋司。善人惡。安安而能遷。能謂遷己。今安此之安。圖後有害。則行當遷。○城樂喜。臨財毋苟得。為傷廉也。于。○【為】于偽反。下也同。臨難毋苟免。為傷義也。○【難】乃旦反。很毋求勝。分毋求多。為傷平也。很。閱閱扵牆也。謂爭訟。○【很】胡懇反。○【分】扶問反。【勝】舒證反。疑事毋質。質成也。疑。彼己之。疑則不當。直而勿有。直正也。友而正若己。彼之謙也。

若夫。坐如尸。立如齊。若言。尸謂祭時。○【齊】側皆反。祭時也。且君子聽磬。禮從宜。使從俗。欲我為非丈夫。○【齊】側皆反。方秋傳曰。是晉春句善之。○齊齊側祭皆祀反。時也。闇事齊侯。卒也。乃還春秋句帥之。○齊。亦出禮器曰。天不常也。屬則當從。其于養則當從君子。使從俗。所以事不可常也。之地。不屬養。故音放此旋。此後亦出禮器。曰。天不生地。不養君子。以為禮色。使鬼神不音。○【使】鬼神吏反。夫禮者。所以定親疏。決嫌疑。別同異。

明是非也。禮不妄說人。其道近。則使不媚說也。君子○【夫】說音扶。○【謔】説音悅。不辭費。傷為。○【别】彼列反。下同。【説】音悅。又古穴反。【嫌】不辭費。傷為。禮不踰節。不侵侮。侵侮不好狎。踰節不。○【侮】亡甫反。○【侮】亡甫反。近。敬也。撫也。○【好】呼報反。好。脩身踐言。謂之善行。○【行】踐履也。孟也。言履行而循行同之。行脩言道禮之質也。言道合扵文。禮言為飾耳。質猶本也。禮聞取扵人。不聞取人。○【取】扵舊七樹反。謂取君人如字。謂取扵人。者取君人扵。禮聞來學。不聞往教。藝轉。道德仁義。非禮不成。謂人趣就高尚求其道也。皇如字謂制服取其身之。○【取】扵舊七樹反。人如字。謂取扵人者取君人扵。道德仁義非禮不成。教訓正俗。非禮不備。分爭辯訟。非禮不決。君臣上下父子兄弟非禮不定。從己制師使。禮聞來學不聞往教。道班次也。仕也。○【辯】皮勉反。别也。學或為御。宦學事師非禮不親。班朝治軍。蒞官行法。非禮威嚴不行。禱祠祭祀。供給鬼神。非禮不誠不莊。禮不誠不莊。分辯皆别也。○【辯】皮勉反。○【蒞】音利。利遙反。【供】音恭。○【蒞】臨也。當蒞音類。【朝】音惠。莊。敬也。學或為御。是以君子恭敬撙節退讓以明禮。○【撙】祖本反。○【撙】趨也。鸚鵡能言。不離飛鳥。猩猩能言。不離禽獸。今人而無禮。雖能言。不亦禽獸之心乎。夫唯禽獸無禮。

故父子聚麀。聚猶共也。鹿牝曰麀。○【麀】音憂。○【離】力智反。鹿牝曰麀。同。是故聖人作。爲禮以教人。使人以有禮。知自別扵禽獸。大上貴德。其次務施報。○【走】祖反。知自別扵禽獸大上。不惟上。○【大】音泰。其民施政而。三王之世。○【施】始豉反。○【施】始施反。禮尚往來。往而不來非禮也。來而不往亦非禮也。人有禮則安。無禮則危。故

以為禮色。使鬼神吏不反。夫禮者。所以定親疏。決嫌疑。別同異。

曰禮者不可不學也。夫禮者自卑而尊人，雖負販者，必有尊也，而況富貴乎。富貴而知好禮則不驕不淫，貧賤而知好禮則志不懾。

人生十年曰幼，學。二十曰弱，冠。三十曰壯，有室。四十曰強，而仕。五十曰艾，服官政。六十曰耆，指使。七十曰老，而傳。八十九十曰耄。七年曰悼。悼與耄，雖有罪，不加刑焉。百年曰期，頤。

大夫七十而致事。若不得謝，則必賜之几杖，行役以婦人，適四方，乘安車。自稱曰老夫，於其國則稱名。越國而問焉，必告之以其制。

謀於長者，必操几杖以從之。長者問，不辭讓而對，非禮也。

凡為人子之禮，冬溫而夏凊，昏定而晨省，在醜夷不爭。

夫為人子者，三賜不及車馬。故州閭鄉黨稱其孝也，兄弟親戚稱其慈也，僚友稱其弟也，執友稱其仁也，交遊稱其信也。見父之執，不謂之進不敢進，不謂之退不敢退，不問不敢對。此孝子之行也。

夫為人子者，出必告，反必面，所遊必有常，所習必有業。恆言不稱老。年長以倍則父事之，十年以長則兄事之，五年以長則肩隨之。群居五人，則長者必異席。

為人子者，居不主奧，坐不中席，行不中道，立不中門。食饗不為概，祭祀不為尸。聽於無聲，視於無形。不登高，不臨深，不苟訾，不苟笑。

笑。（為見笑也。人之性，不欲見毀訾，不欲……〔譬〕音紫，又將知反。）

孝子不服闇，不登危，懼辱親也。

父母存，不許友以死，不有私財。（為親存，不得許友以死；不有私財，為忘親也。）

為人子者，父母存，冠衣不純素。孤子當室，冠衣不純采。（玄，武子姓之冠也。純，緣也。素，象，縞也，早喪親，雖在，恐失之也。純采，悅也。〔縞〕又被老反。）

幼子常視毋誑。（視，今之示字。小未有所知，常示以正，毋誑。〇常、示。）

童子不衣裘裳。

立必正方，不傾聽。（方，自正也。傾聽，耳屬於人。）

長者與之提攜，則兩手奉長者之手。負劍辟咡詔之，則掩口而對。（負劍，辟咡詔之，謂傾頭與語，口旁曰咡。〔辟〕匹亦反。〔咡〕如志反。〔詔〕亮反。）

從於先生，不越路而與人言。遭先生於道，趨而進，正立拱手。先生與之言則對，不與之言則趨而退。（先生，老人教學者。〔從〕才用反，下皆同。）

從長者而上丘陵，則必鄉長者所視。（察有所視。〔鄉〕許亮反。）

登城不指，城上不呼。（為惑人也。〔呼〕火故反。號叫也。）

將適舍，求毋固。（謂行而就人館，固猶常也。求，主人地物不可以舊常，或時乏無周禮，土訓辨地物，原其可否。〔適〕丁歷反。）

將上堂，聲必揚。（警內人也。）戶外有二屨，言聞則入，言不聞則不入。（將入，宜謙，不欲其聞。）

將入戶，視必下。（不舉目。〔視〕示。〇下不同。）入戶奉扃，視瞻毋回。戶開亦開，戶闔亦闔。有後入者，闔而勿遂。毋踐屨，毋踏席，摳衣趨隅，必慎唯諾。（扃，外閉之關也。奉之，慎唯諾。〔扃〕古螢反。〔摳〕苦侯反。〔趨〕七喻反，俱在隅。〔遂〕胡臘反。〔踐〕在淺反。〔踏〕徒臘反。）

大夫士出入君門，由闑右，不踐閾。（闑，門橜也。閾，門限也。〇闑，魚列反。閾，于逼反。）

凡與客入者，每門讓於客。（君迎賓也。〔敵〕者迎大門內，敵大門外。〇敵者迎於大門外退。）客至於寢門，則主人請入為席，然後出迎客。（為猶敷也。然也。）客固辭，主人肅客而入。（肅，進也。進道也。〇肅，進也。）主人入門而右，客入門而左。（左右就其左右。主人由其階。〇臣就君位，大夫士就之。）主人就東階，客就西階。客若降等，則就主人之階。（降，下也。不敢由其階。服復其正，不重。〇復音服。）主人固辭，然後客復就西階。（肅客而入。客進，道之進。）

主人與客讓登，主人先登，客從之，拾級聚足，連步以上。（級，等也。〔拾〕音涉。等，謂前足躡一等，後足從之。〔躡〕女輒反。〔拾〕音涉。）上於東階則先右足，上於西階則先左足。（重跌也。〇〔上〕時掌反，足相隨不同。）上相過也。（〇〔上〕時掌反。）

帷薄之外不趨，堂上不趨，執玉不趨。（其迫於堂下也。〇為其近迫也，堂下則趨。〇〔趨〕本或作趣。其遲速同。）

堂上接武，堂下布武。室中不翔。（武，迹也。布武，謂每移迹相及也。迹相及曰接武，迹不相及曰布武。室中迫狹。半迹曰武，迹之二尺。中人之跬，尺二寸。）

玉不趨。（〔玉〕志挈重玉地，於聘廟門外上堂與堂下相接。〇接武，謂每移迹各。）

並坐不橫肱。授立不跪，授坐不立。凡為長者糞之禮，必加帚於箕上，以袂拘而退，其塵不及長者，以箕自鄉而扱之。奉席如橋衡。請席何鄉，請衽何趾。席南鄉北鄉，以西方為上；東鄉西鄉，以南方為上。若非飲食之客，則布席，席間函丈。主人跪正席，客跪撫席而辭。客徹重席，主人固辭。客踐席，乃坐。主人不問，客不先舉。將即席，容毋怍。兩手摳衣去齊尺。衣毋撥，足毋蹶。先生書策琴瑟在前，坐而遷之，戒勿越。虛坐盡後，食坐盡前。坐必安，執爾顏。長者不

及，毋儳言。正爾容，聽必恭。毋勦說，毋雷同，必則古昔，稱先王。侍坐於先生，先生問焉，終則對。請業則起，請益則起。父召無諾，先生召無諾，唯而起。侍坐於所尊敬，毋餘席。見同等不起。燭至起，食至起，上客起。燭不見跋。尊客之前不叱狗。讓食不唾。侍坐於君子，君子欠伸，撰杖屨，視日蚤莫，侍坐者請出矣。侍坐於君子，君子問更端，則起而對。侍坐於君子，若有告者曰，少間，願有復也，則左右屏而待。毋側聽，毋噭應，毋淫視，毋怠荒。遊毋倨，立毋跛，坐毋箕，寢毋伏。斂髮毋髢，冠毋免，勞毋袒，暑毋褰裳。

侍坐於長者，屨不上於堂，解屨不敢當階。就屨，跪而舉之，屏於側。鄉長者而屨，跪而遷屨，俯而納屨。

離坐離立，毋往參焉。離立者不出中閒。

男女不雜坐，不同椸枷，不同巾櫛，不親授。嫂叔不通問，諸母不漱裳。外言不入於梱，內言不出於梱。女子許嫁，纓，非有大故，不入其門。姑姊妹女子子已嫁而反，兄弟弗與同席而坐，弗與同器而食。父子不同席。

男女非有行媒，不相知名；非受幣，不交不親。故日月以告君，齊戒以告鬼神，為酒食以召鄉黨僚友，以厚其別也。

取妻不取同姓，故買妾不知其姓則卜之。寡婦之子，非有見焉，弗與為友。

賀取妻者曰：某子使某聞子有客，使某羞。

貧者不以貨財為禮，老者不以筋力為禮。

名子者不以國，不以日月，不以隱疾，不以山川。男女異長。男子二十冠而字，父前子名，君前臣名。女子許嫁，笄而字。

凡進食之禮，左殽右胾，食居人之左，羹居人之右。膾炙處外，醯醬處內，葱渫處末，酒漿處右。以脯脩置者，左朐右末。

客若降等執食興辭，主人興辭於客，然後客坐。主人延客祭，祭食，祭所先進，殽之序，遍祭之。

（謂殽炙膽也，以其本出於牲體也。夫禮魚腊菹醬不祭也。○〔徧〕音遍。〔渣〕音泣。）三飯，主人（〔飯〕扶晚反。）延客食胾，（先食胾，後食殽，殽尊也。）然後辯殽。（辯，徧也。○〔辯〕音遍，下同。）主人未辯，客不虛口。（客俟主人也。虛口，酳也。酳，以酒曰酳，以水曰漱。○〔酳〕音鞫。又漱。士觀反。）

侍食於長者，主（主人。）人親饋則拜而食，（勸長者食耳，雖賤也，辭拜而已，示敬也。○〔饋〕其類食。）人不親饋則不拜而食。（己以其不隆於禮也。）共食不飽，（謙也。共食，共羹飯，謂與人同器也。）共飯不澤手。（為手汗澤生不潔也，澤或為擇也。○〔澤〕謂接莎也。○〔為〕于偽反，下禮注飯。）

毋摶飯，（為欲致飽，不謙也。○〔摶〕徒端反。）毋放飯，（去手餘飯於器中，人所穢也。）毋流歠，（大歠，嫌欲疾也。○〔歠〕川悅反。）毋吒食，（嫌薄之也。○〔吒〕陟嫁反。）毋齧骨，（為有聲響，不敬也。○〔齧〕五結反。）毋反魚肉，（為己歷口，人所穢也。）毋投與狗骨。（為其賤，飲食之物也。）毋固獲，（為其不廉也。固，曰固，專取也；獲，曰欲專取也。）毋揚飯。（揚去熱也。○〔飯〕扶晚反。）飯黍毋以箸。（嫌欲晚也。飯黍當用匕也。○〔箸〕直慮反。）毋嚃羹，（嚃，為不嚼菜也。○〔嚃〕他苔反，又吐略反。）毋絮羹，（絮，猶調也，謂加以鹽梅也。為其詳於味也。○〔絮〕詳於味。）毋刺齒，（止。○〔刺〕七亦反。）毋歠醢。（歠亦嫌淡味故也。為其詳於淡味故也。）客絮羹，主人辭不能亨。（○〔亨〕音烹。）客歠醢，主人辭以窶。（○〔窶〕音優。）濡肉齒決，（決，猶斷也，斷之宜用手也。○〔決〕音斷，下同。）乾肉不齒決。（堅，宜用手也。）毋嘬炙。（牢嚌之，為其貪甚也。嘬謂一舉盡臠也。○〔嘬〕初怪反。）卒食，（卒，食竟也。○〔卒〕子兀反。）客自前跪，徹飯齊以授相者，（謙也。相，主人自贊饌者。齊，醬屬也。士相食，大夫相。○〔齊〕將醬反。〔相〕息亮反。）主人興辭（禮，賓卒食，主人更不食，北面取同。）於客，然後客坐。（客親徹不聽也。）

侍飲於長者，酒進則起，拜受於尊所。（尊所，謂設尊之處。○〔酳〕……）長者辭，少者反席而飲。長者舉未釂，少者不敢飲。（釂，盡爵也。○〔釂〕子妙反。）長者賜，少者、賤者不敢辭。（賤不敢先尊者也。）賜果於君前，其有核者懷其核。（敬君之賜，不敢棄也。○〔核〕戶革反。）御食於君，君賜餘，器之溉者不寫，其餘皆寫。（溉，謂陶梓之器，可滌漑者也。寫者，傳己器乃食之也。○〔溉〕古愛反。〔寫〕音瀉。）餕餘不祭，父不祭子，夫不祭妻。（餕者，卑，不祭盛饌也。重汙辱賤者之餘也。○〔餕〕子峻反。）御同於長者，雖貳不辭，偶坐不辭。（貳，謂重殽膳也。○〔貳〕音二。）羹之有菜者用梜，其無菜者不用梜。（梜，猶箸也。○〔梜〕古協反。）為天子削瓜者副之，巾以絺；（副，析也。既削又四析之，乃橫斷之。巾以絺而覆之。○〔副〕普逼反。〔絺〕丑基反。）為國君者華之，巾以綌；（華，中裂之，不四析也。○〔華〕戶花反。〔綌〕去逆反。）為大夫累之，（累，倮也，不巾覆也。○〔累〕力追反。）士疐之，（疐，去柢也。○〔疐〕丁計反。）庶人齕之。（齕，齧也。○〔齕〕恨發反。）

父母有疾，冠者不櫛，行不翔，（憂不為容也。○〔翔〕似羊反。）言不惰，（惰，不恭也。○〔惰〕徒臥反。）琴瑟不御，（憂不在樂也。）食肉不至變味，飲酒不至變貌，（憂不在味與貌也。）笑不至矧，怒不至詈。（矧，齒本也，大笑則見。○〔矧〕式忍反。○〔詈〕力智反。）疾止復故。（復常也。）有憂者側席而坐，（側，特也，憂不在接人也。）有喪者專席而坐。（專，猶單也，居處也。）水潦降不獻魚鼈。（○〔饒〕音多也。〔潦〕音老。）獻鳥者佛其首，（〔佛〕戾也，為其喙害人也。〔籠〕為小竹籠也。）畜鳥者則勿佛也。（〔畜〕養也，養則馴也。）獻車馬者執策綏，獻甲者執冑，（獻軍所獲其甲，舉其冑，人執之。）獻杖者執末，獻民虜者操右袂，（〔袂〕彌祭反。）獻粟者執右契，（〔契〕苦結反。刀圭契券要也。）獻米者操量鼓，（〔量〕音亮。〔鼓〕隱義云量十斗同，鼓民告謂器名。○〔綏〕音雖。）獻孰食者操醬齊，（二石者為鼓，計數名。）獻田宅者操書致。（手所操執以告謂之書致。）

凡遺人弓者，張弓尚筋，弛弓尚角，（〔遺〕于季反。〔弛〕尸氏反。把簫中弣頭也。○〔弣〕音撫。）右手執簫，左手承弣。（簫弰也。弣把中也。順之邪listing。）尊卑垂帨。（〔帨〕始銳反，佩巾也。〔帨〕折時列反，又音稅。）若主人拜，則客還辟，辟拜。（〔辟〕音避。〔辟拜〕辟上拜蒲謙反。）主人自受，由客之左，接下承弣，（受由客之左，接下接從下也。）鄉與客並，然後受。（〔鄉〕音向，面禮上敵則客俱。）進劍者左首。（左首尊。）進戈者前其鐏，後其刃。進矛戟者前其鐓，（進戈者前其鐏，後其刃，進矛戟在下鐏在上。〔鐏〕徂悶反。〔鐓〕徒對反。）進几杖者拂之。（〔拂〕芳弗反。〔拂〕依拂去塵也。）效馬效羊者右牽之，（○〔效〕胡教反，下同，效猶呈見。用右手便。）效犬者左牽之。（〔齛〕齧人，右手當禁之。○〔齛〕常世反。）執禽者左首。（左首尊。）飾羔鴈者以繢，（〔繢〕畫也，諸侯大夫以布，天子大夫以畫。○〔繢〕胡對反。）受珠玉者以掬，（〔掬〕慎也，掬手也。○居六反。）

受弓劍者以袂，（〔袂〕彌世反，敬也。）飲玉爵者弗揮。（〔揮〕音暉，振去餘曰揮。脃○其〔脃〕此芮反。苞裹魚肉也，苞或以茅，苴以茅餘。）凡以弓劍、苞苴、簞笥、問人者，（〔簞〕音丹，盛飯食者圓曰簞，方曰笥。〔笥〕思嗣反。○〔苴〕子余反。苞問猶遺也。苞或以茅，苴以茅餘。〔笥〕思嗣反。方曰笥。）操以受命，如使之容。（〔吏〕謂使，反。注〔使〕下同。○〔色〕）凡為君使者，已受命，君言不宿於家。（〔為〕于偽反，聘禮注曰並君有言。○〔為〕于偽反，下注曰君有言。○所問也。〔則〕急也，以君束帛也，如言饗謂有故所問也。）君言至則主人出拜君言之辱，使者歸則必拜送于門外，（〔使〕君事君命於臣也，此謂國君。〔如〕異反。若使人於君所，則必朝服而受命。○〔識〕如字，又式異反。）若使人於君所，則必朝服而命之，（君所則必朝服而命之，其臣也，有所直請。反於博。）使者反則必下堂而受命。（其君。○〔朝〕直遙反。○所告。〔識〕如字，又式異反。）博聞彊識而讓，敦善行而不怠，謂之君子。（〔敦〕厚也，又式異反。○〔行〕下孟反。○〔急〕音待反。）君子不盡人之歡，不竭人之忠，以全交也。（歡謂衣服飲食之物，忠謂禮意。）禮曰：君子抱孫不抱子。（孫與祖昭穆同。○〔昭〕時招反，昭穆。）此言孫可以為王父尸，子不可以為父尸。（同以。）為君尸者，大夫士見之，則下之。（〔見〕賢遍反，國君乃下之。時○〔少〕式召反，不能盡識尸必式之禮，乘之禮。）君知所以為尸者，則自下之。（〔下之〕尸尊。）尸必式，乘必以几。（〔乘〕繩證反，慎也。下也。國君或下之，時○〔少〕式召反，不能盡識尸必式之禮，乘。）齊者不樂不弔。（〔齊〕側皆反，又〔樂〕音洛，如字。○〔弔〕同。齊者不樂不弔，正散其哀樂思則失也。）居喪之禮，毀瘠不形，視聽不衰。（〔瘠〕在亦反，又如字，謂形。）升降不由阼階，出入不當門隧。（〔阼〕才故反，○〔隧〕在昔反，若常。）居喪之禮，頭有創則沐，身有瘍則浴，有疾則飲酒食肉，疾止復初。（〔創〕初良反，又初亮反。〔瘍〕音羊。○〔勝〕音升。）不勝喪，乃比於不慈不孝。（〔勝〕任也。○〔勝〕音升而金反。）五十不致毀，六十不毀。

七十唯衰麻在身，飲酒食肉處於內。〔襄七雷反○七〕所以養衰老也。○人

生與來日，死與往日。〔數所主反○數色角反〕

弔喪弗能賻不問其所費，問疾弗能遺不問其所欲，見人弗能館不問其所舍。〔賻音附遺于季反○皆為于偽反〕

賜人者不曰來取，與人者不問其所欲。

適墓不登壟，助葬必執紼。〔壟音隴〕

臨喪不笑。

揖人必違其位。〔紼音弗〕

望柩不歌。

入臨不翔。〔柩求又反臨力鴆反〕

當食不歎。

鄰有喪，舂不相。〔相息亮反〕

里有殯，不巷歌。

適墓不歌。

哭日不歌。〔哭空谷反〕

送喪不由徑，送葬不辟塗潦。〔辟音避潦音老〕

臨喪則必有哀色，執紼不笑，臨樂不歎。〔樂音洛〕

介胄則有不可犯之色。

故君子戒慎不失色於人。〔介音界胄直又反〕

國君撫式，大夫下之；大夫撫式，士下之。〔式音軾下遐嫁反○無猶據也，據車式正立也○小俛音免〕

禮不下庶人，刑不上大夫。〔為于偽反○為音頭〕

刑人不在君側。〔近恨反〕

兵車不式。

武車綏旌，德車結旌。〔綏耳佳反武車結旌收乘車乘謂之武車，結其旒也〕

史載筆，士載言。〔謂書從其職也〕

前有水則載青旌。

前有塵埃則載鳴鳶。〔鳶悅專反至行前朱鳥而後〕

前有車騎則載飛鴻。〔騎奇寄反〕

前有士師則載虎皮。〔師眾也，軍眾宜知所警，士師謂兵眾也〕

前有摯獸則載貔貅。〔摯音至貔貅〕

行前朱鳥而後玄武，左青龍而右白虎，招搖在上，急繕其怒。〔招搖星名在北斗杓端主指者○繕直戰反〕

進退有度，左右有局，各司其局。〔度待洛反○分局部分也〕

父之讎弗與共戴天。〔讎市由反○讎非常也，父者子之天，殺己之天，與共戴天非孝子也〕

兄弟之讎不反兵。〔求殺之天乃止，不反兵謂相待〕

交遊之讎不同國。〔交遊謂朋友也〕

四郊多壘，此卿大夫之辱也。〔壘力軌反〕

地廣大荒而不治，此亦士之辱也。〔辱其數見侵伐，則國多壘能安其民，荒穢不治〕

惇于為無神下也，皆○為同祭服敝則焚之，祭器敝則埋之。〔龜〕

龜筴敝則埋之，牲死則埋之。

卒哭乃諱。禮不諱嫌名，二名不偏諱。逮事父母則諱王父母，不逮事父母則不諱王父母。君所無私諱，大夫之所有公諱。《詩》《書》不諱，臨文不諱，廟中不諱。夫人之諱，雖質君之前，臣不諱也；婦諱不出門。大功小功不諱。入竟而問禁，入國而問俗，入門而問諱。

外事以剛日，內事以柔日。凡卜筮日：旬之外曰遠某日，旬之內曰近某日。喪事先遠日，吉事先近日。曰：「為日，假爾泰龜有常，假爾泰筮有常。」卜筮不過三，卜筮不相襲。

龜為卜，筴為筮。卜筮者，先聖王之所以使民信時日、敬鬼神、畏法令也；所以使民決嫌疑、定猶與也。故曰：「疑而筮之，則弗非也；日而行事，則必踐之。」

君車將駕，則僕執策立於馬前。已駕，僕展軨，效駕，奮衣由右上，取貳綏，跪乘，執策分轡，驅之五步而立。君出就車，則僕並轡授綏。左右攘辟。車驅而騶。至于大門，君撫僕之手而顧，命車右就車。門閭溝渠必步。

凡僕人之禮，必授人綏。若僕者降等，則受；不然，則否。若僕者降等，則撫僕之手；不然，則自下拘之。客車不入大門。婦人不立乘，犬馬不上於堂。故君子式黃髮，下卿位，入國不馳，入里必式。君命召，雖賤人，大夫士必自御之。

介者不拜，爲其拜而蓌拜。

祥車曠左，乘君之乘車不敢曠左，左必式。

僕御婦人則進左手，後右手；御國君，則進右手，後左手而俯。國君不乘奇車。

車上不廣欬，不妄指。立視五巂，式視馬尾，顧不過轂。

國中以策彗恤勿驅，塵不出軌。

國君下齊牛，式宗廟。大夫士下公門，式路馬。乘路馬必中道，以足蹙路馬芻有誅，齒路馬有誅。

曲禮下第二

鄭氏註

凡奉者當心，提者當帶。執天子之器則上衡，國君則平衡，大夫則綏之，士則提之。

凡執主器，執輕如不克。執主器，操幣圭璧，則尚左手，行不舉足，車輪曳踵。

立則磬折垂佩。主佩倚則臣佩垂，主佩垂則臣佩委。

執玉，其有藉者則裼，無藉者則襲。

國君不名卿老世婦，大夫不名世臣姪娣，士不名家相長妾。

君大夫之子不敢自稱曰余小子，大夫士之子不敢自稱曰嗣子某，不敢與世子同名。

君使士射，不能，則辭以疾，言曰某有負薪之憂。

侍於君子，不顧望而對，非禮也。

大夫士之子不敢自稱曰嗣子某。

君子行禮，不求變俗。祭祀之禮，居喪之服，哭泣之位，皆如其國之故，謹修其法而審行之。

去國三世，爵祿有列於朝，出入有詔於國。若兄弟宗族猶存，則反告於宗後。

去國三世，爵祿無列於朝，出入無詔於國，唯興之日從新國之法。

君子已孤不更名。已孤暴貴，不爲父作...

居喪未葬，讀喪禮；既葬，讀祭禮；喪復常，讀樂章。〔謚爲于事斂反，謚音示。〇爲其時，爲禮各。〕居喪不言樂，祭事不言凶，公庭不言婦女。〔非其時也。〕振書、端書於君前有誅。倒筴、側龜〔顛倒也，側反。臣不豫事，不敬也。振謂去塵也。視端之正也。〇倒，倒。〕於君前有誅。〔呂豉反，下同。羌。〕龜、筴、几、杖、席，蓋重素，袗絺綌，不入公門。〔上袗厭猶伏也，袗，白表或爲菲，扶〇苗白表苦草若。〕書方衰凶器，不以告，不入公門。〔此皆菲凶器也。内謂得喪不在。〕

公事不私議。〔若君子將營宮室，宗廟爲先，廄庫爲〔先祖及國。九又國之凡家造祭器爲先犧賦〕次，居室爲後。〔牲大夫解。九造汶冢謂早。〇犧賦以稅尚羊反出〕爲次，養器爲後。〔牲大夫造宜冢。〇犧許宜反。〕無田祿者不設祭器，〔宜君子雖貧不粥祭器雖寒不衣祭服可祭假器〕自祭有服。〔君子雖貧不粥祭器，雖寒不衣祭服，謂賣既也，丘反。蠱。〕爲宮於丘木也。〔廣〇敬鬼神也。〇粥音育，衣於賣既也。〕祭器不踰竟。〔恐此用君祿所作。竟音境，下出同。〕龍大夫士寓祭器於士，〔寓寄也。己後還與得用者言具。寓寄〔寓〕魚具反。〕士去國踰竟爲壇位，鄉國而哭，素衣素裳素冠，徹緣。

鞮屨素簚乘髦馬，不蚤鬋，不祭食，不說人以無罪，婦人不當御，三月而復服。〔鞮屨。蠱猶墻也。蠱覆無約也，之菲。自悅氣變可以徹都。無毫馬嫌不惡。簚乘君也。〇三月一時天壇位自除地爲位落也。〇簚音冪，綵反。丁音毛。〇豆音爾反，車爾蠱易音易許意緣徒或旁。〇鬋子踐反亦反多猶〕

還辟再拜稽首〔君謂勞見使君者既及拜介夾而拜先其拜辱之大夫迎拜則還辟不敢荅拜〕賓主之大禮。大夫迎入門謂君再拜。〔見去見君聲同。〇辟音闢婢亦反。〕君若迎拜則還辟不敢荅拜，大夫士見於國君君若勞之則〔君尊勞報曰〕主人敬客則先拜客，客敬主人則先拜主人。〔賓賓〕凡非弔喪，非見國君，無不荅拜者。〔士客也國。〇見君相見如其拜。〕大夫見於國君，國君拜其辱。〔自内來而拜辱見也。〕士見於大夫，大夫拜其辱。〔自外來而拜辱也。〕同國始相見，主人拜其辱。〔君於士不荅拜也非其臣則荅拜之大夫於其臣雖賤必荅拜之男女相荅拜也〕

國君春田不圍澤，〔注乳如反。〕大夫不掩羣，士不取麑卵。〔生乳之時重傷其類。〇麑力管反。〕歲凶，年穀不登，〔登，成也。〕君膳不祭肺，馬不食穀，馳道不除，祭事不縣，大夫不食粱，士飲酒不樂。〔道不除祭事不縣大夫不食粱士飲酒不樂皆自損爲殺也。〕〔人民也。肝食周人以牲肺則不祭，祭先有虞氏以首夏后氏以心殷〕

（為妨民取蔬食也。縣，樂器鐘磬之屬也。除，治也，不治不道。粱，加食也。）廢樂（去聲。縣音懸。〇肺，芳廢反。下同。）

君無故玉不去身，大夫無故不徹縣，士無故不徹琴瑟。（故，謂災患喪病也。）

士有獻於國君，他日，君問之曰：安取彼？再拜稽首而后對。

大夫私行出疆，必請，反必有獻。士私行出疆，必請，反必告。（私以己事也。不必有其獻也，告，反而已。〇疆，艮反，下同。）

君勞之，則拜；問其行，拜而后對。（亦起敬也。中無羞及所經過，謂之道。）

國君去其國，止之曰：奈何去社稷也！大夫曰：奈何去宗廟也！士曰：奈何去墳墓也！（皆勤之民言也。殷。傳曰：見侵伐，國滅君死之也，春秋正也。）

國君死社稷，大夫死眾，士死制。（死其所受於天也。死其所受眾也。死其所受於君也。）

君天下曰天子，朝諸侯、分職、授政、任功，曰予一人。（令所使為之，謂君教之也。）

踐阼，臨祭祀，內事曰孝王某，外事曰嗣王某。（社稷宗廟，祭之唯內，宗廟而已。孝王，致孝於鬼神也。嗣王，孝王，天王不地。）

臨諸侯，畛於鬼神，曰有天王某甫。（畛，致也。於鬼神，謂祝辭告。〇畛，音軫。）

崩，曰天王崩。（策史書策辭也。）復，曰天子復矣。（復，魄反，皆呼名。大宗，伯為之，呼字也。）

告喪，曰天王登假。（假，已也。上時掌己時。〇復，音伏。播七反。告君卒反。）措之廟，立之主（措之廟立之主，曰帝。祝也。）曰帝。（而附之天神，而作春秋傳。故君卒反。）

天子未除喪，曰予小子。

予小子（位謙也。亦未敢稱天子，一人。春秋傳曰：以諸侯三年然後即位。天子之蹈年即位以，然後即位。）

仕以（神天子之五官曰司徒、司馬、司空、司士、司寇，典司五眾。）

司六典（宗典曰法也。此伯亦殷時制也。周則皆屬司徒稱。）

建天官，先六大：曰大宰、大宗、大史、大祝、大士、大卜，典司六典。（御妻八十一，御妻謂之女御。〇音軫。天官，大士。）

有妻，有妾。（王娶於晉，天子有后，是天子之燕寢。）

其爵，封王，內亦三千里，諸侯稱。生名之，死亦名之。（王生名之，死亦名之。）

天子有后，有夫人，有世婦，有嬪，有妻，有妾。

天子建天官，先六大：曰大宰、大宗、大史、大祝、大士、大卜，典司六典。

天子之五官：曰司徒、司馬、司空、司士、司寇，典司五眾。（徒主土，司馬主兵，司空主土事，司士主群臣，司寇主奸盜。故猛司寇掌奸人，五眾未成。〇冞，未華反。）

天子之六府：曰司土、司木、司水、司草、司器、司貨，典司六職。（號人也。司器，角人也。司貨，掌金玉，此木山虞也，此水川衡也，此草稻司草。〇金玉錫，石未成器者。）

天子之六工：曰土工、金工、石工、木工、獸工、草工，典制六材。（之六工曰土工、金工、石工、木工、獸工、草工。此亦殷時制也，周則皆屬司空。土工陶旊也，金工築冶鳧栗鍛桃也，石工玉人磬人也，木工輪輿弓廬匠車梓也，獸工函鮑韗韋裘也，草工作萉葺也。〇陶音桃。旊音方，往反。函音含。韗音運。鍛，多亂反。況，萬反。築音竹。治音也。甈音符。崔音...）

五官致貢，曰享。（此亦歲時制也。歲終則置。〇享，許兩反。）其貢歲功，獻其歲終之享。王致。

五官之長，曰伯，是職方。（謂為三公者。周禮九命作伯。〇長，展丈反。職，陝以主東也，是伯主分之。自陝以西，召公主之；自陝以東，周公主之。）

其擯於天子也，曰天子之吏。（後皆放此，古外不復。會出，會也。重出會古此外不復。後皆聽其致事而詔王，歲終置。〇令，許亮反。）

天子同姓，謂之伯父；異姓，謂之伯舅。（一相處乎內，是再反。式冉反。其擯於天子也，曰天子之吏，擯者辭也。謂三公也。王命委之三吏。天子同姓謂之伯父，異姓。春秋傳曰：王命委之三吏。〇擯，必刃反。）

謂之伯舅。自稱於諸侯曰天子之老。於外曰公。於其國曰君。九州之長，入天子之國曰牧。天子同姓謂之叔父，異姓謂之叔舅，於外曰侯，於其國曰君。其在東夷、北狄、西戎、南蠻，雖大曰子。於內自稱曰不穀。於外自稱曰王老。庶方小侯，入天子之國曰某人，於外曰子，自稱曰孤。天子當依而立，諸侯北面而見天子曰覲。天子當寧而立，諸公東面、諸侯西面曰朝。諸侯未及期相見曰遇，相見於郤地曰會。諸侯使大夫問於諸侯曰聘，約信曰誓，涖牲曰盟。諸侯見天子曰臣某侯某。

其與民言，自稱曰寡人。其在凶服曰適子孤。臨祭祀，內事曰孝子某侯某，外事曰曾孫某侯某。死曰薨，復曰某甫復矣。既葬見天子曰類見，言謚曰類。諸侯使人使於諸侯，使者自稱曰寡君之老。天子穆穆，諸侯皇皇，大夫濟濟，士蹌蹌，庶人僬僬。天子之妃曰后，諸侯曰夫人，大夫曰孺人，士曰婦人，庶人曰妻。公侯有夫人，有世婦，有妻，有妾。夫人自稱於天子曰老婦，自稱於諸侯曰寡小君，自稱於其君曰小童。自世婦以下自稱曰婢子。子於父母則自名也。列國之大夫入天子之國曰某士，自稱曰陪臣某。於外曰子，於其國曰寡君之老。使者自稱曰某。天子不言出，諸侯不生名。君君子不親惡。（天子出之，名以絕之。春秋傳曰：天王出居于鄭是也。○遠，于萬反。）諸侯失地，名；滅同姓，名。（之絕。鄭衛侯朔入于衛。○爲，于僞反。）為人臣之禮，不顯諫，（君爲惡奪美也。不幾微，顯明也，謂明言其奪。○奪，于僞反。）三諫而不聽，則逃之。（逃去也。合無義則離，君臣有義則離。）子之事親也，三諫而不聽，則號泣而隨之。（動至親無去志也。○號，戶刀反。）君有疾飲藥，臣先嘗之；親有疾飲藥，子先嘗之。（嘗，度待其所甚反。○嘗，庿待所洛反。）醫不三世，不服其藥。（慎物齊也。○齊，才細反。）儗人必於其倫。（倫，猶類也。○儗，猶比也。）問天子之年，對曰：聞之，始服衣若干尺矣。（其比大夫當於大夫，比士當於士，不以魚起反，注同。）問國君之年，長曰能從宗廟社稷之事矣，幼曰未能從宗廟社稷之事也。（問國君之年，敢既斥不至尊，言所能，又不問。）問大夫之子，長曰能御矣，幼曰未能御也。（謁，大。能。）問士之子，長曰能典謁矣，幼曰未能典謁也。（謁，請告也，五十命也爲大夫。專事而仕者，謁請事謂四十強而仕。則言其可能，如能貧薪也。）問庶人之子，長曰能負薪矣，幼曰未能負薪也。（則言其可能。）人之子長曰能貧薪，幼曰未能貧薪也。（問士之富，問大夫之富。）問國君之富，數地以對，山澤之所出。（數地以對山澤之所出問大夫之富。）問大夫之富，曰有宰食力，祭器衣服不假。（皆食在其所制，以民之賦稅多少。○對，宰邑土。）問士之富，以車數對；問庶人之富，數畜以對。（畜，許又反。）

天子祭天地，祭四方，祭山川，祭五祀，歲徧。（天子祭天地，祭四方，祭山川，祭五祀，歲徧。）諸侯方祀，祭山川，祭五祀，歲徧。（諸侯方祀，祭山川，祭五祀，歲徧。）大夫祭五祀，歲徧。士祭其先。（祭四方謂祭五官之神在四郊也，句芒在東。祝融后土謂在南，蓐收之神在西，玄冥在北，詩云在來東。）

凡祭，有其廢之莫敢舉也，（方行禮祀此方，蓋殷時制祭方法之官而已。于立五祀、七祀、戶，諸侯中立。）有其舉之莫敢廢也。（廢爲農祀神也，禩後不廢，可舉復謂廢，若禩殷。）非其所祭而祭之，名曰淫祀。（農祀神祀，襄後不廢秉殷。）淫祀無福。（不妄祭神也。○妄祭神，又反官。）天子以犧牛，（非其所祭而祭之。）諸侯以肥牛，（祀農也。○爲，後有德者，反復謂廢。）大夫以索牛，（犧純毛也，用之。○肥，養所以滌牲也。○索，求得。）士以羊豕。（支子不祭，祭必告于宗子。）天子以犧牛，諸侯以肥牛，（五祀大夫立三祀，士立二祀。○徧音遍。句古，士立一祀，謂凡祭有其廢之莫敢。）

支子不祭，祭必告于宗子。（子當攝而祭者，五宗皆然。）凡祭宗廟之禮：牛曰一元大武，（凡祭宗廟之禮，牛曰一元大武豕曰。）豕曰剛鬛，豚曰腯肥，羊曰柔毛，雞曰翰音，犬曰羹獻，雉曰（剛，頭也。元武迹也。犬肥者，羹人腯之餘肥也。尹祭春。）疏趾，兔曰明視，脯曰尹祭，槁魚曰商祭，鮮魚曰（疏人用也，翰猶長也。嘉善也。脯之亦肥也。尹春。）脡祭，（充貌也。元也武迹食人脯亦肥也。）水曰清滌，酒曰清酌，黍曰薌合，粱曰薌萁，稻曰（蕪，脯脡充人用翰猶。嘉善也。稻蔬之屬，蔬如字守。）嘉蔬，韭曰豐本，鹽曰鹹鹺，玉曰嘉玉，幣曰量幣。（正也。商猶量也。其鹹也。嘏，嘉善也。○稻，天蔬如字。）天子死曰（一音泰，又音衡，藁苦老反，鮮音仙膜他反翰戶反藤音香。）

崩，諸侯曰薨，大夫曰卒，士曰不祿，庶人曰死。（薨，其無如不若猶不祿，不終其祿也。死自之上言崩薨顛壞日崩薨顛壞盡也之。）在牀曰尸，在棺曰柩。（○爲于賜僞反。斯音。在牀曰尸，形尸體陳也，在。言在棺曰柩，柩之言究音。）羽鳥曰降，四足曰漬。（舊白虎通羽鳥曰降，四足曰漬謂相識人也降落也，漬春。）

祭王父曰皇祖考，王母曰皇祖妣，父曰皇考，母曰皇妣，夫曰皇辟。（成其尊也。皇，君也。○辟音璧。）生曰父、曰母、曰妻，死曰考、曰妣、曰嬪。（考，成也。妣之言媲也。嬪，婦人有法度者也。○媲音匹，又扶至反。）壽考曰卒，短折曰不祿。（祿而不終曰短折。）

天子視不上於袷，不下於帶。（袷，交領也。天子至尊，臣視之目不過此。○袷音劫。）國君綏視，大夫衡視，士視五步。（綏視，視平衡也。衡，平也。彌高彌平，視大夫又高於國君也。○綏音妥。）凡視上於面則敖，下於帶則憂，傾則姦。（敖，慢也。憂，低也。傾，流也。）

君命大夫與士肄，（肄，習也。展書謀之處。○肄以二反。）在官言官，在府言府，（官謂版圖文書之處。府謂寶藏官也。）在庫言庫，在朝言朝。（庫謂車馬兵甲之處也。朝謂君臣謀政事之處也。）朝言不及犬馬。（議非公也。）輟朝而顧，不有異事，必有異慮。（猶心止不在君也。○志不在君。○〔輟〕丁劣反。）故輟朝而顧，君子謂之固。（固謂不達於禮也。）

在朝言禮，問禮對以禮。（於朝廷言無所不用禮也。）大饗不問卜，不饒富。（大饗，祭五帝於明堂。莫適卜也。○〔血〕大饗腥。〔適〕丁歷反。富之言備也，備而已，勿多於禮也。）

凡摯，天子鬯，（鬯，秬黍酒也。○非為禮之摰，用時物相禮而已。繁馬繁纓也。〔繁〕音溝，又古豆反。〔纓〕馬繁纓也。○〔繁〕步丹反。）諸侯圭，卿羔，大夫鴈，士雉，庶人之摰匹，童子委摯而
退。（告神之言，至也。童子委摰而退，不與為成人者，所以禮也，唯用説。）野外軍中無摯，以纓、拾、矢可也。（婦人之摰，椇榛脯脩棗栗。拾非謂射講之用。○〔繁〕步。）

之摯，棋榛脯脩棗栗。（木名。婦人無外事，見以羞物也。棋榛之屬。棋音其。○〔鄭〕俱談。○〔棋〕音羽。）納女於天子曰備百姓，（納女，猶致女。○〔女〕猶不親迎。）於國君曰備酒漿，（姓之言生也。賤婦人也。酒漿埽灑，婦人之職。）於大夫曰備埽灑。（女下之家遣人致之。此其辭也。○則以百二十人廣于此姓也。）〔埽〕悉報反。〔灑〕所買反。〔迎〕魚敬反。○〔山〕寄反。

禮記卷第一

禮記卷第二

檀弓上第三

鄭氏註

公儀仲子之喪，檀弓免焉。（公儀，氏；仲子，名，魯之同姓也。爲其非禮，故朋友皆在他邦，乃袒免也。○免音問。從項中而前交於額上，又卻向後繞髻。〔袒〕音但。）仲子舍其孫而立其子。（此其所立非也。適子死，立適孫為後。公儀蓋魯同姓。○〔舍〕音捨，下皆同。〔適〕丁歷反，下皆同。）檀弓曰：何居？我未之前聞也。（〔居〕讀為姬，姬，齊魯之間語助也。○〔居〕音姬，下同。）趨而就子服伯子於門右，曰：（賢者位而就之，主人兄弟之位。）仲子舍其孫而立其子，何也？伯子曰：仲子亦猶行古之道也。（耳。伯，立於殯東。）昔者文王舍伯邑考而立武王，微子舍其孫腯而立衍也，（微子適子死，立其弟衍，為殷禮。○〔腯〕徒本反，又徒篲反。〔衍〕以善反。）夫仲子亦猶行古之道也。子游問諸孔子，孔子曰：否，立孫。（據周禮。）

事親有隱而無犯，左右就養無方，服勤至死，致喪三年。（隱，謂不稱揚其過失也。無犯，不犯顏而諫。《論語》曰：事父母幾諫。○〔養〕羊尚反，下皆同。）事君有犯而無隱，左右就養有方，服勤至死，方喪三年。（犯，謂犯顏而諫。左右，謂扶持之。方，猶常也。子尚容隱。○〔向〕語香反。）事師無犯無隱，左右就養無方，服勤至死，心喪三年。（心喪，戚容如父而無服也。凡此喪以戚容如之父，而無制服也。）

季武子成寢，杜氏之葬在西階之下，請合葬焉，許之。入宮而不敢哭。（武子，魯公子季友之曾孫。）武子曰：合葬非古也，自周公以來未之有改也。吾許其大而不許其細，何居？命之哭。（而不敢哭，改也。）

子上之母死而不喪。（子上，孔子曾孫，子思伋之子，名白。服出母耳。）門人問諸子思曰：昔者子之先君子喪出母乎？曰：然。子之不使白也喪之，何也？子思曰：昔者吾先君子無所失道，道隆則從而隆，（有隆有殺，所以進退。○〔隆〕力反。）污則從而污，（中，污猶殺也。○〔污〕音烏，下同。〔殺〕所界反。）伋則安能！（○〔予〕羊許反，又音餘。）為伋也妻者，是為白也母；不為伋也妻者，是不為白也母。故孔氏之不喪出母，自子思始也。（記非禮之所由。）

孔子曰：拜而后稽顙，頹乎其順也；（此殷之喪拜也。○〔顙〕素黨反。〔頎〕徒回反。）稽顙而后拜，頎乎其至也。三年之喪，吾從其至者。（順，先拜賓，順也。）

孔子既得合葬於防，（言既得合葬也。○〔少〕詩召反，下不同。）曰：吾聞之，古也墓而不墳，（墓謂兆域。土之高者曰墳。今之封塋也。○〔墳〕扶云反。〔壙〕苦謗反。殷時。）今丘也，東西南北之人也，不可以弗識也。（南北言居無常處也。聚土曰封。崇，高也。封四尺，蓋周禮之土制也。）於是封之，崇四尺。孔子先反，（〔識〕式志反，又〔處〕昌志反，又慮反。如虞當事俗事。）門人後，雨甚至。（封後待也。）

孔子問焉，曰：「爾來何遲也？」曰：「防墓崩。」〔言所以遲而來者，脩之。〕孔子不應。〔應，疑其非禮。對之應。○三。二言之，以孔子如不聞。○息暫反。〕三。泫然流涕曰：「吾聞之，古不脩墓。」〔脩，猶治也。○泫，胡犬反。涕音體。〕

孔子哭子路於中庭。〔寢中庭，親之也，與哭師同。○子路，衛人。〕有人弔者，而夫子拜之。〔為之拜賜。〕既哭，進使者而問故。〔問使者自衛來赴者，故謂死及葬之狀。○使，色吏反。下故謂注死同。〕使者曰：「醢之矣。」〔時衛世子蒯聵篡輒，欲食以怖眾立，子路死之。○醢音海。〕遂命覆醢。〔示不忍食。○覆，芳服反。棄之。食音嗣。〕

曾子曰：「朋友之墓，有宿草而不哭焉。」〔宿草，謂陳根也。為師心喪三年，朋友期，宿草可也。○為，期音基。喪三年。〕

子思曰：「喪三日而殯，凡附於身者，必誠必信，勿之有悔焉耳矣。〔身謂衣衾，附於身，欲其誠信。〕三月而葬，凡附於棺者，必誠必信，勿之有悔焉耳矣。〔謂心脩備之，附於棺，謂明器之屬。〕喪三年以為極，亡則弗之忘矣。〔極，猶法也。久以遠而除其喪，絕句。亡讀如字，下又讀紀則弗之忘矣。○極如字。忘，向字下又讀。士妃反。〕故君子有終身之憂，而無一朝之患。〔念其親。〕故忌日不樂。」〔忌日，親死之日，言忌日不用舉樂。○樂音洛，又音岳。〕

孔子少孤，不知其墓，〔孔子父叔梁紇與顏氏之女徵在野合而生孔子，徵在恥焉不告。○郰，側留反。〕殯於五父之衢。人之見之者，皆以為葬也。其慎也，蓋殯也。問於郰曼父之母，然後得合葬於防。

相在為鄰。鄰有喪，舂不相；里有殯，不巷歌。〔皆所以助哀。○相謂以音聲相勸。○喪，息亮反。相，息亮反，相勸反。〕喪冠不緌。〔去飾。○緌，而佳反。去，起呂反。〕

有虞氏瓦棺，〔有虞氏上陶，始不用薪。〕夏后氏堲周，〔火熟曰堲，或謂之土燒，由是以周棺也。〕殷人棺椁，〔椁，大也，以木為椁。○棺音官。椁音郭。〕周人牆置翣。〔牆，柳衣也，凡此周人以言後王之制文。〕周人以殷人之棺椁葬長殤，以夏后氏之堲周葬中殤下殤，以有虞氏之瓦棺葬無服之殤。〔略未成人。○殤，式人羊反。長，展兩反。〕

夏后氏尚黑，大事斂用昏，戎事乘驪，牲用玄。〔以建寅之月為正，物生色黑。此昏大事亦謂斂。○驪，力知反，馬黑色。玄音寒。〕殷人尚白，大事斂用日中，戎事乘翰，牲用白。〔以建丑之月為正，物牙色白。翰，白色馬也，易曰白馬翰如。○翰，胡旦反，又音寒。〕周人尚赤，大事斂用日出，戎事乘騵，牲用騂。〔以建子之月為正，物萌色赤。騵，赤馬白腹。○騵，力原反。騂，赤類，息營反。〕

穆公之母卒，使人問於曾子曰：「如之何也？」〔穆公，魯哀公之曾孫。○營，呼營反，又放此。曾子名申，金反。參，所金反。〕對曰：「申也聞諸申之父曰：『哭泣之哀，齊斬之情，饘粥之食，自天子達。布幕，衛也；縿幕，魯也。』」晉獻公將殺其世子申生，公子重耳謂之曰：「子蓋言子之志於公乎？」

世子曰:「不可。君安驪姬,是我傷公之心也。」（言見譖之意。重耳,申生異母弟,後立為文公。○〔重〕直龍反,注皆同。〔蓋〕戶臘反,下同。）曰:「然則蓋行乎?」（去,行也。猶世子。）世子曰:「不可。君謂我欲弒君也,天下豈有無父之國哉?吾何行如之?」使人辭於狐突曰:「申生有罪,不念伯氏之言也,以至于死。申生不敢愛其死。雖然,吾君老矣,子少,國家多難,伯氏不出而圖吾君;伯氏苟出而圖吾君,申生受賜而死。」（惠,賜也。猶。）再拜稽首,乃卒。（既告狐突,乃稽經。）是以為恭世子也。

魯人有朝祥而莫歌者,子路笑之。（恭於孝,則此未之有。〔笑〕音其。〔莫〕音暮。〔樂〕音洛。）夫子曰:「由,爾責於人終無已夫!（魯人有朝祥而莫歌者,子路。）三年之喪,亦已久矣夫!」（抑為時如此,子路以善彼。○〔夫〕音扶。）子路出。夫子曰:「又多乎哉?踰月則其善也。」（又復。魯莊）

公及宋人戰于乘丘,（〔乘〕繩證反。十年夏。○）縣賁父御,卜國為右,（縣卜皆氏也。片車右。○〔縣〕音懸。〔賁〕音奔。）馬驚,敗績,（〔驚〕奔。失列。）公隊,佐車授綏。（○戎〔隊〕直類反。〔綏〕息佳反。）公曰:「末之卜也。」（猶末之微。）縣賁父曰:「他日不敗績,而今敗績,是無勇也。」遂死之。（二人赴敵而死。）圉人浴馬,有流矢在

白肉。（股裏肉也。肉○〔白肉〕魚者曰白肉。）公曰:「非其罪也。」遂誄之。士之有誄,自此始也。（士之有誄自此始也。非流矢御與右馬。○〔誄〕力軌反。〔御〕魚據反。）

曾子寢疾,病。（疾困曰病。寢疾,病也。〔正〕音征。）樂正子春坐於床下,曾元、曾申坐於足,童子隅坐而執燭。（童子,未冠者。〔坐〕才臥反,又如字,下同。〔隅〕音禺。）童子曰:「華而睆,大夫之簀與?」（華畫也,睆明貌。簀謂板也。又音刮。○〔睆〕華板反。〔簀〕側革反。〔華〕如字,或戶化反。〔與〕音餘,下同。）子春曰:「止!」（止曾子,以病困,不可動也。）曾子聞之,瞿然曰:「呼!」（瞿然,驚貌。呼,虛憊之聲。○〔瞿〕紀具反。〔呼〕火故反。）曰:「華而睆,大夫之簀與?」曾子曰:「然,斯季孫之賜也,我未之能易也。元,起易簀。」曾元曰:「夫子之病革矣,不可以變。幸而至於旦,請敬易之。」（革,急也。變,動也。〔革〕紀力反。後齊聘以革為鄰。）曾子曰:「爾之愛我也不如彼。君子之愛人也以德,細人之愛人也以姑息。（姑,且也。息,猶安也。言愛我以德,安我以取安。○〔愛〕烏代反。〕）吾何求哉?吾得正而斃焉,斯已矣。」（言吾今日但當得正而死,足以。〔斃〕婢世反。〔焉〕於虔反。）舉扶而易之,反席未安而沒。（病困,易簀,非禮也。沒,終也。○〔沒〕音勿。）

始死,充充如有窮;（親始死,孝子之心窮急如欲。）既殯,瞿瞿如有求而弗得;（瞿瞿,眼目速貌。○〔瞿〕音衢。）既葬,皇皇如有望而弗至;（皇皇,猶栖栖也。〔皇〕音遑。）練而慨然,祥而廓然。（慨,憊悼之貌。廓,虛寂之貌。○〔慨〕苦愛反。〔廓〕苦郭反。）

邾婁復之以矢,蓋自戰於升陘始也。（戰於升陘,魯僖二十二年秋,無衣。○〔郰〕音謏,或如字。〔陘〕音形。）魯婦人之髽而弔也,自敗於臺鮐始也。（敗於臺鮐,春秋襄四年秋也。臺當為壺。家有喪,壺字相。○〔髽〕側瓜反。〔臺鮐〕傳作狐鮐,時家。）

弔去聲○禮婦人弔人，妻則疑衰而紛皆曰吉臺弁無首素總○大夫妻之喪，南宮縚之妻之姑之喪，夫子誨之髽。

鬈音臺弁去羌呂反所買反又所餘。

紒音計襄七反。鑾力追反。與音餘。

南容其貌孟儀孔子兄之女好○南宮閱謂大夫閲語語。

之喪。子南容其妻孟儀孔子兄之女好。○南宮閱吐刀也。

曰爾毋從從爾爾毋扈扈爾。榛以爲笄長尺而緫八寸。榛側飾巾齊襄之長直亮入反對。助○從音緫。扈音戶大音泰一音。

不入仲孫蔑○婦人大矣尚不復比必褰孟獻反。

曰獻子加於人一等矣。蹢加猶孔子既。

不成聲。哀未十日而成笙歌。事用月遠且。

琴以笙除歌由以外氣也。有子蓋既祥而絲屨組纓。

子祥有白屨無絇音縞素紃有于孔子俱弟反。

謂輕身畏以人說之死之非者罪孔攻己畏不能於。

溺弱奴乘狄橋反船。○子路有姊之喪。

弗除也孔子子路曰吾寡兄弟而弗忍。

也孔子曰先王制禮行道之人皆弗忍。

如字慮反○子路聞之遂除之大公封於營丘比及五世。

皆反葬於周。生齊爲大師受封留爲五世大師之於齊孫。

曰營及近下○大音泰注及近下同。

言其似讀禮下樂五之義。音岳一樂又音洛越。

丘首仁也。恩正也近○首正手首又丘也。仁伯魚之母死期而猶。

故喪冠之反吉，非古也。（衡音橫。○從容反。解時人之惑。冠縮縫，古冠耳。）曾子謂子思曰：「伋！吾執親之喪也，水漿不入於口者七日。」（言祭禮以殺，時如疾。）子思曰：「先王之制禮也，過之者俯而就之，不至焉者跂而及之。故君子之執親之喪也，水漿不入於口者三日，杖而後能起。」（抑為曾子言。○〔跂〕丘豉反。繼以禮。難。）

曾子曰：「小功不稅，則是遠兄弟終無服也，而可乎？」（服據禮而言也。大功以上，日月已過，小功乃聞喪而輕服。○〔稅〕他外反。○言相離遠者，聞之恆晚。）

伯高之喪，孔氏之使者未至，（伯高死時在衛，未聞何國人。）冉子攝束帛、乘馬而將之。（攝猶貸也。○〔使〕色吏反。○〔贈〕芳用反。○〔乘〕繩證反。）孔子曰：「異哉！徒使我不誠於伯高。」（而空禮何所傳乎。○〔傳〕直專反。○忠信也。）

伯高死於衛，赴於孔子，（以其交尚新。○〔惡〕音烏。）孔子曰：「吾惡乎哭諸？（者赴告使人，兄以告之舊恩。）兄弟，吾哭諸廟；父之友，吾哭諸廟門之外；（別親也。）所知，吾哭諸野；（別輕也。）師，吾哭諸寢；朋友，吾哭諸寢門之外。（重也。）於野則已疏，於寢則已重。（已，大也。猶起也。）夫由賜也見我，吾哭諸賜氏。」（〔見〕如字，又賢遍反。○〔夫〕音扶。○寢門，又門字。○本又如哭字。）遂命子貢為之主，（恩所由。）曰：「為爾哭也，來者拜之；（知伯高而來者。）……」

曾子曰：「喪有疾，食肉飲酒，必有草木之滋焉，（其增疾似不嗜味。○為，于偽反。）以為薑桂之謂也。」（者為正記。曾子所謂薑桂，木云草木。）

子夏喪其子而喪其明。（〔喪〕息浪反，下而喪同。明，目精。）曾子弔之，曰：「吾聞之也：朋友喪明則哭之。」曾子哭，子夏亦哭，曰：「天乎！予之無罪也。」（無罪，天罰曾子。朋友喪明。）曾子怒曰：「商，女何無罪也？（女音汝，下同。）吾與女事夫子於洙泗之間，（洙水音殊，泗水音四，魯水名。）退而老於西河之上，使西河之民疑女於夫子，爾罪一也；（西河龍門至華陰之地。華胡化反。）喪爾親，使民未有聞焉，爾罪二也；（言居親喪無異稱。○〔稱〕尺證反。）喪爾子，喪爾明，爾罪三也。（謝之也。妻子。）而曰女何無罪與！」（〔與〕音餘。）子夏投其杖而拜曰：「吾過矣！吾過矣！吾離群而索居，亦已久矣。」（羣，同門朋友也。索，散也。○〔離〕音縭。○〔索〕悉各反。各居。）

夫晝居於內，問其疾可也；（言有疾，似其索居於內。）夜居於外，弔之可也。（有喪者。○大故，謂非致齊也。）是故君子非有大故，不宿於外；（嫌非致齊。）非致齊也、非疾也，不晝夜居於內。

高子皋執親之喪也，泣血三年，未嘗見齒，（言泣無聲，如血出。高子皋，孔子弟子，名柴。○〔齊〕側皆反。）君子以為難。（言不可能然。）

衰，與其不當物也，寧無衰。（惡其不體制。○衰，七雷反。○〔當〕丁浪反。○物謂精麤廣狹。）齊衰不以邊坐，大功不以服勤。（言無衰法制。○〔齊〕音咨。〔衰〕七雷反。〔坐〕才臥反。○〔勤〕渠斤反。偏倚。）

孔子之衛，遇舊館人之喪，入而哭之哀。出，使子貢說驂而賻之。（舊館，主人，恩。○〔說〕始銳反，又失爇反。〔賻〕音附。○〔驂〕七南反。）子貢曰：「於門人之喪，未有所說驂，說驂於舊館，無乃已重乎？」（言說驂大重，比。）夫子曰：「予鄉者入而哭之，遇於一哀而出……（涕。）」

二一

是以厚恩待我。我爲出涕，恩重宜有施惠。予惡夫涕之無從也，小子行之。

孔子在衛，有送葬者，而夫子觀之，曰：善哉爲喪乎！足以爲法矣，小子識之。子貢曰：夫子何善爾也？曰：其往也如慕，其反也如疑。子貢曰：豈若速反而虞乎？

顏淵之喪，饋祥肉，孔子出受之，入，彈琴而後食之。

孔子與門人立，拱而尚右，二三子亦皆尚右。孔子曰：二三子之嗜學也，我則有姊之喪故也。二三子皆尚左。

孔子蚤作，負手曳杖，消搖於門，歌曰：泰山其頹乎！梁木其壞乎！哲人其萎乎！既歌而入，當戶而坐。子貢聞之曰：泰山其頹，則吾將安仰？梁木其壞，哲人其萎，則吾將安放？夫子殆將病也。遂趨而入。夫子曰：賜，爾來何遲也？夏后氏殯於東階之上，則猶在阼也。殷人殯於兩楹之間，則與賓主夾之也。周人殯於西階之上，則猶賓之也。

而丘也殷人也。予疇昔之夜，夢坐奠於兩楹之間。夫明王不興，而天下其孰能宗予？予殆將死也。蓋寢疾七日而沒。

孔子之喪，公西赤爲志焉：飾棺牆，置翣，設披，周也；設崇，殷也；綢練設旐，夏也。

子張之喪，公明儀爲志焉：褚幕丹質，蟻結于四隅，殷士也。

子夏問於孔子曰：居父母之仇，如之何？夫子曰：寢苫枕干，不仕，弗與共天下也。遇諸市朝，不反兵而鬥。曰：請問居昆弟之仇，如之何？曰：仕弗與共國，銜君命而使，雖遇之不鬥。曰：請問居從父昆弟之仇，如之何？曰：不爲魁（攜用反。○〔從〕苦如回守反，徐……魁，北斗魁首也，天杓文），主人能，則執兵而陪其後（……爲成其……出適……之負）。

孔子之喪，二三子皆絰而出。羣居則絰，出則否（則變服。○〔絰〕大結服）。

易墓，非古也（易墓謂芟治草木不易○〔治〕草木不易。○〔易〕以豉反。丘陵也。者）。

子路曰：吾聞諸夫子，喪禮，與其哀不足而禮有餘也，不若禮不足而哀有餘也。祭禮，與其敬不足而禮有餘也，不若禮不足而敬有餘也（敬祭。○〔朋〕友服七十二弟子夏衞，朋友服加有所者之。）。

曾子弔於負夏，主人既祖，填池，推柩而反之（祖謂移柩車之載也，徹柩而反，婦人辟之。當爲奠，徹柩車之事。誤也處，奠填地。○〔池〕直氏反，又徒何反。○柩其又反。），降婦人而后行禮（今禮婦人辟人，婦人降之○〔辟〕音避。〔復〕扶又反）。

從者曰：禮與？曾子曰：夫祖者且也（說非于辭，扶之。○〔且〕未定音。〔夫〕音扶），且胡爲其不可以反宿也（說從者又問諸子游曰禮與言疑非曾子）。

子游曰：飯於牖下，小斂於戶內，大斂於阼，殯於客位，祖於庭，葬於墓，所以即遠也，故喪事有進而無退（殯於客位才故反。〔牖〕音。〔阼〕音。反明。〔柩〕非加〔飯〕煩晚反）。

曾子襲裘而弔，子游裼裘而弔。曾子指子游而示人曰：夫夫也，爲習於禮者，如之何其裼裘而弔也（曾子聞之曰多矣乎予出祖。者且善服子游言。曾子襲裘而弔子游裼裘而弔曾子指子游而示人曰夫夫也爲習於禮者如之何其裼裘而弔也游於時蓋名爲習禮○飾夫〔裼〕先激反，〔夫〕上音扶，〔夫〕丈夫也，猶言此丈夫也。）。

主人既小斂，袒、括髮，子游趨而出，襲裘帶絰而入（讀，址如字，一。朋友。○〔袒〕乃變也。〔袒〕徒旱反，所弔）。曾子曰：我過矣，我過矣，夫夫是也（矣夫夫是也。子夏既除喪而見〔見〕音現，下于同。服且善子游）。

子夏既除喪而見，予之琴，和之而不和，彈之而不成聲，作而曰：哀未忘也，先王制禮，而弗敢過也（羊樂由汝反，人心下同。○〔和〕。臥音禾，下或同胡。作而曰哀未忘也先王制禮而弗敢過也。起作。）。

子張既除喪而見，予之琴，和之而和，彈之而成聲，作而曰：先王制禮，不敢不至焉（子張既除喪而見予之琴和之而和彈之而成聲。作而曰先王制禮不敢不至焉。同雖情俱順異禮善。司寇惠子之喪。）。

司寇惠子之喪，子游爲之麻衰、牡麻絰（之喪。惠子衞將軍文子生于彌牟也。文生于虎彌者牟。衰以于廢適立之布麻爲爲衰之○〔重〕服以譏反之麻）。文子辭曰：子辱與彌牟之弟游（襄以吉服之爲襄之○〔爲〕于篲反。之麻），又辱爲之服，敢辭（之服。敢辭存謝其時當游名然未覺其所譏亦以）。子游曰：禮也（禮也文子退反哭爲于游當然未覺其文于譏）。文子退，反哭，子游趨而就諸臣之位（就諸臣之位。家臣譏之，位在大夫之後。文子又辭曰子辱與彌）。文子又辭曰：子辱與彌牟之弟游，又辱爲之服，又辱臨其喪，虎也敢不復位（牟之弟游又辱爲之服又辱臨其喪虎也敢不服止之。子游趨而。復位也覺所譏也，南面而立則諸臣名位文在于門內北面辟敬夫于游子）。子游曰：固以請（游曰固以請。再從命不）。文子退，扶適子南面而立，曰：子辱與彌牟之弟游，又辱爲之服，又辱臨其喪，虎也敢不復位（與彌牟之弟游又辱爲之服又辱臨其喪虎也敢不文子退扶適子南面而立曰子辱）。子游趨而就客位（游趨而就客位。所譏行）。

將軍文子之喪，既除喪而后越人來弔，主人深衣練冠，待于廟，垂涕洟（將軍文子之喪既除喪而后越人來弔主人深衣練冠待于廟垂涕洟。主人文子瑕也。深衣練冠凶服變也，待于廟受弔不迎賓也。○〔洟〕他計反，〔洟〕音夷，自目曰涕，自鼻曰洟。）。子游觀之曰：將軍文氏之子其庶幾乎，亡於禮者之禮也，其……（之曰將軍文氏之子其庶幾乎亡於禮者之禮也其）

動也。中○（仲，中反。禮之變，注下「中」同。）幼名，冠字，五十以伯仲，死諡，周道也。（所以表哀。○冠，古亂反。）絰也者，實也。（絰之言實。○絰音姪。）掘中霤而浴，毀竈以綴足；（○掘，求勿反。躐，力輒反。綴，丁劣反。復，扶又反。）及葬，毀宗躐行，出于大門，殷道也，學者行之。（此周人浴不掘中霤，葬不毀宗躐行，毀廟門之西而出，行於神之位在廟門外，宗躐行求月於宗廟門，勿復。○有事不於復。）

子柳之母死，子碩請具。（皮，具葬之于。柳、碩，魯叔仲之子。）子柳曰：何以哉？（其言財無。）子柳曰：如之何其粥庶弟之母以葬其母也？（之母，庶弟之母也。○粥音育。）不可。（分與死者鄰里所斂。）既葬，子碩欲以賻布之餘具祭器。（古者布謂之泉。賻，財所以佐喪者，因。）子柳曰：不可。吾聞之也：君子不家於喪，（祿死者因。○喪，息浪反。）請班諸兄弟之貧者。（君子）

君子曰：謀人之軍師，敗則死之；謀人之邦邑，危則亡之。（己利。）者亡。（眾辟賢非義退士之。）公叔文子升於瑕丘，蘧伯玉從。（二子，衛大夫。文子名拔，又如孫字名。○才用反。瑕音遐，又戶嫁反。蘧，其魚反。從才用反。）文子曰：樂哉斯丘也，死則我欲葬焉，蘧伯玉曰：吾子樂之，則瑗請前。（其刺。○樂音洛，下顧反。）弁人有其母死，（欲害五人教。）而孺子泣者。（田，瑗伯玉名。○弁，皮彥反。）○孔子曰：哀則哀矣，（此誠哀。）而難為繼也，（失禮。）夫禮，為可傳也，為可繼也，故哭踊有節。（專。○直反。傳，直戀反。）叔孫武叔之母死，（武叔，名州仇，魯叔孫氏。）既小斂，舉者出戶，出戶袒，（孔子六世孫。）且投其冠括髮。（尸出戶，乃變冠。服失哀節。○）

子游曰：知禮。（素委貌。之。嗤。）扶君，卜人師扶右，射人師扶左，（謂君疾時也。卜當為僕，聲之誤也。人皆平生時贊正君服位者。○卜音僕。人射。）君薨以是舉。（大不忍與僕人。周禮人還尸。）從母之夫，舅之妻，二夫人相為服，君子未之言也，或曰同爨緦。（二夫人同居，猶言相為服者也。時有此人死相為服者。○從才用反。或曰同爨緦，可以同居生緦，七亂反。緦之親。○爨，七亂反。緦，素刀反。）喪事欲其縱縱爾，吉事欲其折折爾，（趨事貌。縱讀如總。○縱音總。折，詩云好人提提。○折，大兮反。）故喪事雖遽不陵節，吉事雖（時也，遽，促也。）止不怠，（止，立也，怠，惰也。）故騷騷爾則野，（素謂大疾。○騷音搔。）鼎鼎爾則小人。（謂大舒。舒之疾，中舒。）君子蓋猶猶爾。（喪具，君子恥具。）喪具，君子恥具，（辟不懷之也。屬棺衣衾冒，莫報交反。喪服。）一日二日而可為也者，（後謂絞紟其衾。○絞，戶交反。紟，其禁反。）君子弗為也。（喪服兄弟之子猶子。）喪服，兄弟之子猶子也，蓋引而進之也；（引或推重。○遠別。）嫂叔之無服也，蓋推而遠之也；（于萬反。別彼列反。○遠。）姑姊妹之薄也，蓋有受我而厚（欲妹嫁，大功，厚為之妻者，姑。）之者也。（姊妹一心。夫為期。）曾子與客立於門側，其徒趨而出。（戚，助也，哀。嘗饋也。）曾子曰：爾將何之？曰：吾父死，將出哭於巷。（徒，謂客之。可以發凶。）曰：反，哭於爾次。（次，舍也。禮自館人有然，使。之館人。）曾子北面而弔焉。（館人使有然。）孔子曰：之死而致死之，不仁而不可為也；（知之，往也。知死之為生之謂，行也，無。）之死而致生之，不知而不可為也。（知之生之謂，無。）是故竹不成用，瓦不成味，木不成斲，（成，猶善用也。謂竹邊無不。）

琴瑟張而不平，竽笙備而不和〔（和）無宮商，胡臥反〕。有鐘磬而無簨虡〔簨，植之也，橫曰簨；縣之也，直曰虡。○（簨）息尹反，（虡）音巨。（處）音允反〕。其曰明器，神明之也〔言神明者非人所知死，故其器如此者〕。

有子問於曾子曰：「問喪於夫子乎？」〔有子，孔子弟子。夫子卒後，子問有〕曰：「聞之矣，喪欲速貧，死欲速朽。」〔喪謂仕失位也，魯昭公孫於齊。○（喪）息浪反，下同。（孫）音遜〕有子曰：「是非君子之言也。」〔朽、貧〕曾子曰：「參也聞諸夫子也。」有子又曰：「是非君子之言也。」曾子曰：「參也與子游聞之。」有子曰：「然。然則夫子有為言之也。」

曾子以斯言告於子游。子游曰：「甚哉，有子之言似夫子也！昔者夫子居於宋，見桓司馬自為石椁，三年而不成。夫子曰：『若是其靡也，死不如速朽之愈也。』死之欲速朽，為桓司馬言之也。南宮敬叔反〔敬叔，魯孟僖子之子仲孫閱也。○（朝）直遙反〕，必載寶而朝。夫子曰：『若是其貨也〔貨，得〕，喪不如速貧之愈也。』喪之欲速貧，為敬叔言之也。」

曾子以子游之言告於有子。有子曰：「然。吾固曰非夫子之言也。」曾子曰：「子何以知之？」有子曰：「夫子制於中都〔中都，魯邑名也。孔子嘗為之宰，為司空，由司空為司寇，作制〕，四寸之棺，五寸之椁，以斯知不欲速朽也。昔者夫子失魯司寇，將之荊〔○（將）（應）去聲。（應）聘於楚〕，蓋先之以子夏，又申之以冉有，以斯知不欲速貧也。

陳莊子死，赴於魯，魯人欲勿哭，繆公召縣子而問焉。縣子曰：「古之大夫，束脩之問不出竟，雖欲哭之，安得而哭之？今之大夫，交政於中國〔大夫交○（為）接。○（為）〕，雖欲勿哭，焉得而弗哭？且臣聞之，哭有二道，有愛而哭之，有畏而哭之。」公曰：「然。然則如之何而可？」縣子曰：「請哭諸異姓之廟。」〔示民疑也〕於是與哭諸縣氏。

仲憲言於曾子曰：「夏后氏用明器，示民無知也；殷人用祭器，示民有知也；周人兼用之，示民疑也。」〔憲，原殷人用祭器示民有知也〕曾子曰：「其不然乎！其不然乎！夫明器，鬼器也；祭器，人器也。夫古之人，胡為而死其親乎？」〔示民疑也。○（憲）無知。此或用鬼之言，三者皆非。其說也，非其〕

公叔木有同母異父之昆弟死〔木當為朱。朱，春秋定公十四年衛公叔戌也。叔文子為之朱。○木當為朱〕，問於子游。子游曰：「其大功乎？」〔者疑所服，大功也。是親〕狄儀有同母異父之昆弟死〔奔魯。○（袱）音朱。式〕，問於子夏。子夏曰：「我未之前聞也；魯人則為之齊衰。」狄儀行齊衰。今之齊衰，狄儀之問也。

子思之母死於衛〔伯魚卒，其妻嫁於衛之子。子思，孔子之孫，伯魚之子〕，柳若謂子思曰：「子，聖人之後也，四方於子乎觀禮，子蓋慎諸。」〔柳若，衛人也。見子思欲為嫁母齊衰，恐其失禮也，戒之。○（嫁母）欲為嫁母齊衰期母〕諸服子思曰：「吾何慎哉？

吾聞之有其禮無其財君子弗行也〔謂時可行而財不足以備禮〕有其禮有其財無其時君子弗行也〔謂財時不足以備禮而時財不足得以行備者禮〕吾何慎哉〔時所止則止時所行則行無所疑也〕縣子瑣曰吾聞之古者不降上下各以其親〔上古不謂殷時下也〕滕伯文爲孟虎齊衰其叔父也爲孟皮齊衰其叔父也〔不降〕

子曰夫喪不可不深長思也〔惠伯魯孝公子〕買棺外內易我死則亦然〔託此孝子之事〕故帷堂小斂而徹帷〔飾故帷堂小斂而徹帷讀者方亂非尸也〕仲梁子曰夫婦方亂故帷堂小斂之奠子游曰於東方曾子曰於西方斂斯席矣〔說者非之又以大俗爲失〕

縣子曰綌衰繐裳非古也〔逆時尚凉慢禮末世之失也〕子蒲卒哭者呼滅〔滅名蓋子蒲名也〕哭者改之〔息猶略也〕爲沽也〔沽猶麤也〕之而已羔裘玄冠夫子不以弔〔服吉不以弔易〕子游問喪具夫子曰稱家之有亡子游曰有亡惡乎齊〔齊讀若齊之齊〕之而已曰有毋過禮苟亡矣斂首足形〔形體斂〕還葬〔言便之〕

曾子曰尸未設飾故帷堂小斂而徹帷〔後木曰喪吾聞諸縣子氏當言子游曰諾縣子聞之曰汰哉叔氏專以禮許人〕宋襄公葬其夫人醯醢百甕曾子曰既曰明器矣而又實之〔孟獻子之喪司徒旅歸四布〕

曾子曰非古也是再告也〔成子高寢疾慶遺入請曰子之病革矣如至乎大病則如之何〕子高曰吾聞之也生有益於人死不害於人吾縱生無益於人吾可以死害於人乎哉我死則擇不食之地而葬我焉〔子夏問諸夫子曰居君之母與妻之喪居處言語飲食衎爾〕

於我乎殯〔國子高曰葬也者藏也藏也者欲人之弗得見也是故衣足以飾身棺周於衣椁周於棺土周於椁反壤樹之哉〕

反•又音服。孔子之喪,有自燕來觀者,舍於子夏氏。子夏曰:聖人之葬人與?人之葬聖人也,子何觀焉?〔反與〕昔者夫子言之曰:吾見封之若堂者矣,〔為築墦而堂形•四方而高•烏田反•〇墦反〕見若坊者矣,〔坊音防•門廡謂茨也•其形旁廣而卑•土封為築〕見若覆夏屋者矣,〔斧形旁殺•刃上形而旁長•俗閣名•登狹•又易為刃上難為功•名〕見若斧者矣,從若斧者焉,馬鬣封之謂也。今一日而三斬板而已封,〔斬板•蓋廣斷•謂斷其縮也•二尺•長六三尺•斷止之•旁殺•蓋高四尺•其廣衰未聞也•詩茂•縮板以載•〇斷音短•廣古曠反•衰音〕尚行夫子之志乎哉!〔幾也•尚庶幾也〕

婦人不葛帶。〔除之•卒哭不變•經重者至期•除婦人之經而已〕

有薦新,如朔奠。〔之殷新物為重殷奠〕

既葬,各以其服除。〔變•卒哭當衰麻•者不變之•或有除〕

池視重霤。〔如堂之用•有承水•亦宮承之飾•木為之•柳宮象也•以竹為池•衣以青布•縣銅魚焉•今宮中有承霤•云以銅為之•〇重直容反•霤力救反•衣于既反〕

君即位而為椑,〔言天子椑棺親尸者•椑堅著革棺之言•椑謂杝棺親尸•又有水兕革著棺之言•〇椑蒲歷反•又房益反•杝音移•著直略反〕歲壹漆之,藏焉。〔成若然•藏焉不虛合之〕復楔齒,〔設飾•謂遷尸•又加新衣•〇楔〕綴足,飯,設飾帷堂,並作。〔晚飯〕

父兄命赴者。〔士喪禮•大夫以上親命之也•他日者•爾日所求之也•亦有事〕

君復於小寢、大寢、小祖、大祖、庫門、四郊。〔復•招魂•復魄也•遍求之〕

喪不剝奠也與?祭肉也與?〔剝猶削也•脯醢之奠•不惡塵埃•不巾•〇剝普卜反•又力果反•脯音甫•醢音海•且曆〕

既殯,旬而布材與明器。〔旬而布材•謂木工宜乾臘也•材•成木•〇陰陽•速音交•接或大幾遇之•輴敕倫反〕朝奠日出,夕奠逮日。〔逮•及也•〇父母之〕

父母之喪,哭無時,使必知其反也。〔謂既練之事•或時反•必為有君服•練〕

練,練衣黃裏,縓緣。〔之小色•祥練冠•練中衣•以黃為內•縓緣•飾七黃•〇縓七亂反〕

葛要絰,繩屨無絇,角瑱,鹿裘衡長袪,〔絹下反•注同•悅•絹•〇其要一遙反•練大結反•絇其俱反•吐•瑱以玉充耳•有吉瑱•繩屨〕袪,裼之可也。〔衡當為橫字•誤也•褒緣之•又長之•袪謂袂•〇衡下為衡•又長彭之•又下為衡三•則先時狹〕〔褖衣•袞衣也•玉藻曰•有龍袞裘而裼之•青狂褒〕

有殯,聞遠兄弟之喪,雖緦必往,〔親骨肉也•〇裼音昔•蠶音迷•狂音岸•絞交乎反•〇褖徐秀反〕非兄弟雖鄰不往。〔親疏也•無所識其兄〕

弟不同居者皆弔。〔就其家弔之•成恩舊也〕天子之棺四重,〔遂尚也•深也〕諸公三重,諸侯再重,〔重直龍反•夫〇重大〕水兕革棺被之其厚三寸,〔以水牛兕為牛之革•一重•〇被皮寄反•革各厚胡豆反•厚三寸合〕杝棺一,〔所謂杝羊支反•爾雅曰•椴杝•〇椴徒亂反〕梓棺二,〔所謂屬•〇屬音與•大四者〕四者皆周。〔周帀也•片棺用能濕•乃代之物•〇帀子合反•能〕棺束縮二衡三,衽每束一。〔衡亦當為橫•袵又今小要反•許求反•或作漆或作〕柏槨以端長六尺。〔題湊也•其方蓋一•七豆•〇題頭也•湊七豆反〕

天子之哭諸侯也,爵弁絰緇衣。〔爵弁絰緇衣•尊服•士之祭服•不見尸柩不以弔服•麻不為變也•采此•〇絰側其反•紾于為反•下皆同〕曰:使有司哭之。〔事不可虛•戚之•非也•哀戚之〕為之不以樂食。〔斂之謂殯•蓋謂閟殯〕

天子之殯也,菆塗龍輴以槨,〔塗菆之木•以周龍輴•天子殯以龍輴•龍輴如車•槨畫而〕加斧于槨上,畢塗屋。〔斧謂之黼•以刺黼繡於黑•白黑•〇菆為龍•〔蕤〕才官反•〔輴〕敕倫反•〔龍〕力官反〕

幕加椁以覆棺，已盡塗之，乃屋其上。○〔繆〕音消。**天子之禮也。唯天子之喪，**

有別姓而哭。使諸侯同姓、異姓朝覲、朝觀，來時爵同、同位也。○〔別〕彼列反。

魯哀公誄孔丘曰：「天不遺耆老，莫相予位焉。嗚呼

哀哉！尼父！」誄，其行以諡之也。莫，無也。相，佐也。言孔子死，無佐助我處位者。○〔誄〕力軌反。〔耆〕巨支反。〔相〕息亮反。〔著〕張慮反。

國亡大縣邑，公卿大夫士皆厭冠，喪冠也。軍敗失地，以喪歸也。其服未聞。○〔厭〕於葉反。

哭於大廟三日，君不舉。

或曰：君舉而哭於后土。后土，社也。

孔子惡野哭者。爲其變衆。周禮，銜枚氏掌禁嘂呼歎鳴於國中者，哭於國中之道者。○〔惡〕烏路反。〔呼〕火故反，火胡二反。

未仕者不敢稅人，如稅人，則以父兄之命。不專。稅人，謂家遺財也。○〔稅〕如銳反。〔遺〕維季反。

士備入而后朝夕踊。備猶盡也。國君之喪，主人之喪，嫌主人……

祥而縞，是月禫，徙月樂。縞冠，素紕也。○〔縞〕古老反。〔紕〕避支反。是月禫，徙月樂者，明言禫，徙月可以用樂也。○〔禫〕大感反。

君於士有賜帟。帟，幕之小者，所以承塵。賜帟之則張於殯上，以承大夫塵。以上幕人職共焉。○〔帟〕音亦。〔共〕音恭。

禮記卷第二

檀弓下第四　　鄭氏註

君之適長殤、車三乘。公之庶長殤、車一乘。大夫之適長殤、車一乘。

公之喪、諸達官之長杖。

君於大夫將葬、弔於宮。及出、命引之、三步則止。如是者三、君退。朝亦如之、哀次亦如之。

五十無車者、不越疆而弔人。

季武子寢疾、蟜固不說齊衰而入見、曰、斯道也將亡矣、士唯公門說齊衰。武子曰、不亦善乎、君子表微。及其喪也、曾點倚其門而歌。

大夫弔、當事而至、則辭焉。弔於人、是日不樂。婦人不越疆而弔人。行弔之日、不飲酒食肉焉。弔於葬者、必執引。若從柩及壙、皆執紼。

喪、公弔之、必有拜者。雖朋友州里舍人可也。弔曰、寡君承事。主人曰、臨。

君遇柩於路、必使人弔之。大夫之喪、庶子不受弔。

妻之昆弟為父後者死、哭之適室。子為主、袒免哭踊。夫入門右、使人立于門外告來者、狐之喪。

為父後者、為出母無服。無服也者、喪者不祭故也。

有殯、聞遠兄弟之喪、哭于側室。無側室、哭于門內之右。同國、則往哭之。

子張死、曾子有母之喪、齊衰而往哭之。或曰、齊衰不以弔。曾子曰、我弔也與哉。

有若之喪、悼公弔焉、子游擯、由左。

齊穀王姬之喪、魯莊公為之大功。或曰、由魯嫁、故為之服姊妹之服。或曰、外祖母也、故為之服。

晉獻公之喪、秦穆公使人弔公子重耳、且曰、寡人聞之、亡國恆於斯、得國恆於斯。

之雖吾子儼然在憂服之中喪亦不可久也時亦不
可失也孺子其圖之以告舅犯舅犯曰孺子其辭焉
辭焉喪人無寶仁親以為寶父死之謂何又因以為利
之孺子其辭焉公子重耳對客曰君惠弔亡臣
重耳身喪父死不得與於哭泣之哀以為君憂
哭而起起而不私
穆公使人弔公子重耳顯以致命於
曰仁夫公子重耳夫稽顙而不拜則未為後也故不
成拜哭而起則愛父也起而不私則遠利也
反帷殯非古也自敬姜之哭穆伯始也
節哀順變也君子念始之者也
盡愛之道也有禱祠之心焉
哀戚之至隱也稽顙隱之甚也
北面求諸幽之義也
米貝弗忍虛也不以食道用美焉爾

<hr>

息識列也銘明旌也以死者為不可別已故以其
旗識之列之斯盡其道焉耳
之斯盡其道焉耳
祖括髮變也慍哀之變也去飾去美也祖括髮去飾
饗亦以主人有齊敬之心也
反辟踊哀之至也有筭為之節文也
交之道也
之甚也有所祖有所襲哀之節也
奠以素器以生者有哀素之心也
無飾也苦物唯祭祀之禮主人自盡焉爾豈知神之所
而葬素周而致飾生禮矣祭禮矣故有敬心焉
士哀三月而葬弁而葬與其哭而死也周人弁而葬殷人冔
服反慍記曰弁絰葛而葬與神交之道也有敬心焉
閭服反畢主人主婦室老為其
病也君命食之也
室反諸其所養也反哭升堂反諸其所作也主婦入于
至也反而亡焉失之矣於是為甚殷既封而弔
周反哭而弔孔子曰殷已慤吾

從周。葬於北方北首，三代之達禮也，之幽之故也。既封，主人贈，而祝宿虞尸。既反哭，主人與有司視虞牲。有司以几筵舍奠於墓左，反，日中而虞。葬日虞，弗忍一日離也。是日也，以虞易奠。卒哭曰成事，是日也，以吉祭易喪祭。明日祔於祖父。其變而之吉祭也，比至於祔，必於是日也接，不忍一日末有所歸也。殷練而祔，周卒哭而祔。孔子善殷。君臨臣喪，以巫祝桃茢執戈，惡之也，所以異於生也。喪有死之道焉，先王之所難言也。喪之朝也，順死者之孝心也，故至於祖考之廟而后行。殷朝而殯於祖，周朝而遂葬。孔子謂為明器者，知喪道矣，備物而不可用也。哀哉！死者而用生者之器也，不殆於用殉乎哉。其曰明器，神明之也。塗車芻靈，自古有之，明器之道也。孔子謂為芻靈者善，謂為俑者不仁，不殆於用人乎哉。

穆公問於子思曰：為舊君反服，古與？子思曰：古之君子，進人以禮，退人以禮，故有舊君反服之禮也；今之君子，進人若將加諸膝，退人若將隊諸淵，毋為戎首，不亦善乎，又何反服之禮之有。悼公之喪，季昭子問於孟敬子曰：為君何食？敬子曰：食粥，天下之達禮也。吾三臣者之不能居公室也，四方莫不聞矣，勉而為瘠則吾能，毋乃使人疑夫不以情居瘠者乎哉？我則食食。衛司徒敬子死，子夏弔焉，主人未小斂，絰而往；子游弔焉，主人既小斂，子游出，絰反哭。子夏曰：聞之也與？曰：聞諸夫子，主人未改服，則不絰。曾子曰：晏子可謂知禮也已，恭敬之有焉。有若曰：晏子一狐裘三十年遣車一乘。〔喪數略也。个謂所包遣奠及牲體之數也。○遣弃戰反，下文及注同。乘繩證反，記下同。个音个。〕及墓而反。國君七个遣車七乘。大〔視牢具也。遣奠所包者也。乃葬，遣車九，諸侯七，人臣賜車馬者乃得以有遣車數。〕夫五个遣車五乘。晏子焉知禮。〔言其大儉偏下，非姿之是也。○焉於虔反。〕

曾子曰。國無道。君子恥盈禮焉。〔虞古反。〕

國奢。則示之以儉。國儉。則示之以禮。〔昭。〕

國昭子之母死。問於子張曰。葬及墓。男子婦人安位。〔國昭，齊國。〕子張曰。司徒敬子之喪。夫子相。男子西鄉。婦人東鄉。曰。噫。毋。〔相息亮反。毋，音無。○噫音熹。毋禁止之，許亮反。〕我喪也斯沾。〔沾，視也。覘視也。○沾，視之欲爾專之。〕爾專之。賓為賓焉。主為主焉。婦人從男子。皆西鄉。〔穆伯。〕

穆伯之喪。敬姜晝哭。文伯之喪。晝夜哭。孔子曰。知禮矣。〔時，專於張相也。○文伯，敬姜子。〕

文伯之喪。敬姜據其牀而不哭。曰。昔者吾有斯子也。吾以將為賢人也。〔據其牀。○孟氏魯之宗。未嘗見公室。〕吾未嘗以就公室。〔敬姜，會見公室。觀其行也。〕今及其死也。朋友諸臣未有出涕者。而內人皆行哭失聲。斯子也。必多曠於禮矣夫。〔內，人妻下妾。同。○夫音扶。〕

季康子之母死。陳褻衣。〔思夜哭。性嫌文。○褻衣非以斂服，敬姜以上服。〕敬姜曰。婦人不飾。不敢見舅姑。將有四方之賓來。褻衣何為陳於斯。命徹之。〔陳褻衣。陳褻之衣非禮。○舅姑之言，賓四方。〕

有子與子游立。見孺子慕者。有子謂子游曰。予壹不知夫喪之踊也。予欲去之久矣。情在於斯。其是也夫。〔孺子，舅姑。敬姜，從祖姑。○從才用反。子之踊也猶孺子之戀慕。○喪之踊，猶孺子之戀慕。〕子游曰。禮有微情者。〔踊，節哭踊。〕有以故興物者。〔衰経之制。〕有直情而徑行者。戎狄之道也。〔異狄人猶秦人猶。〕禮道則不然。〔哭踊無節，衣服無制。○徑古定反。〕人喜則斯陶。〔陶，鬱陶也。○陶徒刀反。〕陶斯詠。〔詠謳之。○詠音詠謳也。〕詠斯猶。〔猶，謂身動搖也。○猶音搖。搖，搖聲之相誤近也。〕猶斯舞。〔舞之手舞。〕舞斯慍。〔慍，怒也。○慍紆運反。〕慍斯戚。〔戚，憤恚也。〕戚斯歎。〔歎，息吟。〕歎斯辟。〔辟，拊心也。○辟，婢亦反。〕辟斯踊矣。〔踊，躍灼躍反。○躍羊灼反。〕品節斯。斯之謂禮。〔舞有節，踊有。〕人死斯惡之矣。無能也斯倍之矣。〔惡，去聲下同。倍音佩，又扶又反。○無所能。〕是故制絞衾。設蔞翣。為使人勿惡也。〔絞，戶交反。絞，尸飾。蔞所甲反，蔞牆飾。翣音柳。翣棺之牆飾。周禮翣所甲反。〕始死脯醢之奠。將行遣而行之。既葬而食之。〔奠，將行遣。○奠食反。將葬虞之也。葬有祭。○食音嗣。遣。〕未有見其饗之者也。自上世以來。未之有舍也。為使人勿倍也。〔舍猶廢也。○舍音捨。〕故子之所刺於禮者。亦非禮之訾也。〔訾似斯也。○訾音紫。訾，病也。〕

吳侵陳。斬祀殺厲。〔祀，神位。厲，屋樹。者祀神位有屋樹侵。○元年以魯哀元年秋。〕師還出竟。陳大宰嚭使於師。夫差謂行人儀曰。是夫也多言。盍嘗問焉。師必有名。人之稱斯師也者。則謂之何。〔大宰行人官名。嘗猶試也。夫差，吳子。盍，何不也。○還音旋。竟音境。夫音扶。差，吳差。修舊怨於麻于光之庶子。〕〔幾其師有善名。皆同。○使去聲。〕大宰嚭曰。

曰：古之侵伐者，不斬祀，不殺厲，不獲二毛。今斯師也，殺厲與？其不謂之殺厲之師與？曰：反爾地，歸爾子，則謂之何？曰：君王討敝邑之罪，又矜而赦之，師與有無名乎？

顏丁善居喪。（魯顏丁人。）始死，皇皇焉如有求而弗得；及殯，望望焉如有從而弗及；既葬，慨焉如不及其反而息。（從，隨也。）

子張問曰：書云「高宗三年不言，言乃讙」，有諸？（讙音歡。）仲尼曰：胡為其不然也？古者天子崩，王世子聽於冢宰三年。

知悼子卒，未葬，（悼子，晉大夫荀盈也。知音智。）平公飲酒，（與羣臣燕也。）師曠、李調侍，鼓鐘。（而樂作也。闋，苦穴反。）杜蕢自外來，聞鐘聲，（蕢，苦怪反。）曰：安在？曰：在寢。（寢，燕寢也。）杜蕢入寢，歷階而升，酌曰：曠飲斯！又酌曰：調飲斯！又酌，堂上北面坐飲之。降，趨而出。平公呼而進之，曰：蕢，曩者爾心或開予，是以不與爾言。（曩，乃黨反。）爾飲曠，何也？曰：子卯不樂。知悼子在堂，斯其為子卯也大矣！曠也，大師也，不以詔，是以飲之也。爾飲調，何也？曰：調也，君之褻臣也，為一食一飲，亡君之疾，是以飲之也。爾飲，何也？曰：蕢也，宰夫也，非刀匕是共，又敢與知防，是以飲之也。平公曰：寡人亦有過焉，酌而飲寡人。杜蕢洗而揚觶。公謂侍者曰：如我死，則必毋廢斯爵也。至于今，既畢獻，斯揚觶，謂之杜舉。

公叔文子卒，其子戍請諡於君，曰：日月有時，將葬矣，請所以易其名者。君曰：昔者衛國凶饑，夫子為粥與國之餓者，是不亦惠乎？（粥音祝。）昔者衛國有難，夫子以其死衛寡人，不亦貞乎？（難，乃旦反。）夫子聽衛國之政，脩其班制，以與四鄰交，衛國之社稷不辱，不亦文乎？（班制，謂尊卑之差。）故謂夫子貞惠文子。

石駘仲卒，（駘仲，衛大夫石碏之族。駘，大來反。碏，七略反。）無適子，（適，丁歷反。）有庶子六人，卜所以為後者。曰：沐浴佩玉則兆。五人者皆沐浴佩玉。石祁子曰：孰有執親之喪而沐浴佩玉者乎？不沐浴佩玉。石祁子祁子兆。衛人以龜為有知也。陳子車死於衛，其妻與其家大夫謀以殉葬。〔子車，齊大夫。〕定而后陳子亢至，以告曰：夫子疾，莫養於下，請以殉葬。〔下，地下也。○亢音剛，弟。〕子亢曰：以殉葬，非禮也。雖然，則彼疾當養者，孰若妻與宰？得已，則吾欲已；不得已，則吾欲以二子者之為之也。〔二子，謂妻與宰。欲使見殉二人，以懼止之。〕於是弗果用。〔果，決。〕

子路曰：傷哉貧也！生無以為養，死無以為禮也。孔子曰：啜菽飲水盡其歡，斯之謂孝；斂手足形，還葬而無椁，稱其財，斯之謂禮。〔椁音郭。斂，力驗反。還音旋。稱，尺證反。〕

衛獻公出奔，反於衛，及郊，將班邑於從者而后入。〔還，魯襄二十六年。〕柳莊曰：如皆守社稷，則孰執羈靮而從？如皆從，則孰守社稷？君反其國而有私也，毋乃不可乎？弗果班。〔社稷，言從守若一。靮，丁歷反。羈，居宜反。○君反其國而有私，言生有怨。〕

衛有大史曰柳莊，寢疾。公曰：若疾革，雖當祭必告。〔革，急也。○革，居扼反。〕公再拜稽首，請於尸曰：有臣柳莊也者，非寡人之臣，社稷之臣也。聞之死，請往。〔急弔賢者。〕不釋服而往，遂以襚之。〔以脫君祭服親襚。○襚音遂。〕與之邑裘氏與縣潘氏，〔所以厚賢也。裘邑名。○縣音玄。〕書而納諸棺，曰：世世萬子孫毋變也。〔所以厚賢也。縣潘，邑名。○潘，普干反。〕

陳乾昔寢疾，屬其兄弟而命其子尊己，曰：如我死，則必大為我棺，使吾二婢子夾我。〔婢音婢，妾屬之。○乾音干。夾音古洽反。〕陳乾昔死，其子曰：以殉葬，非禮也，況又同棺乎？〔父善尊己，不陷不義。〕弗果殺。

仲遂卒于垂，壬午猶繹，萬入去籥。〔春秋經在宣八年。仲遂，魯莊公之子。辛巳，有事於大廟，而仲遂卒。明日而繹，非禮。者也。萬于舞也，籥，籥舞也。○繹音亦。去，呂反。〕仲尼曰：非禮也，卿卒不繹。

季康子之母死，公輸若方小。〔公輸若，公輸般之族，年尚幼，未知禮也。○公輸若方小，般之族，誣。〕斂，般請以機封，〔斂下棺者，見若掌斂事而年尚幼，般，其技巧者也。〕將從之。〔尚幼，請代之，而欲譽其技。將從之，時人服。〕公肩假曰：不可。夫魯有初，公室視豐碑，三家視桓楹。〔之禮，諸侯四綍二碑，士二綍，無碑。碑，如石碑，繞天窆，前後各樹之，穿中於間為鹿盧。○桓楹，時僭諸侯也。〕般，爾以人之母嘗巧，則豈不得以？〔彼律，重反。〕其毋以嘗巧者乎，則病者乎，噫！弗果從。〔尚巧，請以機封，代之而欲譽其技，將從之時，人服之。〕

戰于郎。公叔禺人遇負杖入保者息，〔我帥師伐之也。○禺音遇。〕曰：使之雖病也，〔公使加之于杖。○俀，罷也。○避，罷音皮。〕任之雖重也，〔我使人遇負杖入保者息。十一年，齊師伐我，近郊。○保，堡。〕君子不能為謀也，士弗能死也，不可，〔任之雖重也。士弗能死也。○嬚，任之雖重也。〕我則既言矣，〔鄰，遙役。任之雖重也。〕與其

三四

鄰重汪踦往皆死焉。〔為敵死也。童，未冠者之稱。鄰，鄰里也。重、汪皆當為童。○重音童，下為談。春秋傳曰童汪踦。烏黃反。踦，魚綺反。○〔重〕〕魯人欲勿殤重汪踦，問於仲尼。〔魯人欲以成人之喪治之，以其死國事。○殤，人傷反。○〔行〕下孟治反。〕仲尼曰：能執干戈以衛社稷，雖欲勿殤也，不亦可乎！

子路去魯，謂顏淵曰：何以贈我？〔送行曰贈。○贈曰吾聞之也。〕曰：吾聞之也，去國則哭于墓而后行，反其國不哭，展墓而入。〔居敬者主。○〕謂子路曰：何以處我？〔安處我也。〕曰：吾聞之也，過墓則式，過祀則下。

工尹商陽與陳棄疾追吳師及之。〔工尹商陽，楚官名。弃疾，楚公子。事在昭十二年。楚圍徐以懼吳。州來，時有滅陳之役。弃疾，楚之司馬，或作弃疾。〕陳棄疾謂工尹商陽曰：王事也，子手弓而可。手弓。子射諸。射之，斃一人，韔弓。〔不忍復射之。斃，仆也。韔，弢也。○不忍傷人。斃，亦食反。〕又及，謂之，又斃二人。每斃一人，揜其目。〔斃，敷世反。揜，一儉反。揜，掩也。○揜，烏敢反。揜視其目。不忍視其目。〕止其御曰：朝不坐，燕不與，殺三人，亦足以反命矣。〔朝下燕然則商陽與御者皆士。車參乘，射者在左，戈盾在右，御在中央。○朝，直遙反。〔輿〕音預。〔盾〕食尹反。〕孔子曰：殺人之中，又有禮焉。

諸侯伐秦，曹桓公卒于會。諸侯請含，使之襲。〔魯成十年。曹。○含，胡暗反。以朋友之道。○有相啥。〔含〕胡暗反。〕〔使之襲者，非之也。襲，賤。〕

襄公朝于荊，康王卒。〔魯襄二十八年。康王，楚。言荊者，州言之。在魯昭也。楚言荊者，州言之。○〔食〕音嗣。〔徒〕暫反。〔闇〕反。〕荊人曰：必請襲。〔荊人曰，欲使襄公衣之。○〔衣〕於既反。〕

魯人曰：非禮也。荊人强之。〔其欲尊丈夫反。康下王同。○〔强〕〕巫先拂柩，荊人悔之。〔巫祝桃茢。〔拂〕芳勿反。君臨臣喪。〔柩〕其久反。君臨臣喪之禮。〕滕成公之喪，〔魯昭三年。〕使子叔敬叔弔，進書，〔子服敬叔，魯叔弓宣公弟叔。進書。〔胖〕許君弔書。乙弔反。〕子服惠伯為介。〔惠伯介，副慶父也。玄孫之子名。○〔介〕音界。奉君乙弔書。○〕及郊，為懿伯之忌，不入。〔敬叔父滕父。忌近郊也。敬叔有伯惠之懿伯之懿。○〕惠伯曰：政也，不可以叔父之〔敬難不惠伯入也。○〔難〕乃旦反。〕私不將公事。遂入。〔懿伯，君為命所敬。敬父。○〔昭〕常。昭穆以遂入。〔强〕惠之伯。〕

哀公使人弔蕢尚，遇諸道，辟於路，畫宮而受弔焉。〔畫地為宮避之也。畫宮亦為宮象。○〔辟〕音避。又〔畫〕音獲。○〔蕢〕〕曾子曰：蕢尚不如杞梁之妻之知禮也。〔哀怪魯君也。行弔野非禮。○苦怪反。〔辟〕音避。〕齊莊公襲莒于奪，〔魯襄二十三年，齊侯襲莒于且于之隧。隧，奪。春秋相傳近曰杞。或〔且〕于餘反。〔杞〕音起。○徒外反。〕杞梁死焉，〔殖也。華還載甲夜入且于之隧。○〔華〕胡化反。〔尊〕徒反。〕其妻迎其柩於路〔殖卿殖。華還。○〔華〕胡。〕而哭之哀。莊公使人弔之。對曰：君之臣不免於罪，則〔陳尸也。大夫以上肆諸市朝。○〔肆〕音四。〕將肆諸市朝，而妻妾執。〔肆諸市朝。以下陳尸市也。大夫以上。○〔肆〕音朝。士〕君之臣免於罪，則有先人之敝廬在，君無所辱〔敝廬。春秋傳曰孺子之喪。公之喪。〕命。〔齊侯弔諭其命，辭不受也。○〔廬〕力居反。〕

孺子䵷之喪，哀公欲設撥，〔撥，可也。撥，引輴車所謂紼。○〔撥〕半末反。下同。〔輴〕勑倫反。下○〔撥〕〕問於有若。有若曰：其可也，君之三臣猶設之。〔三臣，仲孫氏、叔孫、季孫氏。○〔蕢〕〕顏柳曰：天子龍輴而椁幬，〔畫轅為龍。殯車為龍。○殯以樽以樽覆也。〔樽〕音郭。〔幬〕棺而塗之。所謂菆塗。才丸反。〕諸侯輴而

設幬。盡龍不為榆沈。故設撥。〔以播水澆榆白皮之汁，以播地於引輴車滑○〕

三臣者廢輴而設撥，竊禮之不中者也，而君何學焉。

母死之妾。哀公為之齊衰。有若曰：為妾齊衰，禮與。公曰：吾得已乎哉，魯人以妻我。

季子皋葬其妻，犯人之禾。申祥以告曰：請庚之。子皋曰：孟氏不以是罪予，朋友不以是弃予，以吾為邑長於斯也。買道而葬，後難繼也。

仕而未有祿者，君有饋焉曰獻，使焉曰寡君，違而君薨弗為服也。

虞而立尸，有幾筵。卒哭而諱，生事畢而鬼事始已。既卒哭，宰夫執木鐸以命于宮曰：舍故而諱新。自寢門至于庫門。二名不偏諱，夫子之母名徵在，言在不稱徵，言徵不稱在。

軍有憂，則素服哭於庫門之外，赴車不載櫜。

有焚其先人之室，則三日哭。故曰：新宮火，亦三日哭。

孔子過泰山側，有婦人哭於墓者而哀。夫子式而聽之，使子路問之曰：子之哭也，壹似重有憂者。而曰：然。昔者吾舅死於虎，吾夫又死焉，今吾子又死焉。夫子曰：何為不去也。曰：無苛政。夫子曰：小子識之，苛政猛於虎也。

魯人有周豐也者，哀公執摯請見之，而曰：不可。公曰：我其已夫。使人問焉曰：有虞氏未施信於民而民信之，夏后氏未施敬於民而民敬之，何施而得斯於民也。對曰：墟墓之間，未施哀於民而民哀；社稷宗廟之中，未施敬於民而民敬。殷人作誓而民始畔，周人作會而民始疑。苟無禮義忠信誠慤之心以莅之，雖固結之，民其不解乎。

喪不慮居，毀不危身。喪不慮居，為無廟也；毀不危身，為無後也。

延陵季子適齊，於其反也，其......

長子死，葬於嬴博之閒。（季子名札，魯昭二十七年，吳公子札聘於上國是也。嬴、博，齊地，今泰山縣是也。○嬴音盈。長，丁丈反。延，以然反，下同。嬴博音齊。）

孔子曰：延陵季子，吳之習於禮者也。往而觀其葬。

其坎深不至於泉。（言淺也。）其斂以時服。（不改制節也。）

既葬而封，廣輪揜坎，其高可隱也。（廣，橫也。輪，從也。揜坎，謂足以揜坎。隱，據也。封可手據，謂高四尺所。○隱，於覲反。揜，於檢反。廣，古曠反。從，子容反。據，音據。）

既封，左袒，右還其封且號者三，曰：骨肉歸復于土，命也。（還，圍繞也。命，猶性也。○袒音但。還音旋。號，戶報反。復，扶又反。）若魂氣則無不之也，無不之也。（言精神無所不在。）而遂行。孔子曰：延陵季子之於禮也，其合矣乎！（言其可法也。）

邾婁考公之喪，徐君使容居來弔含，（含，胡闇反，弔含同。○含，一音含。考，或為定。徐君，徐國之君也。容居，徐大夫。含，以玉實口也。）曰：寡君使容居坐含，進侯玉，其使容居以含。（進侯玉，時徐僭稱王也。玉，大夫行則比天子使大夫來含諸侯。）

有司曰：諸侯之來辱敝邑者，易則易，于則于，易于雜者未之有也。（易，謂臣禮。于，謂君禮。雜者，容居以臣禮欲行君禮，自比天子使大夫敵諸侯，欲兼之。○易，以豉反。）

容居對曰：容居聞之，事君不敢忘其君，（對，比也。言徐之先，比諸侯。）亦不敢遺其祖。昔我先君駒王西討，濟於河，無所不用斯言也。容居，魯人也，不敢忘其祖。（言我祖嘗有天子之禮，諸侯初如今是君。駒王，徐之先君也。徐自比天子，僭號王，魯鈍，欲比齊、魯。）

子思之母死於衛，赴於子思，子思哭於孔氏之廟。（母嫁庶氏。赴，告也。母與廟絕也。○赴，芳赴反。）門人至曰：（門人，弟子也。）庶氏之母死，何為哭於孔氏之廟乎？子思曰：吾過矣，吾過矣。遂哭於他室。（他室，非廟也。）

天子崩，三日祝先服，（祝佐含斂，先病。）五日官長服，（官長，大夫。）七日國中男女服，（麻。入，三月。）三月天下服。（諸侯之大夫。）虞人致百祀之木，可以為棺椁者斬之。（虞人掌山澤之官。百祀，畿內百縣之祀也。虞人，斬伐也，作棺椁也。以為棺椁也。）不至者，廢其祀，刎其人。（刎，勿粉反。又力粉反。）

齊大饑。（饑，居依反。）黔敖為食於路，以待餓者而食之。（黔，其廉反。敖，五羔反。食，音嗣。○黔敖居也。）有餓者，蒙袂輯屨，貿貿然來。（蒙袂，不欲見人也。輯，斂屨也。貿貿，目不明之貌也。○斂，勿劍反。袂，彌世反。輯，側立反。貿，莫候反。屨，力住反。又力竹反。士音救反。）黔敖左奉食，右執飲，曰：嗟！來食！（奉，芳勇反。○奉音捧。）揚其目而視之，曰：予唯不食嗟來之食，以至於斯也！（非嗟來之食，雖閔而呼之。）從而謝焉，終不食而死。（就也。○從，才用反。）曾子聞之，曰：微與！其嗟也可去，其謝也可食。（微，無也。與，語辭。○微與，猶止也。與音餘。）

邾婁定公之時，有弒其父者，有司以告，公瞿然失席曰：是寡人之罪也。（定公，魯定公也，十四年卽位。○瞿，紀具反。）曰：寡人嘗學斷斯獄矣，臣弒君，凡在官者殺無赦；子弒其父者，凡在官者殺無赦。（弒，式志反，且注同。縛，文服反，子餘反。弒父弒君，民之無禮，罪無尊卑皆得殺。○斷，丁亂反。）殺其人，壞其室，洿其宮而豬焉。（諸臣子孫無赦。豬，都也，南方謂都為豬。○壞，音怪，又音...。洿音烏。豬，音誅，又扶又反。）蓋君踰月而后舉爵。（踰月，自貶損。○踰，羊朱反。）

晉獻文子成室，晉大夫發焉。（獻文子，晉卿，趙武也。諸作大室，大夫成，亦晉君發。○發，方伐反。）張老曰：美哉輪焉！美哉奐焉！（心譏其奢也。輪，言眾輪困。奐，言眾多。）

〇【奐】音喚。歌於斯，哭於斯，聚國族於斯。【祭祀於此，燕會於此喪死於此】足夫言此復為者，欲防其後。文子曰：武也得歌於斯，哭於斯，聚國族於斯，是全要領以從先大夫於九京也，北面再拜稽首。【全要領者，免於刑誅也。京當為原，晉大夫之墓地在九原。〇【要】一遙反。【京】音原，在下九。原京蓋字之誤，當為原。】君子謂之善頌善禱。【頌，張老之言；禱，文子之言。〇善頌謂善禱，求也。【禱】丁老反。同】

仲尼之畜狗死，【畜，狗反。又許守反。〇【畜】許又反。】使子貢埋之，曰：吾聞之也，敝帷不棄，為埋馬也；敝蓋不棄，為埋狗也。也貧無蓋，於其封也，亦予之席，毋使其首陷焉。【路馬，君馬。所乘路馬死，埋之以帷。〇【封】為封窆當】仲尼之畜狗死。路馬死，埋之以帷。子貢問曰：吾聞諸夫子，敝帷不棄為埋馬也，敝蓋不棄為埋狗也。

季孫之母死，哀公弔焉，曾子與子貢弔焉，閽人為君在，弗內也。【閽人守門者。〇【閽】音昏。【內】音納。】曾子與子貢入於其廄而修容焉。【更衣也。〇莊，又嫁反。】曾子先入，閽人曰：鄉者已告矣。【鄉，許亮反，止以言。下同，益恭】子貢後入，閽人辟之。【辟，亮反。下以戶嫁反。】涉內霤，卿大夫皆辟位，【兩賢相隨，彌益恭，下辟音避。】公降一等而揖之。【之也，揖，一入反。】君子言之曰：盡飾之道，斯其行者遠矣。【行下孟反。】

陽門之介夫死，【陽門，宋國門名。介夫，甲士。〇介音界。】司城子罕入而哭之哀。【司城，宋樂甫衛公孫之後樂喜也。司空為司城。〇罕，呼旱反。戴公子罕。】晉人之覘宋者反報於晉侯曰：【覘，敕占反，又丑豔反，窺視也。視音示。】陽門之介夫死，而子罕哭之哀，而民說，殆不可伐也。【說音悅。殆，待改反。伐，如字。】孔子聞之曰：善哉覘國乎！【覘國乎。】詩云：凡民有喪，扶服救之。【如是，覘微察也。詩云凡民有喪扶服救之，【說】音悅。康誥。】

雖微晉而已，天下其孰能當。【宇又上音助也。〇蒲下。北反。雖微晉而已，天下其孰能當。絰，徒結反。如非徽晉而已。】魯莊公之喪，既葬而絰不入庫門。【絰，徒結反。時慶父作亂，故設獄。土大夫既卒哭。孔子卒哭。】士大夫既卒哭，麻不入。【臣既卒哭而除喪服，不與虞卒哭畢，亦與虞卒哭哭。○麻，謂絰也。服畢不與虞。臣欲以不敢居過居之喪既葬而至微弱，微葬弱。】故人曰：原壤其母死，夫子助之沐槨。【原壤，魯人，孔子故人。沐槨，謂以木作椁也，故以託木作音也。沐，音木，治木也。又音郭。槨音郭。】原壤登木曰：久矣予之不託於音也。【登木謂。爾雅，才用反。已，音以。】歌曰：貍首之斑然，執女手之卷然。【貍首，木名。斑然，文采貌。女，如汝。字為狐。女必射正反所殺沒直吏殺，植直沒反，又植殺時或。】夫子為弗聞也者而過之。【為，如字。又知亦反。知音智。過，古臥反。又專記反。如妃。】從者曰：子未可以已乎？【從，才用反。已，音以。權音甦，才用止也。】夫子曰：丘聞之，親者毋失其為親也，故者毋失其為故也。【夫子曰：丘聞之親者毋失其為親也故者毋失其為故也。】

趙文子與叔譽觀乎九原。【叔譽，晉羊舌大夫叔向也。向，許兩反。胖，步丹反。叔向也，許兩反。】文子曰：死者如可作也，吾誰與歸？【也作，起也。○譽，音預。【向】音向，羊舌大夫。】叔譽曰：其陽處父乎？【甫音父。處，昌慮反。弁，特猶專也。○【行】下，孟反，謂而專也。如妃，字為狐。】文子曰：行並植於晉國，【並，步頂反。植，直吏反，又直值反。○文子曰行並植於晉國不沒其身其知不足稱也。】不沒其身，其知不足稱也。【也作起也。○其陽處父乎。】其舅犯乎？【利也。】文子曰：見利不顧其君，其仁不足稱也。【仁不足稱也。】我則隨武子乎，【難一乃遙曰反。○奧文投璧辭難，至隨君以國無是也。武子士會也。食晉人謂文子知人。】利其君不忘其身，謀其身不遺其友。【遺，唯季反。○要一遙曰或。】晉人謂文子知人。【知音智。】文子其中退然如不勝衣，【中，竹仲反。又退然或他或果為。○反其言吶吶然如不出諸其口。○【勝】音升。升【委】他或果為。】其言吶吶然如不出諸其口。【吶吶然，如不出諸其口。○以【勝】音升。升【委】他或果為。吶吶。】

悅舒反。又奴卧反。〇[吶]奴劣反。所舉於晉國管庫之士七十有餘家。為管庫大夫之士也。府史以下，官長所置也。庫，物所藏也。〇[鍵]其展反。[舉]以豉反。生不交利，廉也。死不屬其子焉。潔也。〇[屬]音燭。叔仲皮學子柳。叔仲皮，魯叔孫氏之族。學，教也。〇[學]戶教反。[柳]如字。叔仲皮死，其妻，魯人也，衣衰而繆絰。妻，當為舅姑之壞字也。繆讀為穆。〇[成]昌承之反。[蠶]士南反。[蟹]呼惠反。叔仲衍以告，衍，叔仲皮之子，子柳之昆弟也。告，告子柳也。言此非禮。請繐衰而環絰，繐衰之縷，其小功而四升半。環絰，一股而纏之。〇[繐]音歲。[衰]如字。[環]音還。曰昔者吾喪姑姊妹亦如斯，末吾禁也。姑姊妹在室，齊衰；出嫁，大功。言其舅姑同，末，無也。亦時婦人好輕細，請弛而衍使其妻者為衍，舅既服之。〇[喪]如字。[末]莫曷反。退，使其妻繐衰而環絰。柳衍也，答姑子好。成人有其兄死而不為衰者，聞子皋將為成宰，遂為衰。成，魯邑。子皋，孔子弟子高柴也。成人有其兄。成人曰：蠶則績而蟹有匡，范則冠而蟬有緌，兄則死而子皋為之衰。此民惡子皋為政之嚴，故為言以非之也。蠶之績其范，蟹有匡如蟹之績，蟹匡非蠶之績也。范，蜂也。蟬，蜩也。緌謂范則冠，蟬有緌也。〇[成]昌承之反。[蠶]士南反。[蟹]呼惠反。樂正子春之母死，五日而不食。曰：吾悔之。自吾母而不得吾情，吾惡乎用吾情。言悔食稀也。〇然，語辭也。歲旱，穆公召縣子而問然，曰：天久不雨，吾欲暴尪而奚若？〇[尪]烏光反。[暴]步卜反，下同。曰：天則不雨，而暴人之疾子，虐，毋乃

不可與？讀以疾人之向下哀，暴之虐。然則吾欲暴巫而奚若？巫主接神，亦覡也。曰：天則不雨，而望之愚婦人，於以求之，毋乃已疏乎！女巫覡，旱曰舞雩。〇[疏]所居反。徙市則奚若？曰：天子崩，巷市七日；諸侯薨，巷市三日。憂戚於是為之徙市。為之徙市，不亦可乎？孔子曰：衛人之祔也，離之；魯人之祔也，合之，善夫！離之謂祔之有以間其祔。合之，善夫。〇[祔]音附。[合]如字。[夫]音扶。

禮記卷第三

王制第五　　鄭氏註

王者之制祿爵，公侯伯子男，凡五等。諸侯之上大夫卿、下大夫、上士、中士、下士，凡五等。象五行剛柔，十二月，祿所受食，爵。天子之田方千里，亦象日月之大也。公侯田方百里，伯七十里，子男五十里。不能五十里者，不合於天子，附於諸侯曰附庸。天子之三公之田視公侯，天子之卿視伯，天子之大夫視子男，天子之元士視附庸。

地小城曰附庸，視猶比也。元，善者，以國事謂命於士，大國此未能殷以所其。從殷之質三等，伯之子男也，殷以為一則殷爵，伯三等者，變公侯伯文。增也，以異于男而謂之猶，因于殷之武王以定天下，更立五等狹也，周之公爵。攝之政後致為大平，及斥有大功之州之諸侯，大制者禮地成方五百里，意其封爵王。里侯所因殷之，其次伯亦以功黜陟之，子其二不合者皆益之百。者地唯天子畿焉，是不以周世有爵羣臣尊而國小為小治民卑。○〔朝〕，直遙反。

制農田百畝，百畝之分，上農夫食九人，其次食八人，其次食七人，其次食六人，下農夫食五人。庶人在官者，其祿以是為差也。農夫皆受田，公田肥墝有五於。○〔食〕音嗣。〔分〕扶問反。〔府〕史之屬官長所除下不等，收入也。庶人在官者，分或為糞，天子不同也。謂命於天子、國君者。

諸侯之下士視上農夫，祿足以代其耕也。中士倍下士，上士倍中士，下大夫倍上士，卿四大夫祿，君十卿祿。次國之卿三大夫祿，君十卿祿，小國之卿倍大夫祿，君十卿祿。此班祿卑之差。○〔會〕。次國之上卿，位當大國之中，中當其下，下當其上大夫。小國之上卿，位當大國之下卿，中當其上大夫，下當其下大夫。此諸侯使卿大夫相聘覜會之序也，小國在下爵，大夫異固，往聘會，上耳。○〔覜〕生其〔規〕反，位爵其。有中士下士者，數各居其上之三分。謂其班也，行而班會也，君特居若。猶當也，此小國之士為下而數，大國皆之，二十為上，次國之三分士之。上九、中九、下九，以位相當，士當大夫，次國之上，士非當命，大國士亦。士無出會之事。○〔三分〕如字。凡四海之內九州，州方千里。

州建百里之國三十，七十里之國六十，五十里之國百有二十，凡二百一十國。名山大澤不以封，其餘以為附庸閒田。八州，州二百一十國。建，立也。小國與民立同財，不得障管，亦賦稅之而已。大國立三卿，小國立二卿，公立大國次三。名山大澤不以封者，與民同財。此殷制也，方千里者，周公制禮，九也，州大一界為。天子之縣內，方百里之國九，七十里之國二十……

有一。五十里之國六十有三。凡九十三國。名山大澤不以朌，其餘以祿士，以為閒田。縣內，夏時天子所居州界名也。殷曰畿，詩云邦畿千里，維民所止。三公之田，有致仕者，副之亦曰畿。畿內大國九，其餘三待封王之子弟。次國二十一，孤卿之田六，亦為有封致仕者之副。小國六十三，大夫之田，亦以待封。者之子弟，亦為第三。仕者止，周亦曰畿，殷曰畿。

凡九州，千七百七十三國。天子之元士、諸侯之附庸不與。之田不副者，以其無職，佐公論道耳。雖致仕猶可即而謀焉。朌讀為班。○朌音班。賦也。不在數中也。春秋傳曰：禹會諸侯於塗山，執玉帛者萬國。是諸侯之地，有方百里，有方七十里，有方五十里，能容此湯。禹承唐虞之地界，因之。夏末既衰，夷狄內侵，諸侯相并，或復分減，九州之界列五廣服。周承而制焉，其土益更制，襄其爵耳。改周之法，經盛衰，其終鐵此，內說之意，一也。○地音預。

天子百里之內以共官，千里之內以為御。此謂殷制。天子百里之內以共官，千里之內以為御。御，謂此地之田稅所給衣食也。○官謂其長，帥皆色類反。聞之地大小音預，而未得同。

千里之外設方伯，五國以為屬，屬有長；十國以為連，連有帥；三十國以為卒，卒有正；二百一十國以為州，州有伯。屬、連、卒、州猶聚也。州長伯亦長也，及周皆長曰牧。○長皆丁丈反，卒子忽反，卒正同。外設方伯五國以為屬，屬有長，十國以為連，連有帥，三十國以為卒，卒有正，二百一十國以為州，州有伯。

八州八伯、五十六正、百六十八帥、三百三十六長。八伯各以其屬，屬於天子之老二人，分天下殷連之卒，州猶聚也，州長及周亦長曰牧。八州八伯，五十六正，百六十八帥，三百三十六長。○同卒下同。反同卒下。

以為左右曰二伯。傳曰老謂上公。周禮曰：九命作伯。自陝以東，周公主之；自陝以西，召公主之。春秋以老謂上公，周禮曰九命，自陝以東周公主之，自陝以西召公主之。○陝失冉反。

千里之內曰甸，服治田出穀稅。○甸，大薦反。千里之外曰采，曰流。采，九州之內地，取其美物以當穀稅。○采，蒼改反。當，丁浪反。曰流，外謂九州之外也，夷狄之流移，或蠻不二百里荒服。

天子：三公，九卿，二十七大夫，八十一元士。此夏制也。明堂位曰：夏后氏之官百。舉成數也。天子三公九卿二十七大夫八十一元士。

大國：三卿，皆命於天子，下大夫五人，上士二十七人。次國：三卿，二卿命於天子，一卿命於其君，下大夫五人，上士二十七人。小國：二卿，皆命於其君，下大夫五人，上士二十七人。

天子之大夫為三監，監於方伯之國，國三人。使佐方伯領諸侯。○監，工銜反，卷末監同。天子之縣內諸侯，祿也；外諸侯，嗣也。選賢置之於位，不得其世，以其國制。外諸侯嗣也，乃有封功。

制：三公一命卷，若有加則賜也，不過九命。立之，諸侯之象賢也。冠也。○冠，禮記曰亂反，世以制。次國之君，不過七命，小國之君，不過五命。卷俗讀也，其通則曰衮。龍衮，寅則王者衮之後同，多命於此則加。命則服。

大國之卿，不過三命，下卿再命，小國之卿與下大夫一命。賜非命服也。虞夏之制，天子服有日月星辰，周禮曰。次大國也，大國之下大夫再命，小國之卿三命，其卿次國之卿。

凡官民材，必先論之，論辨然後使之，任事然後爵之，先論之，謂考其德行道藝。辨謂考問以得其定。○辨，易曰考問以辨之。爵之，謂爵。

位定然後祿之。爵人於朝，與士共之。刑人於市，與衆棄之。故公家不畜刑人，大夫弗養，士遇之塗弗與言也，屏之四方，唯其所之，不及以政，示弗故生也。諸侯之於天子也，比年一小聘，三年一大聘，五年一朝。天子五年一巡守。

歲二月，東巡守至于岱宗〔○〔岱〕音代。東嶽。〕，柴而望祀山川。覲諸侯〔覲，見也。〕。問百年者就見之〔就見，老人不就見。〕。命大師陳詩以觀民風〔陳詩，謂采其詩而視之。大師，樂官之長也。○〔大〕音泰，後同。〕。命市納賈以觀民之所好惡，志淫好辟〔市，典市者也。物貴賤厚薄也。民之志淫則後物貴，好者則用物貴。○〔賈〕音嫁。〔好惡〕皆去聲。〔辟〕匹亦反。〕。命典禮考時月定日，同律禮樂制度衣服正之〔同陰陽律也。〕。

山川神祇有不舉者為不敬，不敬者君削以地〔舉猶祭也。○〔削〕息約反，約也。〕。宗廟有不順者為不孝，不孝者君絀以爵〔謂若順逆。〕。變禮易樂者為不從，不從者君流〔流，放也。○〔絀〕丑律反，穆反。〕。革制度衣服者為畔，畔者君討〔討，誅也。〕。有功德於民者，加地進律〔律，法也。〕。

五月，南巡守至于南嶽，如東巡守之禮。八月，西巡守至于西嶽，如南巡守之禮。十有一月，北巡守至于北嶽，如西巡守之禮。歸假于祖禰，用特〔特，一牛也。祖下及禰皆一牛也。○〔假〕音格。〔禰〕乃禮反，父廟也。〕。

天子將出，類乎上帝，宜乎社，造乎禰〔帝，所謂祭五德之帝也。○〔造〕七報反，下及注其禮同。〕。諸侯將出，宜乎社，造乎禰〔類、宜、造，郊者之禮。〕。天子無事與諸侯相見曰朝，考禮正刑一德，以尊于天子〔征事謂伐。〕。天子賜諸侯樂，則以柷將之〔以節樂。○〔柷〕昌六反。〔鼗〕音桃。〕；賜伯子男樂，則以鼗將之〔命柷鼗皆所執以致。〕。諸侯賜弓矢然後征，賜鈇鉞然後殺，賜圭瓚然後為鬯〔乃敢其器，得為。〕。未賜圭瓚，則資鬯於天子〔又其事，主瓚，瓚爵也，瓚秬酒也。○〔鈇〕音斧。〔鉞〕音越。〔瓚〕才旦反。〔鬯〕音暢。〔秬〕巨反。〕。

天子命之教然後為學。小學在公宮南之左，大學在郊〔學，士所以學之。小郊七十里，大學在國。九里之國，三里之郊，此小郊。國，殷之制。〕。天子曰辟雍，諸侯曰頖宮〔尊卑學異名。辟雍，明和也。頖之言班也。所以班政教也。○〔辟〕音璧。〔頖〕音判。〕。

天子將出征，類乎上帝，宜乎社，造乎禰，禡於所征之地〔禡，師祭也，所征之地。○〔禡〕馬伯反。又音罵，禱其百。〕。受命於祖，受成於學〔定兵謀也。〕。出征執有罪，反釋奠于學，以訊馘告〔釋菜奠幣，禮先師也。訊馘，所生獲，斷耳。○〔訊〕音信。〔馘〕古獲反。〕。

天子諸侯無事，則歲三田〔田者，蒐苗獮狩。為田，古獲反。○〔田〕者，春曰蒐，夏曰苗，秋曰獮，冬〕：一為乾豆，二為賓客，三為充君之庖〔三田者，夏不田，蓋夏時也。周〕。

也。（狩，獵也。乾音干。廄，步之交反，為祭祀所求豆實。）無事
而不田曰不敬，田不以禮曰暴天物。天子殺則下
大綏，諸侯殺則下小綏，（綏，如字。天子殺則下）
子不合圍，諸侯不掩羣。
大夫殺則止佐車，佐車止，則百姓田
獵。獺祭魚，然後虞人入澤梁；豺祭獸，然後田獵；
鳩化為鷹，然後設罻羅；草木零落，然後入山林；昆
蟲未蟄，不以火田。（蟄，直立反。）不麑，不卵，不殺胎，不
殀夭，（殀，於兆反。夭，烏老反。）不覆巢。（覆，芳服反。）
冢宰制國用，必于歲之杪，五穀皆
入，然後制國用。（杪，亡小反。）用地小大，視
年之豐耗。（耗，呼報反。）以三十年之通制國用，量入以為出。（通，率三十年一歲）
祭用數之仂。（仂，音勒。）○九
喪三年不祭，唯祭天地社稷，為越紼而
行事。（紼，音弗。）喪用三年之仂。
喪祭用不足曰暴，有餘曰浩。（暴，蒲卜反。浩，猶鐄也。浩浩。）
祭，豐年不奢，凶年不儉。（儉，猶鐄也。國無）
曰不足，無六年之蓄曰急，無三年之蓄曰國非其國

也。三年耕，必有一年之食；九年耕，必有三年之食。以
三十年之通，雖有凶旱水溢，民無菜色，然後天子食，
日舉以樂。（飢則天子食菜之色，民無菜色。天子乃日舉以樂，侑食之。天子）
天子七日而殯，七月而葬。諸侯五日而殯，五月而葬。大夫、士、庶
人三日而殯，三月而葬。（殯者，舒卑同軌畢至，春秋傳曰天子）
三年之喪，自天子達。（達於庶人喪，從死者，祭從生）
庶人縣封，葬不為雨止，不封不樹，喪
不貳事。（雖兩，猶葬，以其禮儀少者，至卑不得引紼，不下封棺，不封）
自天子達於庶人，喪從死者，祭從生
者，支子不祭。（生從死者謂奠，祭衣衾牲棺椁。從）
天子七廟，三昭三穆，與大祖之廟而七。（王此周制，七者大祖及文、武）諸侯五廟，
二昭二穆，與大祖之廟而五。（後不祖為始封之君，王廟者之）
大夫三廟，一昭一穆，與大祖之廟而三。（大祖，別子始封者，大傳曰始）士一廟。（謂諸侯之中士、下士二廟，士名）
庶人祭於寢。（寢，適音的。適，寢也。）天子諸侯宗廟之祭，春曰礿，
夏曰禘，秋曰嘗，冬曰烝。（此蓋夏殷之祭名。周則改之，礿為殷祭）
（詩小雅曰礿祠烝嘗，于公先王。）

祭天地。諸侯祭社稷。大夫祭五祀。天子祭天下名山大川。五嶽視三公。四瀆視諸侯。諸侯祭名山大川之在其地者。天子諸侯祭因國之在其地而無主後者。

天子犆礿。祫禘。祫嘗。祫烝。諸侯礿則不禘。禘則不嘗。嘗則不烝。

諸侯礿犆。禘一犆一祫。嘗祫。烝祫。

天子社稷皆大牢。諸侯社稷皆少牢。大夫士宗廟之祭。有田則祭。無田則薦。庶人春薦韭。夏薦麥。秋薦黍。冬薦稻。韭以卵。麥以魚。黍以豚。稻以雁。

祭天地之牛角繭栗。宗廟之牛角握。賓客之牛角尺。

諸侯無故不殺牛。大夫無故不殺羊。士無故不殺犬豕。庶人無故不食珍。庶羞不踰牲。燕衣不踰祭服。寢不踰廟。

古者公田藉而不稅。市廛而不稅。關譏而不征。林麓川澤以時入而不禁。夫圭田無征。用民之力。歲不過三日。田里不粥。墓地不請。

司空執度度地。居民山川沮澤。時四時。量地遠近。興事任力。凡使民。任老者之事。食壯者之食。凡居民材。必因天地寒煖燥濕。廣谷大川異制。民生其間者異俗。剛柔輕重遲速異齊。五味異和。器械異制。衣服異宜。修其教不易其俗。齊其政不易其宜。中國戎夷五方之民皆有性也。不可推移。東方曰夷。被髮文身。有不火食者矣。南方曰蠻。雕題交趾。有不火食者矣。

下同。[題]大昬反。[遑]西方曰戎，被髮衣皮，有不粒食者矣。北方曰狄，衣羽毛穴居，有不粒食者矣。既，[氀]反。○[衣]下同。中國、夷、蠻、戎、狄，皆有安居、和味、宜服、利用、備器。各其事，自足雖異。五方之民，言語不通，嗜欲不同。達其志，通其欲，東方曰寄，南方曰象，西方曰狄鞮，北方曰譯。言皆俗閒之名。○依其事類耳。觀之。○[嚝]市志反。[寄]京義反。[鞮]丁兮反。[譯]如字。

凡居民，量地以制邑，度地以居民，必參相得也。得猶足也。○[参]七南反。[廈]大。無曠土，無游民，食節事時，民咸安其居，樂事勸功，尊君親上。司徒脩六禮以節民性，明七教以興民德，齊八政以防淫，一道德以同俗，養耆老以致孝，恤孤獨以逮不足，上賢以崇德，簡不肖以絀惡。者，司徒地官。○[逮]音代，又[絀]敕律反，大計反。○[帥]音率。[敖]五報反。擇以[很]胡墾反。命鄉簡不帥教者以告。者鄉，循也。謂鄉學。耆老皆朝于庠，元日習射上功，習鄉上齒，大司徒帥國之俊士與執事焉。將者朝猶會也。○此使鄉學者。○[朝]直遙反。[蜡]音乍。[蠟]仕詐反。養老。○不變，命國之右鄉簡不帥教者移之左，命國之左鄉簡不帥教者移之右，如初禮。人中年考校而化也，亦又復習禮，使轉於鄉。[觀]又音冀反。○[復]不變，移之郊，如初禮。

出郊遠之外者。不變，移之遂，如初禮。遠郊之外曰遂。又遠郊大夫掌之，曰九州遠方。不變，屏之遠方，終身不齒。之高尚其書，尚書術日作教。○[書]正[變]樂官命之典樂掌國子於崇教。命鄉論秀士升之司徒，曰選士。者可使大學升之司徒。升於之司徒曰選士。司徒論選士之秀者而升之學，曰俊士。者不征於司徒造士。書正，樂官命之典樂掌國子能。升於司徒者不征於鄉，升於學者不征於司徒，曰造士。樂正崇四術，立四教，順先王詩書禮樂以造士。順此四術也。此四術立四教。書、詩、禮、樂者，事事亦陰也。春秋教以禮樂，冬夏教以詩書。春，陽也。夏，陽也。書、詩、禮、樂者，聲、聲亦陽也。秋，陰也。冬，陰也。書、禮者，事、事亦陰也。王大子、王子、羣后之大子、卿大夫元士之適子、國之俊選皆造焉。皆以四術成之。羣后，公及諸侯，王之大子、王子、羣后之大子、卿大夫元士之適子。[適]丁歷反，又丁到反。[選]才凡入學以齒。皆學。○秩用長幼受尊卑。將出學，小胥、大胥、小樂正簡不帥教者以告于大樂正，大樂正以告于王。[胥]息餘反，九年大成。學，下止同也。王命三公、九卿、大夫、元士皆入學。此所簡者謂王大子、王子、羣后之大子、卿大夫元士之適子、國之俊選，皆樂正屬也。不變，王親視學。王亦謂使習禮以視化之，重之不變。不變，王三日不舉，去食人樂。屏之遠方，西方曰棘，東方曰寄，終身不齒。使棘當爲僰，僰之言寄，寄之言偪。偪，戎夷不偪。○[棘]蒲北反。[僰]南北爲其反，蒲北大遠。○大樂正論造士之秀者以告于王而升諸司馬曰進士。（移也。別名也。政者司馬進士，司馬可進受爵。）司馬辨論官材。（辨其論官材，觀其所長。）論進士之賢者，以告于王而定其論。論定然後官之，任官然後爵之，位定然後祿之。（祿也。）夫廢其事，終身不仕，死以士禮葬之。（試使守之，然後爵之。）命大司徒教士以車甲。（有發，謂有軍旅，乘兵車，衣甲胄之儀。）凡執技論力，適四方，臝股肱，決射御。（使謂之攘衣出其臂脛，射御決其勝負。）凡執技以事上者：祝、史、射、御、醫、卜及百工。（此言七技者。）凡執技以事上者，不貳事，不移官。（亦欲專其事不德。）出鄉不與士齒。（出鄉不與士齒則賤也，齒親於其鄉中。）仕於家者，出鄉不與士齒。（亦賤也。）司寇正刑明辟，以聽獄訟。（司寇，秋官，鄉掌刑者。辟〇必三刺，以求民情，斷其獄訟之中。）必三刺。（一曰訊羣臣，二曰訊羣吏，三曰訊萬民。〇〔斷〕丁亂反。〇〔刺〕七賜反。）有旨無簡，不聽。（簡，誠也。有其誠者有其論意，無其誠者無其論意。）附從輕，赦從重。（附，施刑也，使從輕；求赦從重，重雖是罪可赦之。出之。）凡制五刑，必即天論。（制，斷也；即，就也。不即人心，即天論，言或為則，意論合。）郵罰麗於事。（郵，過也；麗，附也。當各附於其事，不過，不可人假罰他人。）凡聽五刑之訟，必原父子之親，立君臣之義以權之。意論輕重之序，慎測淺深之量以別之。（意思念也。〇或為倫。理也。〇〔論〕。）悉其聰明，致其忠愛以盡之。疑獄，氾與眾共之，眾疑，赦之。

必察小大之比以成之。（比，小大猶平輕重。〇〔氾〕孚劍反。〔比〕必利反，行故也。利事曰成。）成獄辭，史以獄成告於正，正聽之。（〇〔平〕丞皮命反。置史，鄉師之屬，司寇之屬吏也，今漢正有於周，正鄉師之屬，聽獄訟之朝。）正以獄成告于大司寇，大司寇聽之棘木之下。（木之下。周禮，鄉師之屬，辨其獄訟之異，王之死罪朝之而聽。）大司寇以獄之成告於王，王命三公參聽之。（三槐，三公位焉。〇孤卿大夫位焉。〇〔棘〕紀力反，右九棘公侯伯子男位焉。〔要〕一遙反。面反。）三公以獄之成告於王，王（復，王與司寇三公。）三又然後制刑。（及欲免共之，平之，乃命公刑也。周禮。肴又曰，當作過失肴，三肴寬曰一，肴遺忘曰〔志〕音，〔識〕妄再。凡）凡作刑罰，輕無赦。（〇法，難輕〔為〕不赦之，為人易犯，〔易〕以豉反。）刑者，侀也；侀者，成也。一成而不可變，故君子盡心焉。（〔侀〕音刑。〔變〕更也。）析言破律，亂名改作，執左道以亂政，殺。（析言破律，破律令者巧，賣法令者。）作淫聲、異服、奇技、奇器以疑眾，殺。（亂名改作，謂變易官與物之名，更造法。）行偽而堅，言偽而辯，學非而博，順非而澤，以疑眾，殺。（奇技奇器，若服琱琢聚殽。）假於鬼神、時日、卜筮以疑眾，殺。（〇諸以機變〔殹〕〔百〕闢反。〇〔行〕下捷孟反。）此四誅者，不以聽。（者皆謂也。〔盧〕假於鬼神。）凡執禁以齊眾，不赦過。（數，今時書持喪葬築壋盡禮遠嫁取卜此四。）有圭璧金璋，不粥於市；（易，狄辨其害，可明大〇時書持喪〇凡執禁以齊眾不赦過亦為。）命服命車，不粥於市；（易人狄有圭璧金璋不粥於市，命服命車不粥於市宗。）宗廟之器，不粥於市；（廟之器不粥於市，犧牲不粥於市，戎器不粥於市。）犧牲不粥於市；戎器不粥於市。（非民所宜也，所宜有戎器，下軍器同。用器不中度不粥於市兵。）用器不中度，不粥於市；兵車不中度，不粥於市。布帛精麤不中數，幅廣狹不中量，不粥於市。姦色亂正色，不粥於市。錦文珠玉成器，不粥於市。衣服飲食，不粥於市。五穀不時，果實未熟，不粥於市。木不中伐，不粥於市。禽獸魚鱉不中殺，不粥於市。

關執禁以譏，禁異服，識異言。大史典禮，執簡記，奉諱惡。天子齊戒受諫。司會以歲之成，質於天子，冢宰齊戒受質。大樂正、大司寇、市，三官以其成，從質於天子。大司徒、大司馬、大司空齊戒受質，百官各以其成，質於三官。大司徒、大司馬、大司空以百官之成，質於天子。百官齊戒受質。然後休老勞農，成歲事，制國用。以燕禮夏后氏以饗禮殷人以食禮周人脩而兼用之。

五十養於鄉，六十養於國，七十養於學，達於諸侯。

八十拜君命，一坐再至，瞽亦如之。九十使人受。五十異粻，六十宿肉，七十貳膳，八十常珍，九十飲食不離寢，膳飲從於遊可也。六十歲制，七十時制，八十月制，九十日脩，唯絞紟衾冒，死而后制。五十始衰，六十非肉不飽，七十非帛不煖，八十非人不煖，九十雖得人不煖矣。五十杖於家，六十杖於鄉，七十杖於國，八十杖於朝，九十者，天子欲有問焉，則就其室，以珍從。七十不俟朝，八十月告存，九十日有秩。五十不從力政，六十不與服戎，七十不與賓客之事，八十齊喪之事弗及也。五十而爵，六十不親學，七十致政，唯衰麻為喪。

有虞氏養國老於上庠，養庶老於下庠。夏后氏養國老於東序，養庶老於西序。殷人養國老於右學，養庶老於左學。周人養國老於東膠，養庶老於虞庠。虞庠在國之西郊。

格如此之膠或作鄉緣之云〔有虞氏皇而祭深衣而養老夏后氏收而祭燕衣而養老殷人冔而祭縞衣而養老周人冕而祭玄衣而養老〕

凡三王養老皆引年〔八十者一子不從政九十者其家不從政廢疾非人不養者一人不從政父母之喪三年不從政齊衰大功之喪三月不從政將徙於諸侯三月不從政自諸侯來徙家期不從政〕

少而無父者謂之孤老而無子者謂之獨老而無妻者謂之矜老而無夫者謂之寡此四者天民之窮而無告者也皆有常餼瘖聾跛躃斷者侏儒百工各以其器食之

道路男子由右婦人由左車從中央父之齒隨行兄之齒雁行朋友不相踰輕任并重任分斑白者不提挈君子耆老不徒行庶人耆老不徒食

大夫祭器不假祭器未成不造燕器〔方一里者為田九十畝方十里者為方一里者百為田九十億畝方百里者為方十里者百為田九十萬億畝方千里者為方百里者百為田九十萬億畝〕

自恒山至於南河千里而近〔冀州域〕自南河至於江千里而近〔豫州域〕自江至於衡山千里而遙〔荊州域〕自東河至於東海千里而遙〔徐州域〕自東河至於西河千里而近〔冀州域〕自西河至於流沙千里而遙〔雍州域〕西不盡流沙南不盡衡山東不盡東海北不盡恒山凡四海之內斷長補短方三千里為田八十萬億一萬億畝〔九州之大計〕方百里者為田九十億畝山陵林麓川澤溝瀆城郭宮室塗巷三分去一其餘六十億畝

古者以周尺八尺為步今以周尺六尺四寸為步古者百畝當今東田百四十六畝三十步古者百里當今百二十一里〔里六十步四尺二寸二分周尺之數未詳聞也案禮六〕

方千里者為方百里者百封方百里者三十國其餘方百里者七十又封方七十里者〔國十四時多變以此亂法度或言周尺八寸則步更為八尺二十六〕〔五步古者百畝當今百五十六畝〕

六十為方百里者二十九方十里者四十其餘方百

里者四十方十里者六十又封方五十里者百二十
爲方百里者三十其餘方百里者十方十里者六十
名山大澤不以封其餘以爲附庸閒田諸侯之有功
者取於閒田以祿之其有削地者歸之閒田天子之
縣內方千里者爲方百里者百封方百里者九其餘
方百里者九十一又封方七十里者二十一爲方百
里者十方十里者二十九其餘方百里者八十方十
里者七十一又封方五十里者六十三爲方百里者
十五方十里者七十五其餘方百里者六十四方十
里者九十六諸侯之下士祿食九人中士食十八人
上士食三十六人下大夫食七十二人卿食二百八
十八人君食二千八百八十人次國之卿食二百
十六人君食二千一百六十人小國之卿食百四十
四人君食千四百四十人次國之卿命於其君者如
小國之卿天子之大夫爲三監監於諸侯之國者其
祿視諸侯之卿其爵視次國之君其祿取之於方伯
之地方伯爲朝天子皆有湯沐之邑於天子之縣內
視元士給齊戒自絜清之用也食音嗣又如字下皆同沐用潘潘芳袁反米汁也
諸侯世子世國象賢也大夫不世爵使以德
爵以功不世謂縣內及列國諸侯爲天子辟音避者未賜爵

視天子之元士以君其國諸侯之大夫不
世爵祿六禮冠昏喪祭鄉相見七教
父子兄弟夫婦君臣長幼朋友賓客八政
飲食衣服事爲異別度量數制
廣狹也丈尺也長丁丈反斗斛也數百十也洪谷反幅方服反

禮記卷第四

月令第六　　　鄭氏註

孟春之月，日在營室，昏參中，旦尾中。其日甲乙。其帝大皥，其神句芒。其蟲鱗。其音角，律中大蔟。其數八。其味酸，其臭羶。其祀戶，祭先脾。

東風解凍，蟄蟲始振，魚上冰，獺祭魚，鴻鴈來。天子居青陽左个，乘鸞路，駕倉龍，載青旂，衣青衣，服倉玉，食麥與羊，其器疏以達。

是月也，以立春。先立春三日，大史謁之天子曰：某日立春，盛德在木。天子乃齊。立春之日，天子親帥三公九卿諸侯大夫以迎春於東郊。還反，賞公卿諸侯大夫於朝。命相布德和令，行慶施惠，下及兆民。慶賜遂行，毋有不當。乃命大史守典奉法，司天日月星辰之行，宿離不貸，毋失經紀，以初為常。

是月也，天子乃以元日祈穀于上帝。乃擇元辰，天子親載耒耜，措之于參保介之御閒，帥三公九卿諸侯大夫躬耕。帝藉天子三推，三公五推，卿諸侯九推。反，執爵于大寢。三公九卿諸侯大夫皆御，命曰勞酒。

是月也，天氣下降，地氣上騰，天地和同，草木萌動。王命布農事，命田舍東郊，皆修封疆，審端徑術。善相丘陵阪險原隰土地所宜，五穀所殖，以教道民，必躬親之。田事既飭，先定準直，農乃不惑。

是月也，命樂正入學習舞。乃修祭典。命祀山林川澤，犧牲毋用牝。禁止伐木。毋覆巢，毋殺孩蟲胎夭飛鳥，毋麛毋卵。

毋聚大衆，毋置城郭。掩骼埋胔。

是月也，不可以稱兵，稱兵必天殃。兵戎不起，不可從我始。毋變天之道，毋絕地之理，毋亂人之紀。

孟春行夏令，則雨水不時，草木蚤落，國時有恐。行秋令，則其民大疫，猋風暴雨總至，藜莠蓬蒿並興。行冬令，則水潦為敗，雪霜大摯，首種不入。

仲春之月，日在奎，昏弧中，旦建星中。其日甲乙。其帝大皡，其神句芒。其蟲鱗。其音角，律中夾鍾。其數八。其味酸，其臭羶。其祀戶，祭先脾。

始雨水，桃始華，倉庚鳴，鷹化為鳩。天子居青陽大廟，乘鸞路，駕倉龍，載青旂，衣青衣，服倉玉，食麥與羊，其器疏以達。

是月也，安萌牙，養幼少，存諸孤。

擇元日、命民社。

圖去桎梏、毋肆掠、止獄訟。

玄鳥至之日、以大牢祠于高禖。天子親往、是月也。

后妃帥九嬪御。乃禮天子所御、帶以弓韣、授以弓矢于高禖之前。

是月也、日夜分、雷乃發聲、始電、蟄蟲咸動、啓戶始出。

先雷三日、奮木鐸以令兆民曰、雷將發聲、有不戒其容止者、生子不備、必有凶災。

日夜分、則同度量、鈞衡石、角斗甬、正權槩。

是月也、耕者少舍、乃脩闔扇、寢廟畢備。毋作大事以妨農之事。

是月也、毋竭川澤、毋漉陂池、毋焚山林。

天子乃鮮羔、開冰、先薦寢廟。

上丁、命樂正習舞、釋菜。天子乃帥三公九卿諸侯大夫、親往視之。仲丁、又命樂正入學習樂。

是月也、祀不用犧牲、用圭璧、更皮幣。

行秋令、則其國大水、寒氣揔至、寇戎來征。行冬令、則陽氣不勝、麥乃不孰、民多相掠。行夏令、則國大旱、煖氣早來、蟲蝗為害。

季春之月、日在胃、昏七星中、旦牽牛中。其日甲乙。其帝大皞、其神句芒。其蟲鱗、其音角、律中姑洗、其數八、其味酸、其臭羶。其祀戶、祭先脾。

律應。桐始華，田鼠化為鴽，虹始見，萍始生。天子居青陽右个，乘鸞路，駕倉龍，載青旂，衣青衣，服倉玉，食麥與羊，其器疏以達。是月也，天子乃薦鞠衣于先帝。命舟牧覆舟，五覆五反，乃告舟備具于天子焉，天子始乘舟。薦鮪于寢廟，乃為麥祈實。是月也，生氣方盛，陽氣發泄，句者畢出，萌者盡達，不可以內。天子布德行惠，命有司發倉廩，賜貧窮，振乏絕，開府庫，出幣帛，周天下，勉諸侯，聘名士，禮賢者。是月也，命司空曰：時雨將降，下水上騰，循行國邑，周視原野，修利隄防，道達溝瀆，開通道路，毋有障塞。田獵罝罘羅網畢翳，餧獸之藥，毋出九門。是月也，命野虞毋伐桑柘。

鳴鳩拂其羽，戴勝降于桑。具曲植籧筐，后妃齊戒，親東鄉躬桑，禁婦女毋觀，省婦使以勸蠶事。蠶事既登，分繭稱絲效功，以共郊廟之服，無有敢惰。是月也，命工師令百工審五庫之量：金鐵，皮革筋，角齒，羽箭幹，脂膠丹漆，毋或不良。百工咸理，監工日號，毋悖于時，毋或作為淫巧，以蕩上心。是月之末，擇吉日大合樂，天子乃率三公九卿諸侯大夫，親往視之。是月也，乃合累牛騰馬，遊牝于牧。

牲駒犢，舉書其數。故以至秋取當而校內，且以數書之，明生出息時無多也。

命國難，九門磔攘，以畢春氣。此難，難陰氣也。陰寒至此不止，害將及人，所以及人者，陰氣右行，此月之中，日行歷昴，昴有大陵積尸之氣，氣佚則厲鬼隨而出行，命方相氏帥百隸索室毆疫以逐之，又磔牲以攘於四方之神，所以畢止其災也。王居明堂禮曰：季春出疫于郊，以攘春氣。難，乃旦反。磔，竹百反。攘，如羊反。乃毆，丘具反。

季春行冬令，則寒氣時發，草木皆肅，肅謂枝葉乘縮之栗也。國有大恐。以水乘木。行夏令，則民多疾疫，時雨不降，山陵不收。高者曠，呼旱反。行秋令，則天多沈陰，未六月之宿氣也。淫雨蚤降，兵革並起。三成日以氣上乘為霖也。今九月令多陰霖雨。蚤雨勝陰氣也。

孟夏之月，日在畢，昏翼中，旦婺女中。孟夏者，日月會于實沈，而斗建巳之辰也。其日丙丁，道長，言萬物日月為之行。丙之言炳然，著見強大也。其帝炎帝，皆日遍名焉。其神祝融，此赤精之君火官之臣。祝融，顓頊氏之子曰黎，為火官。其蟲羽，象物飛鳥之屬，放此。其音徵，三分商去一以生徵。徵數五十四。屬其數七，火生數二，成數七，但言七者，亦舉其成數。其味苦，其臭焦，火之臭味也。凡苦焦者皆屬焉。焦，七消反。其祀竈，祭先肺。夏陽氣盛熱於外，祀之於竈，從熱類也。祀之先祭肺者，陽位在上，肺亦在上，肺為尊也。

竈在廟門外之東，祀竈之禮，先席於門之奧，東面，設主于竈陘。乃制肺及心肝各俎，奠于主西。又設盛于俎南，亦祭竈。徹之，更陳鼎俎，設饌于筵前，迎尸如祀戶之禮。竈，音灶。陘，音刑。

[肺]

螻蟈鳴，丘蚓出，王瓜生，苦菜秀。皆記時候也。螻蟈，蛙也。王瓜，未聞。小正云：王瓜秀，未聞。○[螻]音樓，今月令云：王瓜生，夏以[蟈]音國，古獲反。[蚓]以忍反，八九反。[瓜]皮八反。[摯]天子居明堂左个，乘朱路，駕赤駵，大寢南堂東偏也。菽實，大孚甲堅，合屬水。雞，木畜物，盛長。○食之，亦以安性也。粗猶大也。器高大者，象木。雞，木畜，時熱。[駵]音留，又力救反。[粗]七奴反，下同。

載赤旂，衣朱衣，服赤玉，食菽與雞，其器高以粗。左明堂个。

是月也，以立夏。先立夏三日，大史謁之天子曰：某日立夏，盛德在火。天子乃齊。謁，告也。立之天子曰某日立夏。

立夏之日，天子親帥三公九卿大夫以迎夏於南郊。還反，迎夏，祭赤帝之赤[?]於南郊之[?]。慈，[?]。標，敷照反。行賞，封諸侯，慶賜遂行，無不欣說。還反者，空其文，不言帥諸侯，祭統日：而古者封諸侯於禘也。諸侯時或無在京師者，北也。封諸侯則出田邑，發秋政，順陰義也，今此於行賞未可也。諸侯出土地之事，此行賞未可也。封諸侯，慶賜遂行者，似失之。○[說]音悅。[遙]必遙反。

乃命樂師，習合禮樂。去聲，將下飲酎同。[酎]直釀反。釀之反，酒重也。命大尉，贊桀俊，遂賢良，舉長大。助出長也，氣也，桀也。俊，贊俊。又能者也。遂猶進也。今俗人皆云三王公之官。月令未通於大尉，古秦官。大則有司馬，無大尉，○[長]官大則。

行爵出祿，必當其位。如字。下聲，繼非長。同或上聲。○[當]去聲也。是月也，繼長增高，盛謂蕃草木廡。毋有壞墮，亦音怪，為逆時氣。[墮]許規反。○[壞]毋起土功，毋發大眾，毋伐大樹。農為妨，蠶之事。時氣為逆。是月也，天子始絺。[絺]初服暑服。勑其反服。○命野虞出行田原，為天子勞農勸民毋或失時。聲重敷之。○行去聲。命司徒巡行縣鄙。命農勉作毋休于都。是月也，驅獸毋害五穀，毋大田獵。農乃登麥，天子乃以彘嘗麥，先薦寢廟。是月也，聚畜百藥。靡草死，麥秋至。斷薄刑，決小罪，出輕繫。蠶事畢，后妃獻繭，乃收繭稅，以桑為均，貴賤長幼如一，以給郊廟之服，無有敢惰。是月也，天子飲酎，用禮樂。孟夏行秋令，則苦雨數來，五穀不滋，四鄙入保。行冬令，則草木蚤枯，後乃大水，敗其城郭。行春令，則蝗蟲為災，暴風來格，秀草不實。

仲夏之月，日在東井，昏亢中，旦危中。其日丙丁，其帝炎帝，其神祝融，其蟲羽，其音徵，律中蕤賓。其數七，其味苦，其臭焦。其祀竈，祭先肺。

小暑至，螳螂生，鵙始鳴，反舌無聲。天子居明堂大廟，乘朱路，駕赤駵，載赤旂，衣朱衣，服赤玉，食菽與雞，其器高以粗。養壯佼。是月也，命樂師修鞀鞞鼓，均琴瑟管簫，執干戚戈羽，調竽笙簧，飭鐘磬柷敔。命有司為民祈祀山川百源，大雩帝，用盛樂。乃命百縣雩祀百辟卿士有益於民者，以祈穀實。農乃登黍。是月也，天子乃以雛嘗黍，羞以含桃，先薦寢廟。令民毋艾藍以染，毋燒灰，毋暴布。門閭毋閉，關市毋索。挺重囚，益其食。游牝別群。

○孕妊之欲止也。則繫騰駒，班馬政。（[別]彼列反。止也。騰駒為其壯氣有餘相…○繫音繫。○馬政謂養馬之政教也。攻駒教以阜馬佚特之教也，攻駒此人之職日掌十有二閑之政。○庾人所留反。[駔]）

是月也，日長至，陰陽爭，死生分。（道音兆。又音叔。又音桃。是月也日長至。○分猶半也。爭者陰陽方盛，陰欲起。）

君子齊戒，處必掩身，毋躁。（掩猶隱蔽也。今月令毋躁躁猶動也。）

止聲色，毋或進。薄滋味，毋致和。（為欲止聲色也。進猶御見也。聲為樂也。易從及樂臣從八樂主與樂羣臣。○非能之士作樂五日。今止之。○[從]于用反。此為其氣傷人異…○[和]戶戈反。散。）

節嗜欲，定心氣。百官靜事，（以定晏陰之所成。○[嗜]時志反。微陰扶精不可散。○[晏]烏諫反。晏安也。○[姘]市志反。）

毋刑。（戶聞反。今月令罪不刑。）

鹿角解，蟬始鳴，半夏生，木菫榮。（[解]戶買反。是月也毋用火南方。火陽盛其氣害用。夏又記時草木候也。木菫王半。）

是月也，毋用火南方。可以居高明，可以遠眺望，可以升山陵，可以處（[眺]他弔反。微陰在上。高明謂樓觀也。○[榭]音謝。闍也。…之榭。陰起。）

臺榭。（[臺]順也有木者謂之榭。）

不通暴兵來至。（亦宼盜賊攻…之類也。）行春令則五穀晚熟，（盜攻劫之疑乘為乘。卯之氣乘。）

冬令則雹凍傷穀，（冬令則雹凍傷穀。○[雹]步角反。道路。仲夏行）行秋令則草木零落，（[螣]音勝。百螣特食穀。○[螣]音勝。…之氣乘天之氣為乘。直酉昴畢危月宿主殺八殺月宿。）

果實早成，民殃於疫。（[苗]葉虫機行秋令則草木零落…來為害也。大陵之氣為害也。）

季夏之月，日在柳，昏火中，旦奎中。（短。生日民殃於疫。）其日丙丁，其帝炎帝，其神祝融，其蟲羽，其音徵，律（其日丙丁其帝炎帝其神祝融其蟲羽其音徵律。季夏者火而日斗建未之辰。）

中林鐘，其數七，其味苦，其臭焦，其祀竈，祭先肺。（也從其數七其味苦其臭焦其祀竈祭先肺。[鍾]者林鍾黃。）

律應之所生，語曰三分去一律長六寸伸莫不任氣至則林鍾之…（鍾應之周語曰三分去一。律長六寸伸莫不任。季夏氣至則細惕之。）

溫風始至，蟋蟀居壁，鷹乃學習，腐草為螢。（[如]起呂反。[惕]苦任各音…又苦主。皆記時候始鷙擊時候螢飛蟲學蟲為螢火也。○[腐]扶矩反。○[螢]戶扃反。草為螢。）

天子居明堂右个，乘朱路，駕赤駵，載赤旂，衣朱衣，（天子居明堂右个乘朱路駕赤駵載赤旂衣朱衣。…正月。○[駵]力周反。○堂明堂西堂偏右个南。命漁師。）

服赤玉，食菽與雞，其器高以粗。（服赤玉食菽與雞其器高以粗。粗麤物之…作蒲葦者物也。○[麤]倉胡反。○命漁師。）

伐蛟取鼉，登龜取黿。（伐蛟取鼉登龜取黿。[蛟]四…似蛇四足似魚…甲類○龜者甲此秋日乃取。○[蛟]音交。○[鼉]大鼋有甲能。○[黿]取堅…柔。○必用龜龞。多皮。）

命澤人納材葦。（衛也。[葦]敦言登言今月令。可以…漁者也。○[龞]必滅反。○[榜]元白反。[竈]孟音元。）

是月也，命四監大合百縣之秩芻，以養犧牲。令（民無不咸出其力。[監]地主有山林川澤者官也。百縣鄉遂…多少為四。鄉有田民艾芻近也。上帝大取。）

民無不咸出其力。（之四屬地主有山林川澤之者官也。百縣鄉遂之秩芻以養犧牲令。）

以共皇天上帝。（之屬皆當出給國養犧之牲以共皇天上帝。）

名山大川四方之神，以祠宗廟社稷之靈，以為民祈（皆當縣出給力…養犧之今月令…求至所明使求福。祠於民艾收…求福祠於民艾。）

福。（也姓以皇天北辰耀魄寶為…○[福]音富。）

是月也，命婦官染采，黼黻文章，必以法故。（是月也命婦官染采黼黻文章必以法故。[婦官]染人。○[染]音弗染人。○他○[黼]方甫反。音甫。）

無或差貸，黑黃倉赤，（[差]初宜反。又如字。○[貸]音忒。他得反。染人…○[染]人…黑黃倉赤。）

莫不質良，毋敢詐偽。（[質]當正也。真良善。所用染。…莫不質良毋敢詐偽。[識]申志反。○[別]彼列反。○[識]申志○當得。真善正…）

以給郊廟祭祀之服，以為旗章，以別貴賤等級之度。（者質當正也。得真良善所用…是月也。○[旗]旗及章章旌。）

是月也，樹木方盛，乃命虞人入山（廟祭祀之服以為旗章以別貴賤等級之度。是月也樹木方盛乃命虞人入山。）

行木，毋有斬伐。不可以興土功，不可（[識]申志○又如字。是月也樹木方盛乃命虞人入山。○[行]為其下未堅刃也。孟反刃。不可以興土功不可。）

以合諸侯不可以起兵動衆

毋發令而待以妨神農之事

水潦盛昌神農將持功舉大事則有天殃

大雨時行燒薙行水利以殺草如以熱湯

土潤溽暑可以糞田疇可以美土疆

則穀實鮮落國多風欬

乃多女災

行冬令則風寒不時鷹隼

蟲驚四鄙入保

中央土其日戊己

黃帝其神后土

黎頊其蟲倮

其音宮

律中黃鍾之宮其數五其祀

中霤祭先心其味甘其臭香

驂載黃旂衣黃衣服黃玉食稷與牛其器圜以閎

天子居大廟大室乘大路駕黃

孟秋之月日在翼昏建星中旦畢中

其日庚辛其帝少皡其神蓐收

其音商律中夷則

其數九

味辛其臭腥其祀門祭先肝

涼風至白露降寒蟬鳴

鷹乃祭鳥，用始行戮。天子居總章左个，乘戎路，駕白駱，載白旂，衣白衣，服白玉，食麻與犬，其器廉以深。

是月也，以立秋。先立秋三日，大史謁之天子曰：某日立秋，盛德在金。天子乃齊。立秋之日，天子親帥三公九卿諸侯大夫，以迎秋於西郊。還反，賞軍帥武人於朝。

天子乃命將帥，選士厲兵，簡練桀俊，專任有功，以征不義，詰誅暴慢，以明好惡，順彼遠方。

是月也，命有司，脩法制，繕囹圄，具桎梏，禁止姦，慎罪邪，務搏執。命理瞻傷，察創，視折，審斷決獄訟，必端平。戮有罪，嚴斷刑。天地始肅，不可以贏。

是月也，農乃登穀。天子嘗新，先薦寢廟。命百官始收斂。完隄防，謹壅塞，以備水潦。脩宮室，坏牆垣，補城郭。

是月也，毋以封諸侯，立大官。毋以割地，行大使，出大幣。

行秋令，則陰氣大勝，介蟲敗穀，戎兵乃來。行夏令，則國多火災，寒熱不節，民多瘧疾。

仲秋之月，日在角，昏牽牛中，旦觜觽中。其日庚辛，其帝少皞，其神蓐收，其蟲毛，其音商，律中南呂，其數九，其味辛，其臭腥，其祀門，祭先肝。盲風至，鴻雁來，玄鳥歸，群鳥養羞。

天子居總章太廟，乘戎路，駕白駱，載白旂，衣白衣，服白玉，食麻與犬，其器廉以深。

是月也，養衰老，授几杖，行麋粥飲食。乃命司服具飭衣裳，文繡有恒，制有小大，度有短長，衣服有量，必循其故。冠帶有常。

乃命有司申嚴百刑，斬殺必當，毋或枉橈。（枉橈不當，反受其殃。〔橈〕女教反。其罪乃反。〇枉，紆往反。）

是月也，乃命宰祝循行犧牲，視全具，案芻豢，瞻肥瘠，察物色，必比類，量小大，視長短，皆中度。五者備當，上帝其饗。（主於烏獸之肥。祭祀之官，先之養牛羊，省曰羣牲，大宰曰祝，大祝者。視案上也，而無察神也。此行皆得下孟其正。）

天子乃難，以達秋氣。（暑此難難多反，仲秋暑氣尚在，至此難難乃衰，陽氣出。難行畢，乃禮多反。仲秋正。）

以犬嘗麻，先薦寢廟。（秋亦命方相帥氏，以發陳百隸，難止之，王居明堂，難乃禮曰仲秋多反。）

是月也，可以築城郭，建都邑，穿竇窖，修囷倉。（麻先薦寢廟也。是月也可以築城郭建都邑穿竇者，入地庶隋。寶方將入，窖者，禮寶曰仲秋者，入地庶隋。）

乃命有司，趣民收斂，務畜菜，多積聚。（趣民收斂，務畜菜多積聚，任始殺為禦之備，〔畜〕反。〇〔趣〕七住六。）

乃勸種麥，毋或失時，其有失時，行罪無疑。（又記時物也，坅也。雷始收聲，蟄蟲在地中，戶謂。〔丑〕六七。）

是月也，日夜分，雷始收聲，蟄蟲坏戶，殺氣浸盛，陽氣日衰，水始涸。（重之。尤是月也日夜分，雷始收聲，蟄蟲坏戶殺氣浸。絕麥者接乏接。）

日夜分，則同度量，平權衡，正鈞石，角斗甬。（盛陽氣日衰水始涸。動內時候，坅也，盆也。蟄蟲壞在戶中謂。〇〔涸〕見九。日雨見氣而未止水，涸又云日雨。）

是月也，易關市，來商旅，納貨賄，以便民事。四方來集。（是月也易關市來商旅納貨賄以便民事四方來集。非稍也，周語曰，梁而成梁。辰角見九月除道，王居明堂季秋除道，致梁本也，天根見而水涸。見也。）

遠鄉皆至，則財不匱，上無乏用，百事乃遂。（民利之商旅賈客也。〔易〕以豉反。〔便〕婢面反。〔圓〕亦其位反。遂猶成也。〔賈〕音古也。輕其稅市使讀。易關市。）

凡舉大事，毋逆大數，必順其時，慎因其類。（舉事，兵謂與眾也，土功季夏合禁諸之侯。）

毋逆大數，必順其時，慎因其類。（舉事謂與眾也，土功季夏合禁諸之侯。）

季秋之月，日在房，昏虛中，旦柳中。（大火者，日月會之於戌之北斗建戌之辰。）

其日庚辛。其帝少皞，其神蓐收。其蟲毛。其音商，律中無射。（者無射夾射。）其數九。（辰也。）其味辛，其臭腥。其祀門，祭先肝。（者無射夾射。）

鴻雁來賓，爵入大水為蛤，（皆記時候止，未去來也賓。）鞠有黃華，（大水海也。戮猶殺也。〇鞠本作菊。〔蛤〕音柴。）豺乃祭獸戮禽。（言其時候止，未去來也賓。）

天子居總章右个，乘戎路，駕白駱，載白旂，衣白衣，服白玉，食麻與犬，其器廉以深。（總章西堂北右偏个。）

是月也，申嚴號令，命百官貴賤無不務內，以會天地之藏，無有宣出。（重申命，內謂收斂入之，會猶聚也。深西堂北右偏个。）

乃命冢宰，農事備收，舉五穀之要，藏帝藉之。（備猶盡也。稅定之簿，藏帝藉之。務內以會天地之藏無有宣出也。）

收於神倉，祗敬必飭。（藏祭祀之委穀也，為帝藉所耕千畝之穀倉，祗亦敬。重藏粢盛之穀也。）

不降。（直房之氣乘之為大也。卯宿火。）草木生榮。（動也。應陽也。）

〇行夏令則其國乃旱，蟄蟲不藏，五穀復生。（氣乘之也。〔復〕扶又反。）

行冬令則風災數起。（風于殺物之氣。〇乘之也。〔數〕所角北之午。）

收雷先行。（冬主閉藏也。先猶蟄藏也。）草木蚤死。（盛寒氣也。）

仲秋行春令，則秋雨（不降）。……國乃有恐。（孟秋獵始征伐，此月築城郭，戒焉。季秋。仲秋行春令，則秋雨，國乃有恐。）

毋逆大數，必順其時，慎因其類。（舉事兵謂與眾也。）

遠鄉皆至，則財不匱，上無乏用，百事乃遂。凡舉大事。（輕其稅市使讀。易關市。）

是月也，霜始降，則百工休。乃命有司曰：寒氣總至，民力不堪，其皆入室。上丁，命樂正入學習吹。是月也，大饗帝、嘗，犧牲告備于天子。合諸侯，制百縣，為來歲受朔日，與諸侯所稅於民輕重之法、貢職之數，以遠近土地所宜為度，以給郊廟之事，無有所私。是月也，天子乃教於田獵，以習五戎，班馬政。命僕及七騶咸駕，載旌旐，授車以級，整設于屏外。司徒搢扑，北面誓之。天子乃厲飾，執弓挾矢以獵。命主祠祭禽于四方。是月也，草木黃落，乃伐薪為炭。蟄蟲咸俯在內，皆墐其戶。

收祿秩之不當、供養之不宜者。是月也，天子乃以犬嘗稻，先薦寢廟。季秋行夏令，則其國大水，冬藏殃敗，民多鼽嚏。行冬令，則國多盜賊，邊竟不寧，土地分裂。行春令，則煖風來至，民氣解惰，師興不居。

孟冬之月，日在尾，昏危中，旦七星中。其日壬癸。其帝顓頊，其神玄冥。其蟲介。其音羽，律中應鍾。其數六。其味鹹，其臭朽。其祀行，祭先腎。

水始冰地始凍。雉入大水為蜃。虹藏不見。天子居玄堂左个，乘玄路，駕鐵驪，載玄旂，衣黑衣，服玄玉，食黍與彘，其器閎以奄。是月也，以立冬。先立冬三日，大史謁之天子曰：某日立冬，盛德在水。天子乃齊。立冬之日，天子親帥三公九卿大夫以迎冬於北郊。還反，賞死事，恤孤寡。是月也，命大史釁龜筴，占兆審卦吉凶。是察阿黨，則罪無有掩蔽。是月也，天子始裘。命有司曰：天氣上騰，地氣下降，天地不通，閉塞而成冬。命百官謹蓋藏。命司徒循行積聚，無有不斂。坏城郭，戒門閭，修鍵閉，慎管籥，固封疆，備邊竟，完要塞，謹關梁，塞徯徑。

飭喪紀，辨衣裳，審棺槨之薄厚，塋丘壟之大小高卑厚薄之度，貴賤之等級。是月也，命工師效功，陳祭器，按度程，毋或作為淫巧以蕩上心，必功致為上。物勒工名，以考其誠，功有不當，必行其罪，以窮其情。是月也，大飲烝。天子乃祈來年于天宗，大割祠于公社及門閭，臘先祖五祀，勞農以休息之。天子乃命將帥講武，習射御角力。是月也，乃命水虞漁師收水泉池澤之賦。毋或敢侵削眾庶兆民，以為天子取怨于下。其有若此者，行罪無赦。孟冬行春令，則凍閉不密，地氣上泄，民多流亡。○復，扶又反。行夏令，則國多暴風，方冬不寒，蟄蟲復出。蟄蟲之氣乘之也。○復，扶又反。行秋令，則雪霜不時，小兵時起，土地侵削。申陰氣尚微，參伐之氣。○參，所林反。

仲冬之月，日在斗，昏東壁中，旦軫中。仲冬者，日月會於斗，建子之辰也。○斗，當口反。軫，之忍反。其日壬癸。其帝顓頊，其神玄冥。其蟲介。其音羽，律中黃鐘。黃鐘者，律之始，九寸，所以宣養六氣九德也。仲冬氣至，則黃鐘之律應。其數六。其味鹹，其臭朽。其祀行，祭先腎。冰益壯，地始坼。鶡旦不鳴，虎始交。

天子居玄堂大廟，乘玄路，駕鐵驪，載玄旂，衣黑衣，服玄玉，食黍與彘，其器閎以奄。玄堂，北堂。○當堂，大宝反。飭死事。命有司曰：土事毋作，慎毋發蓋，毋發室屋，及起大眾，以固而閉。地氣沮泄，是謂發天地之房，諸蟄則死，民必疾疫，又隨以喪。命之曰暢月。暢，猶充也。○暢，敕亮反。

是月也，命奄尹，申宮令，審門閭，謹房室，必重閉。奄，奄尹，主領奄豎之官。宮令，宮中之令也。○重，直龍反。省婦事，毋得淫，雖有貴戚近習，毋有不禁。省婦事，所以靜陰類也。淫，謂女功奢怪。近習，謂天子所親幸。○省，所景反。

乃命大酋，秫稻必齊，麴糵必時，湛熾必潔，水泉必香，陶器必良，火齊必得，兼用六物，大酋監之，毋有差貸。酒熟曰酋。大酋者，酒官之長也。湛，漬也。熾，炊也。火齊，謂火候。○秫，食聿反。齊，才細反，注同。糵，魚列反。湛，之廉反，又直減反。熾，尺志反。齊，在細反。監，工銜反。差，初佳反，又初賣反。貸，他得反，音二。

天子命有司祈祀四海大川名源淵澤。順其時祭之。是月也，農有不收藏積聚者、馬牛畜獸有放佚者，取之不詰。此人有取者尤不禁。王居明堂禮曰：仲冬之月。○畜，許六反。詰，起吉反。山林藪澤，有能取蔬食田獵禽獸者，野虞教道之。其有相侵奪者，罪之不赦。務收斂草木之野實也。物方盛陽，將萌牙欲起也。○蔬，所居反。藪，蘇走反。

是月也，日短至，陰陽爭，諸生蕩。君子齊戒，處必掩身，身欲寧，去聲色，禁耆欲，安形性，事欲靜，以待陰陽之所定。蕩，動也。爭者，陰方盛，陽欲起也。寧，安也。耆，音嗜，又市志反。○蚓，音引。荔，音隸。○耆，音嗜。從，音縱。○芸，草也。荔，草也。挺，吐頂反。蚯，音丘。蚓，音引。麋，音眉。

芸始生，荔挺出，蚯蚓結，麋角解，水泉動。水泉動，記時候潤上也。○解，佳買反。日短至，則伐木取竹箭。此其堅成之極時也。是月也，可以罷官之無事、去器之無用者。塗闕廷門閭，築囹圄，此所以助天地之閉藏也。塗，謂堙塞而築之，萬物休建，可以取土。

仲冬行夏令，則其國乃旱，氛霧冥冥，雷乃發聲。午，乘夏之氣。午乃震。○氛，音分。行秋令，則天時雨汁，瓜瓠不成，國有大兵。水雪雜下之氣乘。於宿直虛危，故有雨雪。瓜瓠，水物。○汁，于付反，于戶反。瓠，戶故反。行春令，則蝗蟲為敗，敗之氣乘者出卵，水泉咸竭，民多疥癘。

季冬之月，日在婺女，昏婁中，旦氐中。其日壬癸。其帝顓頊，其神玄冥。其蟲介。其音羽，律中大呂。其數六。其味鹹，其臭朽。其祀行，祭先腎。雁北鄉，鵲始巢，雉雊雞乳。天子居玄堂右个，乘玄路，駕鐵驪，載玄旂，衣黑衣，服玄玉，食黍與彘，其器閎以奄。命有司大難，旁磔，出土牛，以送寒氣。征鳥厲疾。乃畢山川之祀，及帝之大臣，天子之神祇。

是月也，命漁師始漁，天子親往，乃嘗魚，先薦寢廟。冰方盛，水澤腹堅，命取冰，冰以入。令告民，出五種。命農計耦耕事，修耒耜，具田器。

命樂師大合吹而罷。乃命四監收秩薪柴，以共郊廟及百祀之薪燎。

是月也，日窮于次，月窮于紀，星回于天，數將幾終，歲且更始。專而農民，毋有所使。天子乃與公卿大夫共飭國典，論時令，以待來歲之宜。乃命大史次諸侯之列，賦之犧牲，以共皇天上帝社稷之饗。乃命同姓之邦，共寢廟之芻豢。命宰歷卿大夫至于庶民土田之數，而賦犧牲，以共山林名川之祀。凡在天下九州之民者，無不咸獻其力，以共皇天上帝社稷寢廟山林名川之祀。

季冬行秋令，則白露蚤降，介蟲為妖，行春令，則胎夭多傷。

者盡逮其性。○〔夭〕烏老反。胎夭多傷者，生氣早。國多固疾，有生不充性命，久疾也。命之曰逆。大眾於此害莫。行夏令，則水潦敗國，時雪不降，冰凍消釋。時行之氣。○〔釋〕如字，又音亦。大雨。

禮記卷第五

禮記卷第六

曾子問第七　鄭氏註

曾子問曰：君薨而世子生，如之何？孔子曰：卿、大夫、士，從攝主，北面於西階南。（主人，攝主也。變於朝夕哭位也。）大祝裨冕，（裨冕，接神則祭服也。諸侯之卿、大夫則大祝，裨冕，士服弁服也。）執束帛，升自西階，盡等，不升堂，命毋哭。（將有事，變於朝夕哭時也。）祝聲三，（聲，謦欬，警神也。三者，為生與死告。）告曰：某之子生，敢告。升，奠幣于殯東几上，哭，降。（禮，升降自西階。）眾主人、卿、大夫、士，房中，皆哭，不踊，（眾主人，君之親也。房，東房。不踊，盡一哀而止。）盡一哀，反位，遂朝奠。（反朝夕哭位。）小宰升，舉幣。（小宰，攝幣以從事者。）三日，眾主人、卿、大夫、士，如初位，北面。（三日，告生之明日。）大宰、大宗、大祝皆裨冕，少師奉子以衰。（少師，奉子之官。以衰抱之。）祝先，子從，宰、宗人從，入門，哭者止。子升自西階，殯前北面。祝立于殯東南隅。（事畢，宗人詔贊，召君也。）祝聲三，曰：某之子某，從執事，敢見。子拜稽顙，哭。（子拜，拜賓下檟。）祝、宰、宗人、眾主人、卿、大夫、士，哭踊三者三，降東反位，皆踊。（降東，反朝夕哭位。皆祖子踊。）三者三，襲衰杖，（成踊，乃襲衰杖。因負於略名也。）奠出。大宰命祝、史以名徧告于五祀、山川。（生告。）

曾子問曰：如已葬而世子生，則如之何？孔子曰：大宰、大宗從大祝而告于禰。三月，乃名于禰，以名徧告，及社稷、宗廟、山川。（乃禮。○禰，乃禮反。）

孔子曰：諸侯適天子，必告于祖，奠于禰，（告，必以幣。○告，徧告。）冕而出視朝，（冕服，受朝事也。○視朝，受國事也。）命祝、史告于社稷、宗廟、山川，（告者，五官五大夫。○犧，必移反。）乃命國家五官而后行，（五官，五大夫，典其事者。○牲音制。）道而出。（道，祭道路之神。制幣一丈八尺。）

過是，非禮也。

諸侯相見，必告于禰，（道近或可以告祖，不親告。○朝。）服而出視朝，（朝服，為朝事故也。）命祝、史告于五廟、所過山川，亦命國家五官，道而出，反必親告于祖、禰，（所不過則不告，天不適天子也。貶於不告天子也。）乃命祝、史告至于前所告者，而后聽朝而入。（必反。）

同出入祖、禰。

曾子問曰：並有喪，如之何？何先何後？（並，謂父母同月死，若親同月死者。）孔子曰：葬先輕而後重，其奠也，先重而後輕，禮也。（不奠者，務於當葬者。）自啓及葬，不奠，行葬，不哀次。（次，不哀，輕。）反葬，奠，而后辭於殯，遂修葬事。（殯當為賓，聲之誤也。辭於賓。）其虞也，先重而後輕，禮也。（○殯音賓。期。）

孔子曰：宗子雖七十，無無主婦；非宗子，雖無主婦，可也。（族人之婦，不可以無統。）

曾子問曰：將冠子，（冠者，賓及贊者也。○冠，古亂反，下皆同。）冠者至，揖讓而入，聞齊衰、大功之喪，如之何？孔子曰：內喪則廢，外喪則冠而不醴，徹饌而埽，即位而哭。如冠者未至，則廢。（冠，古亂反。）

內喪同門也。服。因喪而冠。不醴。○〔饌〕仕戀反。〔掃〕悉報反。如將冠子而未及期日而有齊衰大功小功之喪則因喪服而冠。廢吉禮而因喪冠俱成人之服也。及至也。除喪不改冠乎。孔子曰。天子賜諸侯大夫冕弁服於大廟歸設奠服賜服於斯乎有冠醮無冠醴。用酒為醮。尊賜也。不醴。醴重而醮輕。此服改賜服當酌酒為醴。明不為改冠賜服。酌醴之而無獻酬。○〔醮〕子肖反。父沒而冠則已冠埽地而祭於禰。已祭而見伯父叔父而後饗冠者。饗謂饗之禮。曾子問曰。如之何則不行旅酬之事矣。孔子曰。聞之小祥者。主人練祭而不旅奠酬於賓賓弗舉禮也。奠無尸。虞不致爵。小祥不旅酬。大祥無算爵。爾吉旅酬。昔者魯昭公練而舉酬行旅非禮也。孝公大祥奠酬弗舉亦非禮也。公隱公。曾子問曰。大功之喪可以與於饋奠之事乎。孔子曰。豈大功耳自斬衰以下皆可禮也。諸侯之喪斬衰者奠。大夫齊衰者奠。士則朋友奠。不足則取於大功以下者。不足則反之。○〔辟〕音避。曾子問曰。小功可以與於祭乎。孔子曰。何必小功耳自斬衰以下與祭禮也。言不足者謂殷奠時。曾子曰。不以輕喪而重祭乎。者怪使執事重。孔子曰天子

諸侯之喪祭也不斬衰者不與祭大夫齊衰者與祭。士祭不足則取於兄弟大功以下者。曾子問曰。相識有喪服可以與於祭乎。孔子曰。緦不祭又何助於人。緦亡服之輕。○〔相〕息亮反。曾子問曰。廢喪服可以與於饋奠之事乎。孔子曰。說衰與奠非禮也以擯相可也。說衰新除喪服也。以擯相謂相主人之禮。○〔說〕忘活反。〔擯〕音殯。曾子問曰。昏禮既納幣有吉日女之父母死則如之何。孔子曰。壻使人弔。如壻之父母死則女之家亦使人弔。父喪稱父母喪稱母。弔禮不可廢也。弔者其人各使其人也。父母不在則稱伯父世母。母弔又不在則廢也稱伯父叔父。壻已葬壻之伯父致命女氏曰某之子有父母之喪不得嗣為兄弟使某致命女氏許諾而弗敢嫁禮也。壻免喪女之父母使人請壻弗取而后嫁之禮也。女之父母死壻亦如之。曾子問曰。親迎女在塗而壻之父母死如之何。孔子曰。女改服布深衣縞總以趨喪。女在塗而女之父母死則女反。○〔深衣〕散綏反。〔縞〕古老反。〔總〕音揔。如壻親迎女未至而有齊衰大功之喪則如之何。孔子曰。男不入改服

於外次。女入改服於內次。然後即位而哭。
曾子問曰：除喪則不復昏禮乎？〔復，扶又反。〕孔子曰：祭，過時不祭，禮也，又何反於初？
孔子曰：嫁女之家，三夜不息燭，思相離也。取婦之家，三日不舉樂，思嗣親也。三月而廟見，稱來婦也。擇日而祭於禰，成婦之義也。
曾子問曰：女未廟見而死，則如之何？孔子曰：不遷於祖，不祔於皇姑，婿不杖〔杖，直亮反。〕不菲〔菲，扶畏反，草屨也。〕不次，歸葬于女氏之黨，示未成婦也。
曾子問曰：取女有吉日而女死，如之何？孔子曰：婿齊衰而弔，既葬而除之。夫死亦如之。
曾子問曰：喪有二孤，廟有二主，禮與？孔子曰：天無二日，土無二王，嘗禘〔禘，大計反。〕郊社，尊無二上，未知其為禮也。昔者齊桓公亟〔亟，紀力反。〕舉兵，作偽主以行，及反，藏諸祖廟。廟有二主，自桓公始也。喪之二孤，則昔者衛靈公適魯，遭季桓子之喪，衛君請弔，哀公辭不得命，公為主，客入弔，康子立於門右，北面。公揖讓升自東階，西鄉，客升自西階弔。公拜興哭，康子拜稽顙於位，有

司弗辯也。今之二孤，自季康子之過也。〔辯，猶正也。君弔，其臣之禮也。鄰國之君弔，君以為之主。〕
曾子問曰：古者師行必以遷廟主行乎？孔子曰：天子巡守〔守，手又反。〕以遷廟主行，載于齊車〔齊，側皆反。金路也。〕，言必有尊也。今也取七廟之主以行，則失之矣。〔轄，齊車。〕當七廟、五廟無虛主。虛主者，唯天子崩、諸侯薨與去其國，與祫祭於祖，為無主耳。吾聞諸老聃〔聃，他甘反。〕曰：天子崩，國君薨，則祝取群廟之主而藏諸祖廟，禮也。卒哭成事而后，主各反其廟。君去其國，大宰取群廟之主以從〔從，才用反。〕，禮也。〔鬼神依人者也。〕祫祭〔祫，音洽。〕於祖，則祝迎四廟之主〔祝，接神也。〕。主出廟入廟必蹕〔蹕，止蹕。〕。老聃云。
曾子問曰：古者師行無遷主，則何主？孔子曰：主命。問曰：何謂也？孔子曰：天子、諸侯將出，必以幣帛皮圭告于祖禰，遂奉以出，載于齊車以行。每舍，奠焉而后就舍。反必告，設奠，卒斂幣玉，藏諸兩階之間，乃出。蓋貴命也。
子游問曰：喪慈母如母，禮與？孔子曰：非禮也。古者男子外有傅，內有慈母，君命所使教子也，何服之有？

（者，大夫士小歛之，父卒乃麻，己不服慈母也。）

昔者魯昭公少喪其母，有慈母良。及其死也，公弗忍也，欲喪之。有司以聞，曰：古之禮，慈母無服。（據國君也。君之妾子也。良，善也。謂之慈母，不服也。昭公固爲其年。）今也君爲之服，是逆古之禮而亂國法也。若終行之，則有司將書之，以遺後世，無乃不可乎。（○【喪】如字，下同。三十乃喪齊衰，猶未知何容。是也。○少，又安，字下同，讀者慈。）公曰：古者天子練冠以燕居。（蓋之言諸庶，又非王也，天子爲其母練冠。○【遺】猶。）公弗忍也，遂練冠以喪慈母。喪慈母，自魯昭公始也。（居，蓋之言諸庶，又非于王也，爲其母練冠。○【遺】猶。）

曾子問曰：諸侯旅見天子，入門不得終禮廢者幾？（○【幾】居豈反。旅，衆。下同。）孔子曰：四。請問之。曰：大廟火，日食，后之喪，雨霑服失容，則廢。（大廟，始祖廟也，宗廟皆然。主於始祖耳。○【霑】竹廉反。）如諸侯皆在而日食，則從天子救日，各以其方色與其兵。（赤示奉時事有所討也。方色者，東方衣青，南方衣赤，西方衣白，北方衣黑。兵未聞也。○【衣】於既反。）大廟火，則從天子救火，不以方色與兵。

曾子問曰：諸侯相見，揖讓入門，不得終禮廢者幾？孔子曰：天子崩，大廟火，日食，后夫人之喪，雨霑服失容，則廢。曾子問曰：天子嘗禘、郊社、五祀之祭，簠簋既陳，天子崩，后之喪，如之何？孔子曰：廢。（謂既陳饌牲器時也。天子祔於七祀，言五者闕。○【簠】音甫又。祀音軌。【簋】音。）曾子問曰：當祭而日食，大廟火，其祭也，如之何？孔子曰：接祭而已矣。（接，迎尸也。）

如牲至未殺，則廢。（不接迎尸也。）天子崩，未殯，五祀之祭不行；既殯而祭，其祭也，尸入三飯，不侑，酳不酢而已矣。自啟至于反哭，五祀之祭不行；已葬而祭，祝畢獻而已。（既葬侯彌吉也。畢獻祝而晚止。郊社亦然，唯嘗禘絕句。○【飯】扶晚反，下同。【酳】音胤。【酢】音昨。下又放此。○【醋】音作反。）

曾子問曰：諸侯之祭社稷，俎豆既陳，天子崩，后之喪，君薨，夫人之喪，如之何？孔子曰：廢。自薨比至于殯，自啟至于反哭，奉帥天子之祭，鼎俎既陳，籩豆既設，不得成禮廢者幾？孔子曰：九。（牲與陳饌時也。所奉循如天子。帥，循也。祭社稷亦然。○【比】必利反。五祀之祭也。成禮則士不得一。）請問之。曰：天子崩，后之喪，君薨，夫人之喪，君之大廟火，日食，三年之喪，齊衰、大功，皆廢。外喪，自齊衰以下行也。（齊衰祭異其齊衰之祭也。）

其齊衰之祭也，尸入三飯，不侑，酳不酢而已矣；大功，酳而已矣；小功、緦，室中之事而已矣。士之所以異者，緦不祭，所祭於死者無服則祭。（○【長】知丈反。獻。謂若從母、舅、昆弟之。）

曾子問曰：三年之喪，弔乎？孔子曰：三年之喪，練，不羣立，不旅行。（苟爲其篤志。○反哭，下皆【弔】同。志，哀也。）君子禮以飾情，三年之喪而弔哭，不亦虛乎？（爲彼親哀則不是。爲妄於觀。）

曾子問曰：大夫、士有私喪，可以除之矣，而有君服焉，其除之也，如之何？孔子曰：有君喪服於身，不敢私服，又何除焉。（重輸輕也，喪家之喪也，私也。）

喪服四制曰：門外之治，義斷恩。〇〔斷〕丁亂反。於是乎有過時而弗除也。君之喪服除而后殷祭，禮也。……父母之喪，弗除可乎？孔子曰：先王制禮，過時弗舉，禮也。非弗能勿除也，患其過於制也，故君子過時不祭，禮也。（言其時則不成禮，中……）

曾子問曰：君薨既殯，而臣有父母之喪，則如之何？孔子曰：歸居于家（者，因其哀，後殯新之，於殽父母也），有殷事則之君所，朝夕否。（殷事，朔月月半薦新之殽，奠父母也。居家者……主其哀，雜君也。）

曰：君既啟，而臣有父母之喪，則如之何？孔子曰：歸哭而反送君。（者，言送君服，君服既葬而歸，不敢私服也。）

臣有父母之喪，則如之何？孔子曰：歸殯，反于君所，有殷事則歸，朝夕否。大夫室老行事，士則子孫行事。（之大夫士則攝其在事，君所也。）大夫內子有殷事，亦之君所，朝夕否。（適妻也。之君既殯而有舅姑之喪，如婦之為舅姑者內子大夫。〇〔適〕丁歷反。）

賤不誄貴，幼不誄長，禮也。（迹累其行，讀之以作誄謚。當時行……）唯天子稱天以誄之。（以其無爵，由尊者誄……孟反。〇〔誄〕力水反。）諸侯相誄，非禮也。（羊說以為讀誄制謚，於天然。於禮當言誄謚，於天子也。）

曾子問曰：君出疆，以三年之戒，以椑從。（戒猶備也，謂衣衾，親身入棺必曰椑。其餘殯……）君薨，其入如之何？孔子曰：共殯服，（備也，謂有喪備疑喪服，此謂君已大斂。服謂布深衣，苴絰。〇〔椑〕音闢（從）去聲，下同。可死乃去其也。）則子麻弁絰，疏衰菲（散帶垂，殯時主人所服，皆共其為，以……侍帶垂殯來也。）杖。（環棺柩絰也，未安弁不忍成服，弁而殽外也。杖者弁絰己者病。〇弁〔菲〕而扶。加麻者弁絰……）

入自闑，升自西階，（沸入闑也，謂殽升自宗也，枢亦殽異宗生也。升自西階，枢亦殽異宗生也，所殽毀。）如小斂，（宗殯宮門西也。宗於周，此枢入棺而服，宗殯服相變既，禮相變也。）成服。則子免而從柩，（謂君行己遠，小斂可也，無主飾。〇〔免〕音問。布深衣。括入。）自門，升自阼階。（親未如在棺，求不忍異。使生反。）君大夫士一節也。

曾子問曰：君之喪既引，聞父母之喪，如之何？孔子曰：遂，既封而歸，不俟子……既封而改服而往。

曾子問曰：宗子為士，庶子為大夫，其祭也如之何？孔子曰：以上牲祭於宗子之家。（……宗子之家，貴也，上祿重大宗。）祝曰：孝子某為介子某薦其常事。（介，副也……若宗子有罪，居於他國，庶子……）若宗子有罪，居于他國，庶子為大夫，其祭也，祝曰：孝子某使介子某執其常事。（攝，主不厭祭不旅不假不綏祭不配，此皆……正。）攝主不厭祭，不旅，不假，不綏祭，不配。（攝謂大夫攝主人。厭有陰厭陽厭……神也。尸，謖之後迎尸，敬之……旅，今主人不旅，降殺於前。假讀為嘏，是……綏讀為墮。敢不配。）……奠而不舉。（奠於薦，……奠止取奠，又其位留，奠之……不歸肉。〇〔歸〕如字。……肉，俎如字。〔舉〕音其……）

辟于賓。曰：「宗兄、宗弟、宗子在他國，使某辭。」（辟猶宿賓之告辭也。與其宗子為列則曰宗兄，在若宗弟某，昭穆異者曰使宗某子而已。其宗子辭若云列宗某在他國，使某辭。他國宗則兄曰昭穆異其常事，曰使宗某子告而已。）

曾子問曰：「宗子去在他國，庶子無爵而居者，可以祭乎？」孔子曰：「祭哉。」「請問其祭如之何？」孔子曰：「望墓而為壇，以時祭。若宗子死，告於墓而后祭於家。」（言子孫存不祀可，無廟者但祭于墓大夫以下。○〔壇〕大丹反。）宗子死，稱名不言孝，身沒而已。（辟正尊于廟，無爵故祭於家也。言于宗某子之禰不敢與之同其禰。〔禰〕尺證反。）「宗子去在他國，庶子無廟，猶若居他國然，祭于宗子之家。」（若宗子去在他國，庶子無廟，猶若居他國然，祭于宗子之家。）

至禰子游之徒有庶子祭者，以此。（以用祭也，用若義也。）今之祭者不首其義，故誣於祭也。（誣猶妄也。誣首，本也。曾子問曰：「祭必有尸乎？」）（言無益。）「若厭祭亦可乎？」

子問曰：「祭成喪者必有尸，尸必以孫，孫幼則使人抱之。無孫則取於同姓可也。」（于殤不殤有父子孫為成人，由此也，人祭殤必。）祭殤必厭，蓋弗成也。（厭其歆也，厭於陰。）祭成喪而無尸，是殤之也。（成厭其歆而已，不祭殤之祭也。厭言其歆之陰。成厭言備殤之陰。孔子曰：「有陰厭，有陽厭。」）

曾子問曰：「殤不祔祭，何謂陰厭、陽厭？」孔子曰：「宗子為殤而死，（附祭於祖。○〔附〕音祔。〔奧〕音報。）庶子弗為後也。（之族人以其倫代，其明而已序，昭穆則祭，西北隅謂之奧〔奧〕音報，祭迎尸前謂之陽厭。此失之陰，孔子譏于殤聲。）其吉祭，特牲。祭殤不舉，無肵俎，無玄酒，不告利成，（其此其他如無尸人，及舉肺脊脅也。）是謂陰厭。凡殤與無後者，祭於宗子之家，當室之白，尊於東房，是謂陽厭。」

曾子問曰：「葬引至于堩，（〔堩〕姑鄧反。〔且〕姑字。）日有食之，則有變乎，且不乎？」（謂道也變，異禮也變。○）孔子曰：「昔者吾從老聃助葬於巷黨，及堩，日有食之，老聃曰：『丘，止柩就道右，止哭以聽變。』既明反而后行，曰：『禮也。』（變，日曛曰食也。就道右，復也。○〔從〕才用反，下相用反，在又也。）反葬，而丘問之曰：『夫柩不可以反者也。（變，日曛曰食名也，就道右復也。）日有食之，不知其已之遲數，則豈如行哉？』（讀止為速也，數老聃曰諸。）老聃曰：『諸侯朝天子，見日而行，逮日而舍奠。大夫使，見日而行，逮日而舍。（〔朝〕直遙反，〔舍〕每將舍奠色奠吏行主反。）夫柩不蚤出，不莫宿。（〔莫〕音暮。宿侵晨夜則近姦。）見星而行者，唯罪人與奔父母之喪（豈為止也。○〔慝〕他作。）者乎。日有食之，安知其不見星也。（豫止也。日〔慝〕他作。）且君子行禮，不以人之親痁患。』（〔痁〕病也，以人之父母而恐懼其。○〔痁〕始占反，有患害不為也。）吾聞諸老聃云。」

曾子問曰：「為君使而卒於舍，禮曰：『公館復，私館不復。』凡所使之國，有司所……

授舍則公館已。何謂私館不復也。孔子曰：譆乎問之也。公館與公所爲曰公館。公館復此之謂也。

曾子問曰：下殤土周葬于園，遂輿機而往，塗邇故也。今墓遠，則其葬也如之何？孔子曰：吾聞諸老聃曰：昔者史佚有子而死，下殤也。墓遠，召公謂之曰：何以不棺斂於宮中？史佚曰：吾敢乎哉？召公言於周公，周公曰：豈不可？史佚行之。下殤用棺衣棺，自史佚始也。

曾子問曰：卿大夫將爲尸於公，受宿矣，而有齊衰內喪，則如之何？孔子曰：出舍於公館以待事，禮也。孔子曰：尸弁冕而出，卿大夫士皆下之，尸必式，必有前驅。

子夏問曰：三年之喪卒哭，金革之事無辟也者，禮與？初有司與？孔子曰：夏后氏三年之喪，既殯而致事；殷人既葬而致事。君子不奪人之親，亦不可奪親也，此之謂乎。子夏曰：金革之事無辟也者，非與？孔子曰：吾聞諸老聃曰：昔者魯公伯禽有爲爲之也。今以三年之喪從其利者，吾弗知也。

文王世子第八　鄭氏註

文王之爲世子，朝於王季日三。雞初鳴而衣服，至於寢門外，問內豎之御者曰：今日安否何如？內豎曰：安。文王乃喜。及日中又至，亦如之。及莫又至，亦如之。其有不安節，則內豎以告文王，文王色憂，行不能正履。王季復膳，然後亦復初。食上必在，視寒煖之節；食下，問所膳，命膳宰曰：末有原。應曰：諾。然後退。武王帥而行之，不敢有加焉。文王有疾，武王不說冠帶而養。文王一飯，亦一飯；文王再飯，亦再飯。

有二日乃閒。閒猶瘳也。文王謂武王曰：女何夢矣。女音汝。武王對曰：夢帝與我九齡。齡音零。帝，天也。文王曰：女以為何也。武王曰：西方有九國焉，君王其終撫諸。撫猶有也。文王曰：非也。古者謂年齡，齒亦齡也。我百爾九十，吾與爾三焉。十年，天之氣祥也。齒，人之數。言文王以己之年壽延與武王，故減九齡，授與成之三者，文王九十七乃終，武王九十三而終。君子曰終，其子成王幼。

成王幼，不能蒞阼。蒞，視也。能視阼階。下亮反。周公相，踐阼而治。相，音息亮反。君之事，又音類。周公攝王位以治天下。抗世子法於伯禽，抗猶舉也。居而學之，謂之抗。舉以苦，使與成王同。欲令成王之知父子、臣長幼之道也。成王有過，則撻伯禽，撻音闥。所以示成王世子之道也。文王之為世子也。以成王之過喻焉。

凡學世子及學士，必時。四時各有學者宜。春夏學干戈，秋冬學羽籥，皆於東序。干戈，萬舞，象武也。羽籥，文舞也。用干戈之時，用羽籥之時。東序，大學，在國中王宮之東。小樂正學干，大胥贊之。籥師學戈，籥師丞贊之。胥鼓南。樂官之屬也，通職。小樂正，樂師也。大胥、小胥，皆樂官屬也。南，南夷之樂也。胥鼓南，南夷之樂。手秉翟羽以舞也。胥，七余反。籥，羊灼反。句，古侯反。

學戈、籥師丞贊之。四人皆以羽籥小胥舞者。以羽籥大胥合舞者。小樂正之屬，掌國子小舞、合樂。胥掌以待國之政事。學士舞羽籥。胥鼓南。南，南也。

右舞羽籥也。注籥皆放此。大字如菜。菜息菜，又音釋。菜息反。余反。舍，音釋。舍菜，謂始入學，釋菜禮先聖先師。胥息同。

以夷鼓節奏之樂也。詩云：以雅以南，以籥不僭。旄人教夷樂。旄人教夷，旄七尋夷。樂則左。胥鼓南。南南。

<hr />

春誦夏弦，大師詔之瞽宗。秋學禮，執禮者詔之；冬讀書，典書者詔之。春誦歌樂，夏以絃播詩。瞽宗，殷學。典書者詔之。順先王之時也。書典亦謨於瞽宗。武中之下也。大學正樂正。

書、典書者詔之禮，在瞽宗，書在上庠。謂以絲播詩，陽弦也。瞽宗，殷學名也。上庠，虞學名也。周立三代之學，學書益之教學於虞氏之學，學舞於夏后氏之學。太文音泰，下大學同。

凡祭與養老、乞言、合語之禮，皆小樂正詔之於東序。祭，養老，乞言，皆小樂正之禮同。大寢虞庠，皆同名。凡祭與養老乞言合語之禮，乞音氣，老乞言。乞老舍乞。

皆小樂正詔之於東序。言可詔行者，古也者合，旄射鄉飲酒，如字。大射燕射，皆詔於東序。語說鄉語，合語。大胥此云樂正，氏司氏。

此樂，放大樂正學舞干戚，語說、命乞言，皆大樂正授數，大司成論說在東序。此樂三數篇之義也。說，如字，又音銳。合語，始娥銳合語。

之說也。父論說。師課成其義，大之深。成踐才能之徒優劣屬，劣乍頓。反失三行及。行及下，孟中。反以三，力頓。反國反。凡侍坐於大司成，遠近間三席，可以問。王教國子力門子。論三德三行。又三席，間席則可以問，三席則別。得間。指畫容容，相分別。三席，間也。終則負牆，列事未盡，不問。牆，卻就席也。負牆，後避下席辟，相辟。君子如字，三尺分，又三尺。古是所謂函丈。語錯。不敬者也。反。坐則。廣古字。則廣，函丈語畢又反。

凡學，春官釋奠於其先師，秋冬亦如之。此官謂周禮樂師，掌國學之政，禮樂。釋奠者，設薦饌酌奠而已，無迎尸以下之事也。春，詩書禮樂，周禮春宜書。彳凡。列事未盡不問。牆，卻就席。又避下席。凡。

凡始立學者，必釋奠於先聖先師，及行事必以幣。學春官釋奠於其先師，知毛公禮書之類者，有德有道者也，使教焉。禮書者，漢禮死而已，無所迎尸以夏禮高堂生樂祖以夏，有祭則從祀。氏瞽宗祭日詩書。若教禮樂，亦釋奠。此春之事可。凡。

凡釋奠者，必有合也，有國故則否。之有道者謂先師之類有德者，伏生薦饌酌奠而已，無迎言尸。始立學者必釋奠於先聖先師及行事必以幣。先之教聖周公始立學，若學官之，則天命先師無則所聖。

始立學者必釋奠於先聖先師及行事必以幣。凡釋奠者必有合也。有國故則否。公若魯有虞孔子於饗伯夷則各自奠有之周。

鄰國合者也，當與有國故則否。公若魯有虞孔子於饗伯夷則各自奠有之周。

也。○凡大合樂，必遂養老。凡語于郊者，必取賢斂才焉。語，語又。或以德進，或以事舉，或以言揚。曲藝皆誓之，以待又語。三而一有焉，乃進其等，以其序。謂之郊人，遠之。於成均以及取爵於上尊也。始立學者，既興器用幣，然後釋菜。不舞不授器，乃退儐于東序。一獻，無介、語可也。教世子。凡三王教世子必以禮樂。樂，所以脩內也；禮，所以脩外也。禮樂交錯於中，發形於外，是故其成也懌，恭敬而溫文。懌，說。立大傅、少傅以養之，欲其知父子、君臣之道也。養猶教也。○少，詩召反。大傅審父子、君臣之道以示之。○為，于偽反。其禮。少傅奉世子以觀大傅之德行而審喻之。其為義，說。大傅在前，少傅在後。學，謂其在。入則有

保。出則有師。出謂燕居出入時也。是以教喻而德成也。維以持之有四人。師也者，教之以事而喻諸德者也；保也者，慎其身以謹慎安護其身之者。輔翼之而歸諸道者也。記曰：虞、夏、商、周有師、保，有疑、丞，所以云謂天子。設四輔及三公，不必備，唯其人，語使能也。備，語其官也。得能則用之，小人則處其廕，不則如妃，且不關必。君子曰：德，德成而教尊，教尊而官正，官正而國治，君之謂也。仲尼曰：昔者周公攝政，踐阼而治，抗世子法於伯禽，所以善成王也。聞之曰：為人臣者，殺其身有益於君則為之，況于其身以善其君乎？周公優為之。廣也。聞之者，聞之也。大也。○于依注作于，迂讀為迂，又音紆。猶。是故知為人子，然後可以為人父，知為人臣然後可以為人君，知事人然後能使人。成王幼不能涖阼，以為世子則無為也。以為世子時。若。是故抗世子法於伯禽，使之與成王居，亦學此禮側。欲令成王之知父子、君臣、長幼之義也。君之於世子也，親則父也，尊則君也。有父之親，有君之尊，然後兼天下而有之，是故養世子不可不慎也。不處君不能教其子位，覽其海內之士而觀矣近。行一物而三善皆得者，唯世子而已，其齒於學之謂也。事物猶也。故世子齒於學，國人觀之曰：將君我而與我齒讓，何也？曰：有父在則禮然。然而眾知父子之道矣。其一曰：將君我而與

我齒讓何也。曰。有君在則禮然。然而衆著於君臣之義也。其三曰。將君我而與我齒讓何也。曰。長長也。然而衆知長幼之節矣。故父在斯為子。君在斯謂之臣。居子與臣之節。所以尊君親親也。故學之為父子焉。學之為君臣焉。學之為長幼焉。（學音效。教下同。）父子君臣長幼之道得而國治。語曰。樂正司業。父師司成。一有（司主也。正長也。業善也。一人也。貞正也。元大也。）元良萬國以貞。世子之謂也。

公踐阼。（上亦題。）庶子之正於公族者。教之以孝弟睦友子愛。明父子之義。長幼之序。（正者。掌國政也。庶子之正為政於公族者也。）其朝于公。內朝。則東面北上。臣有貴者以齒。其在外朝。則以官。司士為之。其在宗廟之中。則如外朝之位。宗人授事。以爵以官。（宗人。掌禮也。）其登餕獻受爵。則以上嗣。（若司徒奉牛。司馬奉羊。司空奉豕。官各有所掌。以爵貴賤位也。嗣。上嗣。謂上君嗣之適長也。子以獻。謂特牲饋食禮。酌言入之。受。）庶子治之。雖（之嗣無此禮。辟君盟祝。命之俊。○適音的。大夫。）有三命。不踰父兄。（然治其餘。治會聚族之禮也。唯於麻姓同朝一則。）其公大事。則以其喪服之精麤為序。雖於公族之喪亦如之。（者特齒為于鄉里。再命齒父兄。行列中。○行。戶剛反。不齒。）以次主人。（大事。謂死喪也。主。喪人也。其喪者。君雖主。皆斬衰。者喪。主人序之。主人之恒必。以本親也。）

（兄在上。不主人。雖有父齒。）若公與族燕。則異姓為賓。（同宗相賓客無道之。）膳宰為主人。（君尊不獻酒。）公與父兄齒。（親親也。）族食世降一等。（親者稱禰。疏者稱祖。）其在軍。則守於公禰。（主也。從軍者以公禰行。親也。在外。）公若有出疆之政。（會。謂同朝覲也。）庶子以公族之無事者守於公宮。正室守大廟。（守。如字。大廟。又祖廟。○守。如字。）諸父守貴宮貴室。諸子諸孫守下宮下室。（路寢守之。正室。下或言宮。親廟。或言廟。通室異。燕寢語。）五廟之孫。祖廟未毀。雖為庶人。冠。取妻必告。死必赴。練祥則告。（赴告孫而言諸君也。實五廟者。容顯考為始封子也。後放此。○冠。古亂反。取。七愉反。）族之相為也。宜弔不弔。宜免不免。有司罰之。（弔謂六世以往。○免。謂五世。至于賵賻。）至于賵賻承含。皆有正焉。（贈襲之物也。衣服車馬曰賵。含。珠玉曰含。贈。謂之贈。○芳鳳讀為賵。賵。音聲附之。承。含。胡暗反。）公族其有死罪。則磬于甸人。（縊殺之。不於市朝者。○甸。大也。遍。人掌郊野之官。○縣。音懸。經。）其刑罪。則纖剸。亦告于甸人。（纖。割也。讀為殲。剸。割也。○纖。割劅。墨劓剕。皆以刀鋸刺割人體也。○剸。之免反。讀為鞠。讀書用法曰鞠。久讀六反。○纖。頻忍反。）公族無宮刑。（宮刑。淫刑割。）獄成。有司讞于公。（讞之言白也。讞之成。言平也。）其死罪。則曰某之罪在大辟。其刑罪。則曰某之罪在小辟。（辟。亦罪也。○辟。婢亦反。後放此。○讞。魚列反。）公曰宥之。（罪。宥。寬也。欲寬其刑也。）有司又曰在辟。公又曰宥之。有司又曰在辟。及三宥。不對。走出。致刑于甸人。（對。答也。先寬者。君至於言三宥。罪則定。答以將更寬之。）

七六

不復，走往刑之，為君之恩無已。公又使人追之，曰：「雖然，必赦之。」有司對曰：「無及也。」赦之，罪既正，刑不可殺，其類也，乃欲反命于公。反命于公。公素服不舉，為之變，如其倫之喪，無服，親哭之。為凶，非喪服也，則君弔，雖不服士臣，蓋疑衰，大夫死則皮弁錫衰，以……○〔為〕于偽反。倫，謂親疏。〔比〕必利之反。弔之，今無服者，弗往弔也。公族朝于內朝，內親也。雖有貴者以齒，明父子也。外朝以官，體異姓也。宗廟之中，以爵為位，崇德也。宗人授事以官，尊賢也，有官能各……。登餕受爵以上嗣，尊祖之道也，之上嗣，正統祖。喪紀以服之輕重為序，不奪人親也，紀猶事也。公與族燕，則以齒，而孝弟之道達矣。其族食世降一等，親親之殺也。〔殺〕色戒反。○殺，差也。戰則守於公禰，孝愛之深也，禰，父行之主。正室守大廟，尊宗室而君臣之道著矣，正室，君之象也。諸父諸兄守貴室，子弟守下室，而讓道達矣。其守宗廟社稷者，不敢以貴賤相踰，此諸兄弟互相守備也。上言五廟之孫，祖廟未毀，雖及庶人，冠取妻必告，死必赴，不忘親也。親未絕而列於庶人，賤無能也。敬弔臨賻賵，睦友之道也。古者庶子之官治，而邦國有倫，邦國有倫，而眾鄉方矣。公族之罪，雖親不以犯有司，正術也，所以體百姓也。〔鄉〕許亮反。〔臨〕如字，又力鴆反。犯猶干也。刑于隱者，不與

國人慮兄弟也。弗弔弗為服，哭于異姓之廟，為忝祖，遠之也。素服居外，不聽樂，私喪之也，骨肉之親無絕也。公族無宮刑，不翦其類也。〔翦〕……于萬反。○天子視學。大昕鼓徵，所以警眾也。早昧爽也，周禮大胥擊鼓用樂召大眾也，以警，鼓猶……〔昕〕音欣。○眾至，然後天子至，乃命有司行事，興秩節，祭先師先聖焉。有司卒事反命。始之養也。適東序，釋奠於先老，遂設三老五更群老之席位焉。適饌省醴，養老之珍具。遂發詠焉，退脩之以孝養也。反，登歌清廟，既歌而語，以成之也。言父子君臣長幼之道，合德音之致，禮之大者也。下管象，舞大武，大合眾以事，達有神，興有德也。正君臣之位貴賤之

等焉。而上下之義行矣。由武也。清廟也。有司告以樂闋。闋終告也。君以歌舞之樂終此。所告者謂無筭樂。王乃命公侯伯子男及羣吏曰。羣吏。鄉遂之官。燕之末而命之。諸侯王時於經。反養老幼于東序。朝會在此者各反。所謂諸侯歸各帥於國。大夫勤於朝。州里體於邑。是終其仁心。孝經說。終之以仁也。

是故聖人之記事也。慮之以大。謂先本之道。愛之以敬。養謂省其所以。行之以禮。如見親迎。脩之以孝。謂親父之孝養。紀之以義。謂薦親獻之。終之以仁。諸侯歸以命於府。○[冕]音絻。也。○[屬]音燭。

是故古之人一舉事而眾皆知其德之備也。行之復自是故古之人一舉事而眾皆知其紀之以義而語既歌之終之以仁。古之君子舉大事必慎其終始。而眾安得不喻焉。其言得而知本末喻猶曉也。可見。兌命曰念終始典于學。說命為篇名。殷高宗之臣傳說之所作。典義說常也。念終始常在於學。○[兌]音悅也。世子之。

記曰。朝夕至于大寢之門外。問於內豎曰。今日安否何如。內豎曰。今日安。世子乃有喜色。其有不安節。則內豎以告世子。世子色憂不滿容。及色憂。王行不能。內豎言復初。然後亦復初。內豎守寺。朝夕之食上。世子必在。視寒暖之節。食下。問所膳羞。必知所進以命膳宰。然後退。必盍必知知親所食進。若內豎言疾。則世子親齊玄而養。親猶自也。養疾者齊玄皆反。○[齊]側皆反。冠玄端也。膳宰之饌。必敬視之。之疾食者。疾之藥。必親嘗之。試毒也。嘗饌善。則齊和所欲或異。[和]去聲。○[齊]才細反。

世子亦能食。於善。謂前多。嘗饌寡。世子亦不能飽。又還一及。武王。以至于復初。然後亦復初。飯再。飯。所服復。常。

禮記卷第六

禮運第九　　鄭氏註

昔者仲尼與於蜡賓〔蜡者，索也，歲十二月合聚萬物而索饗之也。蜡音[蜡]仕嫁反。○賓在助祭之中。〕，事畢，出遊於觀之上，喟然而嘆〔魯也。孔子見魯君章之見處，感於蜡祭之禮而嘆之。○觀去聲。喟，苦怪反。〕。仲尼之嘆，蓋嘆魯也〔言偃，孔子弟子。偃，魯人。游於孔子之門。〕。言偃在側，曰：「君子何嘆？」孔子曰：「大道之行也，與三代之英，丘未之逮也，而有志焉〔大道謂五帝時也。英俊也。三代，謂夏、殷、周。大道之行，謂太平盛世。選賢與能，講信修睦。〕。大道之行也，天下為公，選賢與能，講信修睦〔選賢與能，謂授位也。睦，親也。〕，故人不獨親其親，不獨子其子〔孝慈之廣也。〕，使老有所終，壯有所用，幼有所長，矜寡孤獨廢疾者皆有所養〔終，謂壽考也。矜，老無妻。寡，老無夫。孤，幼無父。獨，老無子。○矜，居陵反，下同。長，上聲。〕，男有分，女有歸〔分猶職也。○分，扶問反。〕。貨惡其棄於地也，不必藏於己〔得良奧報與反。〕；力惡其不出於身也，不必為己〔勞事不憚，施無容心。○惡，烏路反，下同。〕。是故謀閉而不興，盜竊亂賊而不作，故外戶而不閉〔閉猶結也。○亂，禦衛風。〕，是謂大同〔同猶和也，平也。〕。

今大道既隱，天下為家〔隱猶去也。天下為家，各親其親，各子其子，貨力為己。〕，各親其親，各子其子，貨力為己〔傳位於子。各親其親，各子其子。〕，大人世及以為禮〔大人，諸侯也。世及，父子相傳。○大人世及以為禮。〕，城郭溝池以為固〔此賊亂繁多，故服之以城郭溝池。〕，禮義以為紀〔俗狹以禮義以為紀。〕，以正君臣，以篤父子，以睦兄弟，以和夫婦，以設制度，以立田里，以賢勇知，以功為己〔去隱也。〕。故謀用是作，而兵由此起〔老賊多於前日，故謀用是作而兵由此起也。以教其令，達之大綱。教以舜則之然，本。○令音鈴。智，盜音智。〕。禹、湯、文、武、成王、周公，由此其選也〔以此六君子者，未有不謹於禮者也。考成刑成，退位之也。〕。此六君子者，未有不謹於禮者也〔此六君子，謂禹、湯、文、武、成王、周公。〕，以著其義，以考其信，著有過〔著，明也。考，成也。〕，刑仁講讓，示民有常〔刑仁講讓，示民有常。〕。如有不由此者，在埶者去，眾以為殃，是謂小康〔埶，埶位也。殃，咎惡。○埶，魚世反。康，安也。小安者，禮也。〕。

言偃復問曰：「如此乎禮之急也？」〔言偃復問曰。〕孔子曰：「夫禮，先王以承天之道，以治人之情，故失之者死，得之者生〔禮，人之所生。失之則死，夫言偃有體，人而無禮，人而無禮，胡不遄死。〕。《詩》曰：『相鼠有體，人而無禮；人而無禮，胡不遄死？』〔相，視也。言視鼠有皮，人而無禮，如人無禮，何如？愈，引物而出謂之祖。〕是故夫禮，必本於天，殽於地，列於鬼神〔本，法也。殽，效也。鬼神，謂山川五祀之屬也。又鬼神，交反也。〕，達於喪祭、射御、冠昏、朝聘〔取法度嚴於上則鬼神。如民。〕。故聖人以禮示之，故天下國家可得而正也〔聖人以禮示之故天下國家可得而正也。〕。」

言偃復問曰：「夫子之極言禮也，可得而聞與？」〔達嚴於上則禮。正也。則民易知，如禮繁始所成。音餘。○欲知禮。〕孔子曰：「我欲觀夏道，是故之杞，而不足徵也，吾得夏時焉〔欲觀夏后氏之禮，是故之杞。杞，夏后氏之後。而不足徵成也。吾得夏時焉。〕。我欲觀殷道，是故之宋，而不足徵也〔宋，殷後也。吾得坤乾焉。宋而不足徵也。〕，吾得坤乾焉〔得殷陰陽之書，存者有歸藏。坤乾之義，夏時之等，吾以是觀之。〕。坤乾之義，夏時之等，吾以是觀之〔得殷陰陽之書其書存者有歸藏。○觀之意。〕。」夫禮之……

初始諸飲食。其燔黍捭豚。汙尊而抔飲。蕢桴而土鼓。猶若可以致其敬於鬼神。及其死也。升屋而號。告曰。皋某復。然後飯腥而苴孰。故死者北首。生者南鄉。皆從其初。昔者先王未有宮室。冬則居營窟。夏則居橧巢。未有火化。食草木之實。鳥獸之肉。飲其血。茹其毛。未有麻絲。衣其羽皮。後聖有作。然後修火之利。范金合土。以為臺榭宮室牖戶。以炮。以燔。以亨。以炙。以為醴酪。治其麻絲。以為布帛。以養生送死。以事鬼神上帝。皆從其朔。

故玄酒在室。醴醆在戶。粢醍在堂。澄酒在下。陳其犧牲。備其鼎俎。列其琴瑟管磬鐘鼓。脩其祝嘏。以降上神與其先祖。以正君臣。以篤父子。以睦兄弟。以齊上下。夫婦有所。是謂承天之祜。作其祝號。玄酒以祭。薦其血毛。腥其俎。孰其殽。與其越席。疏布以冪衣。醴醆以獻。薦其燔炙。君與夫人交獻。以嘉魂魄。是謂合莫。然後退而合亨。體其犬豕牛羊。實其簠簋籩豆鉶羹。祝以孝告。嘏以慈告。是謂大祥。此禮之大成也。孔子曰。嗚呼哀哉。我觀周道。幽厲傷之。吾舍魯何適矣。魯之郊禘。非禮也。周公其衰矣。杞之郊也。禹也。宋之郊也。契也。是天子之事守也。故天子祭天地。諸侯祭社稷。祝嘏莫敢易其常古。是謂大假。

祝嘏辭說，藏於宗祝巫史，非禮也，是謂幽國。醆斝及尸君，非禮也，是謂僭君。冕弁兵革，藏於私家，非禮也，是謂脅君。大夫具官，祭器不假，聲樂皆具，非禮也，是謂亂國。故仕於公曰臣，仕於家曰僕。三年之喪，與新有昏者，期不使。以衰裳入朝，與家僕雜居齊齒，非禮也，是謂君與臣同國。故天子有田以處其子孫，諸侯有國以處其子孫，大夫有采以處其子孫，是謂制度。故天子適諸侯，必舍其祖廟而不以禮籍入，是謂天子壞法亂紀。諸侯非問疾弔喪而入諸臣之家，是謂君臣為謔。

是故禮者，君之大柄也，所以別嫌明微，儐鬼神，考制度，別仁義，所以治政安君也。故政不正則君位危，君位危則大臣倍、小臣竊。刑肅而俗敝則法無常，法無常而禮無列，禮無列則士不事也。刑肅而俗敝則民弗歸也，是謂疵國。

故政者，君之所以藏身也。是故夫政必本於天，殽以降命。命降于社之謂殽地，降于祖廟之謂仁義，降于山川之謂興作，降于五祀之謂制度。此聖人所以藏身之固也。故聖人參於天地，並於鬼神，以治政也。處其所存，禮之序也；玩其所樂，民之治也。故天生時而地生財，人其父生而師教之，四者君以正用之，故君者立於無過之地也。

故君者所明也，非明人者也；君者所養也，非養人者也；君者所事也，非事人者也。故君明人則有過，養人則不足，事人則失位。故百姓則君以自治也，養君以自安也，事君以自顯也。故禮達而分定，人皆愛其死而患其生……

生。〔則〕音明。扶問反。

故用人之知，去其詐；【用知者之謀，詐者之害民信。】用人之勇，去其怒；【用勇者之斷，怒者之害民命。】用人之仁，去其貪。【用仁者之施，貪者之害民。】〔知〕三者亂之原。〇

故國有患，君死社稷謂之義，大夫死宗廟謂之變。【社稷、君宗廟之謀也。變當爲辯，聲之誤也。辯君宗廟者，患謂見正圖也。〇君守。入。】

故聖人耐以天下爲一家，以中國爲一人者，非意之也，必知其情，辟於其義，明於其利，達於其患，然後能爲之。【耐，古能字。傳書世異，古字時有存者，則亦】〔辟〕婢亦反。

何謂人情？喜怒哀懼愛惡欲，七者弗學而能。

何謂人義？父慈、子孝、兄良、弟弟、夫義、婦聽、長惠、幼順、君仁、臣忠，十者謂之人義。【極言人事。如字。〇守，惡下音路。】講信修睦謂之人利，爭奪相殺謂之人患。

故聖人之所以治人七情，修十義，講信修睦，尚辭讓，去爭奪，舍禮何以治之？【唯禮可耳。】

飲食男女，人之大欲存焉；死亡貧苦，人之大惡存焉。故欲惡者，心之大端也。

人藏其心，不可測度也，美惡皆在其心，不見其色也，欲一以窮之，舍禮何以哉？【言人情之難知，明禮能遍知之也。〇〔度〕大洛反。〇〔見〕賢遍反。】

故人者，其天地之德，陰陽之交，鬼神之會，五行之秀氣也。【此言人兼氣性也。】

故天秉陽，垂日星；地秉陰，竅於山川。【氣，猶施生也。秉，持也。陽施生，照臨下也。地秉陰，竅出地也。】

播五行於四時，和而後月生也。是以三五而盈，三五而闕。【秀，孔也。地言秉陰，此持氣和氣乃出，內於山川以配。】

五行之動，迭相竭也。【竭，猶負戴也。〇〔竭〕其謁反。〇〔還〕音旋。〔迭〕大計反，戶臥又反。田結。】

五行、四時、十二月，還相爲本也。五聲、六律、十二管，還相爲宮也。【管，陽律，布生於子日分，上生者十二辰，始一於黃鍾，終於南呂，長九寸，更相爲宮。】

五味、六和、十二食，還相爲質也。【宮商角徵羽，更相爲長九寸。五味酸苦辛鹹甘，皆有滑甘，是謂六和。】五色、六章、十二衣，還相爲質也。【春多酸，夏多苦，秋多辛，冬多鹹，皆有辛鹹甘，甘是也，和之者五色。畫績事也。周禮考工記曰，土以黃，龍鳥獸蛇雜四時，其五象色，方之天位以變章火。】

故人者，天地之心也，五行之端也，食味別聲被色而生者也。【性，此言兼氣效也。〇〔別〕彼列反。〔被〕皮義反。】

故聖人作則，必以天地爲本，以陰陽爲端，以四時爲柄，以日星爲紀，月以爲量，鬼神以爲徒，五行以爲質，禮義以爲器，人情以爲田，四靈以爲畜。【以至靈者，必五行徵報也。制此作則，所取春秋象始也。禮義人情，麟以包政。】

以天地爲本，故物可舉也；【物，天地所養生也。】以陰陽爲端，故情可睹也；【情以陰陽通也。〇〔睹〕丁古反。】以四時爲柄，故事可勸也；【事成以四時。】以日星爲紀，故事可列也。【事以日辰。】

月以爲量，故功有藝也。（藝猶才也。各有分，猶人十二月之才。星爲候，……作有次第。）鬼神以爲徒，故事有守也。五行以爲質，故事可復也。（考成事，地田器也。）禮義以爲器，故事行有考也。（事上下燒，由用也，禮義以爲器，故也。）人情以爲田，故人以爲奧也。（奧猶主也。田荒則無主。）四靈以爲畜，故飲食有由也。（四靈，由用也。蓋也。四靈與蓋也。）

何謂四靈？麟、鳳、龜、龍，謂之四靈。（四靈，龜北獨方之，飛走信則至也。）故龍以爲畜，故魚鮪不淰；（淰之言閃也，去也。魚鮪似逃。）鳳以爲畜，故鳥不獝；（獝猶飛揚，又。）麟以爲畜，故獸不狘；（狘猶走躍。）龜以爲畜，故人情不失。（失猶去也，人情不失。）

故先王秉蓍龜，列祭祀，瘞繒，宣祝嘏辭說，設制度，故國有禮，官有御，事有職，禮有序。（秉，音丙。瘞，於罽反。繒，似陵反。嘏，音賈。埋曰瘞，幣帛曰繒。繒或作贈。）

故先王患禮之不達於下也，（達於下，信也。）故祭帝於郊，所以定天位也；（帝，上帝也。）祀社於國，所以列地利也；祖廟，所以本仁也；山川，所以儐鬼神也；（儐，音賓，接也。）五祀，所以本事也。故宗祝在廟，三公在朝，三老在學，王前巫而後史，卜筮瞽侑，皆在左右，王中心無爲也，以守至正。（侑，音又。瞽，樂人也。侑，勸也。此下所以達禮教民。）

故禮行於郊，而百神受職焉；（郊而百神受職，言神物皆應則得其禮。）禮行於社，而百貨可極焉；（社而百貨可極焉。）禮行於祖廟，而孝慈服焉；（廟而孝慈服焉。）禮行於五祀，而正法則焉。（祀而正法則焉。神言物得其禮，皆應則。）故自郊社、祖廟、山川、五祀，義之脩而（百貨金玉列宿，皆地之屬。）

禮之藏也。（然。脩猶飾也。○〔藏〕如字。又才浪反，城郭反。若其城郭浪反。）是故夫禮必本於大一，分而爲天地，轉而爲陰陽，變而爲四時，列而爲（聖人象此以爲教令。○〔大〕音泰。以下之。）鬼神。其降曰命，其官於天也。（法官於天也，猶與天之大。○〔大〕音泰。與天之大義一也。）夫禮必本於天，（此聖人所以法天也。）動而之地，（與本於天之大義一也，動而之地。）列而之事，（所以本事也，後法五祀。五祀列而之事。）變而從時，（後法四時，變而從時。）協於分藝，（協於分，後法。）其居人也曰養。（養之誤當爲義也，下義之字。藝之協合也，猶人言之禮才合於月。○〔養〕音義。孝經其居人也曰養。）其行之以貨力、辭讓、飲食、（貨，其行之以貨力辭讓飲食。）冠昏、喪祭、射御、朝聘。（皮，音婢。貨，摯幣也。冠，古亂反。勉，筋骸。不則偃，強。宮庭寶也。○〔冠〕古亂反。罷。強者。）故禮義也者，人之大端也，（得以爲美味。○〔蘗〕魚列反。治者，去瑕穢也。）所以講信脩睦而固人（壞，音怪。又聖人也。愚者之反乎，聖人反也。故禮之於人也，猶酒之肌膚之會、筋骸之束也，所以養生送死事鬼神之（寶，孔穴也。故○〔寶〕音豆。）大端也，所以達天道、順人情之大竇也。（寶，孔穴也。）唯聖人爲知禮之不可以已也，故壞國、喪家、亡人必（言愚者之。又反乎聖人也。○〔壞〕音怪。）先去其禮。（○〔壞〕音怪。又反乎聖人也。）之有蘗也，君子以厚，小人以薄。（者皆醇耳。○〔蘗〕爲美味。魚列反。皆得以。）故聖王脩義之柄、禮之序，以治人情。（養菁華也。治者去瑕穢也。）故聖王之田也，脩禮以耕之，（剛柔，其陳義以種之。和其剛柔。）陳義以種之，（治者，養菁華也。）講學以耨之，（存，是去非類也。○〔耨〕奴豆反。）本仁以聚之，（所合其盛。）

……協諸義而協，（合協，不乖也。剌合於禮。○〔剌〕力達反，與義。）未之有，可以義起也。（可以其義合起也。以義合起作。義者藝之分，仁之。）

節也。（藝猶才也。）協於藝，講於仁，得之者強。（服。有義則人服之也。）仁者，義之本也，順之體也，得之者尊。（有仁則人尊之也。）故治國不以禮，猶無耜而耕也。（○〔耜〕音似。）為禮不本於義，猶耕而弗種也。（嘉穀無由生也。○〔種〕之用反。）為義而不講之以學，猶種而弗耨也。講之於學而不合之以仁，猶耨而弗穫也。合之以仁而不安之以樂，猶穫而弗食也。安之以樂而不達於順，猶食而弗肥也。四體既正，膚革充盈，人之肥也。父子篤，兄弟睦，夫婦和，家之肥也。大臣法，小臣廉，官職相序，君臣相正，國之肥也。天子以德為車，以樂為御，諸侯以禮相與，大夫以法相序，士以信相考，百姓以睦相守，天下之肥也。是謂大順。大順者，所以養生送死事鬼神之常也。故事大積焉而不苑，並行而不繆，細行而不失，深而通，茂而有間，連而不相及也，動而不相害也，此順之至也。故明於順，然後能守危也。故禮之不同也，不豐也，不殺也，所以持情而合危也。故聖王所以順，山者不使居川，不使渚者居中原，而弗敝也。（小者洲曰渚，大者洲曰坪，廣平曰原。禽獸諸原。）

用水火金木，飲食必時。（四時變。入國，以火以時取救金玉錫石。春出火，謂季春也。○〔齊〕視春時，用木火。謂季秋也。用木火。謂仲冬也。）合男女，頒爵位，必當年德。（和言陰陽大順之時。男謂三十，女謂二十而嫁也。○〔當〕丁浪反。）用民必順。（不奪農時。）故無水旱昆蟲之災，民無凶饑妖孽之疾。（蟲之屬也。○〔蟲〕魚列反。）故天不愛其道，地不愛其寶，人不愛其情。（言順之至也。嘉瑞至也。）故天降膏露，地出醴泉，山出器車，河出馬圖，鳳皇麒麟皆在郊棷，龜龍在宮沼，其餘鳥獸之卵胎，皆可俯而闚也。（寶猶甘也。馬圖龍馬負圖，謂若伏犧時也。○〔棷〕側九反。〔闚〕去規反。〔卵〕力管反。）則是無故，先王能修禮以達義，體信以達順，故此順之實也。（非有他事，然也。實猶誠也。）

禮器第十

鄭氏註

禮器，是故大備。大備，盛德也。（禮器，言禮之為器也。未禮器，言禮之為器，使人成器，如人情以成器也。）禮釋回，增美質，措則正，施則行。（釋，去也。回，邪辟也。措，置也。質猶性也。回增美質，措則正，施則行。）其在人也，如竹箭之有筠也；（箭，篠也。端，本也。四物，柔刃於外，或和於澤，於天下內最得此氣。）如松柏之有心也。二者居天下之大端矣，故貫四時而不改柯易葉。（不變，傷也。○〔箭〕節見反。〔筠〕于貧反，亦猶然。）故君子有禮，則外諧而內無怨。（服，人協也。）故物無不懷仁，鬼神饗德。（懷，歸也。）先王之立禮也，有本有文。忠信，禮之本也；義理，禮之文也。無本不立，無文不行。（言具於內外也。）禮也者，合於天時，設於地財，順於鬼神，合於人心，理萬物者也。（鬼神，所祀也，事有德也。是故）天時有生也，地理有宜也，（物定國之數，謂其鄉有能也。）人官有能也，物曲有利也。故天不生，地不養，君子不以為禮，鬼神弗饗也。居山以魚鼈為禮，居澤以鹿豕為禮，君子謂之不知禮。故必舉其定國之數，以為禮之大經。（禮之大倫，以地。）禮之大倫，以地廣狹；（差，謂貢賦之常。狹，音洽。）禮之薄厚，與年之上下。是故年雖大殺，眾不匡懼，則上之制禮也節矣。（信，節也。殺，色戒反。又猶丘恐，住也反。）禮，時為大，順次之，體次之，宜次之，稱次之。（言聖人制禮所受命，皆後同。）堯授舜，舜授禹，湯放桀，武王伐紂，時也。詩云：匪革其猶，聿追來孝。（必革，急也，行己道之。聿，遂述文王之業來居非。此革紀為婚姻。）順也。天地之祭，宗廟之事，父子之道，君臣之義，（倫也。）倫也。社稷山川之事，鬼神之祭，體也。（言社稷山川宗廟之事鬼神之祭父子之道君臣之義。之天地別體入。）喪祭之用，賓客之交，義也。（人道之言宜也。）羔豚而祭，百官皆足；大牢而祭，不必有餘。此之謂稱也。（足猶得，稱也。雜者之耿而云百官，此指謂助祭者之耿，此指謂羹豚而祭。）諸侯以龜為寶，以圭為

瑞。（有……孤卿以下執……）家不寶龜，不藏圭，不臺門，言有稱也。（古者大夫貨貝以下寶……）禮有以多為貴者：天子七廟，諸侯五，大夫三，士一。天子之豆二十有六，諸公十有六，諸侯十有二，上大夫八，下大夫六。諸侯七介七牢，大夫五介五牢。天子之席五重，諸侯之席三重，大夫再重。天子崩，七月而葬，五重八翣；諸侯五月而葬，三重六翣；大夫三月而葬，再重四翣。此以多為貴也。有以少為貴者：天子無介，祭天特牲。天子適諸侯，諸侯膳以犢。諸侯相朝，灌用鬱鬯，無籩豆之薦。大夫聘禮以脯醢。天子一食，諸侯再，大夫、士三，食力無數。大路繁纓一就，次路繁纓七就。圭璋特，琥璜爵。鬼神之祭單席。諸侯視朝，大夫特，士旅之，此以少為貴也。以少為貴也。

十有二就，殷祭九就。〔天之車也，象路也。周禮王路之五就，革路之五就，木路繁纓。繁纓、鸞纓〕諸侯特朝相聘，以此為禮。〔圭璋特達，無幣帛也，大夫特士旅之謂于〕君揖之。○〔櫝〕音獨〔蠨〕丑亮反〔醢〕音海〔繁〕步干反〔琥〕胡毒反〔虎〕音虎〔璜〕音黃〔簞〕音丹〔賤〕子淺反，一音賤〔鸘〕胡毒反

有以大為貴者：宮室之量，器皿之度，棺椁之厚，丘封之大，此以大為貴也。

有以小為貴者：宗廟之祭，貴者獻以爵，賤者獻以散；尊者舉觶，卑者舉角；五獻之尊，門外缶，門內壺，君尊瓦甒，此以小為貴也。〔爵一升曰爵，二升曰觚，三升曰觶，四升曰角，五升曰散。子男之饗禮，籩豆貳也〕三升曰觶，四升曰角，五升曰散。瓦甒五斗，大小未聞也。易曰：男之饗酒籩豆貳。○〔甒〕命景反〔皿〕音亮〔散〕悉旦反〔缶〕方有反〔甒〕音武〔觶〕支反

有以高為貴者：天子之堂九尺，諸侯七尺，大夫五尺，士三尺；天子諸侯臺門，此以高為貴也。

有以下為貴者：至敬不壇，埽地而祭，天子諸侯之尊廢禁，大夫士棜禁，此以下為貴也。

禮有以文為貴者：天子龍袞，諸侯黼，大夫黻，士玄衣纁裳；天子之冕朱綠藻，十有二旒，諸侯九，上大夫七，下大夫五，士三，此以文為貴也。〔藻，雜采也。袞，夏服也。天子許子〕○〔袞〕古本反，似〔黻〕音弗〔纁〕許云反

有以素為貴者：至敬無文，父黨無容，大圭不琢，大羹不和，大路素而越席，犧尊疏布鼏，樿杓，此以素為貴也。〔大圭長三尺，杼上終葵首，或作幕，樿木白之理〕大堂位曰：大圭，殿路也。犧尊，或作幕，樿木白之理也。

孔子曰：禮，不可不省也。禮不同，不豐、不殺，此之謂也，蓋言稱也。〔轉又反，又守〔遷〕莫反，歷〔羹〕音桊〔和〕胡臥反〔樿〕音戰，〕○〔琢〕丁角反〔長〕直亮反〔省〕察也，又如字〔省〕所戒反。孔子曰：禮不可不省也，禮不同不豐

禮之以多為貴者，以其外心者也；德發揚，詡萬物，大理物博，如此則得不以多為貴乎？故君子樂其發也。〔詡猶普也，偏也。其外心，在表也〕○〔詡〕況矩反〔樂〕五孝反〔見〕賢遍反

禮之以少為貴者，以其內心者也；德產之致也精微，觀天下之物無可以稱其德者，如此則得不以少為貴乎？是故君子慎其獨也。〔致，致密也。少誠懲，如此生，孰如羊上。其內心，在裏也〕○〔致〕直置反〔樂〕五孝反〔見〕賢遍反

古之聖人，內之為尊，外之為樂，少之為貴，多之為美。是故先王之制禮也，不可多也，不可寡也，唯其稱也。〔為樂，少之為貴，多之為美。古之聖人內之為尊，外之〕

是故，君子大牢而祭謂之禮，匹士大牢而祭謂之攘。〔盜竊也，謂之○〔大夫以上，攘如羊〕管仲〕○〔攘〕如羊反〔管仲〕

鏤簋朱紘，山節藻梲，君子以為濫矣。〔鏤，刻為蟲獸。諸侯之楶謂之青組，諸侯組紘以玉，大夫繢紘，朱紘，天子諸侯繢梲，天子之楶亦刻而飾之〕○〔鏤〕力豆反〔簋〕音軌〔紘〕音宏〔梲〕章悅反〔濫〕力暫反

晏平仲祀其先人，豚肩不揜豆；浣衣濯冠以朝，君子以為隘矣。〔章悅而楶上禮，謂天子之加焉。晏平仲祀其先人，豚肩不〕力新而楶上禮之〔侯之楶〕○〔揜〕於檢反，諸〔揜〕音奄〔豆〕大夫士有田則祭，無田則薦〔濯〕直角反〔隘〕烏懈反〔朝〕直遙反〔冠〕古亂反〔灌〕田者侗不務盈○〔隘〕大夫士有田則祭，無田則薦衣

是以君子之行禮也，不可不慎也；眾之紀也，紀散而〔是故君子之行禮也，不可不慎也，眾之紀也，紀散而〕

衆亂。蓋得其道矣。孔子曰：我戰則克，祭則受福，蓋得其道矣。君子曰：祭祀不祈，不麾蚤，不樂葆大，不善嘉事，牲不及肥大，薦不美多品。孔子曰：臧文仲安知禮！夏父弗綦逆祀而弗止也，燔柴於奧。夫奧者，老婦之祭也，盛於盆，尊於瓶。禮也者，猶體也。體不備，君子謂之不成人。設之不當，猶不備也。禮有大有小，有顯有微。大者不可損，小者不可益，顯者不可揜，微者不可大也。故經禮三百，曲禮三千，其致一也。未有入室而不由戶者。君子之於禮也，有所竭情盡慎，致其敬而誠若，有美而文而誠若。君子之於禮也，有直而行也，有曲而殺也，有經而等也，有順而討也，有摲而播也，有推而進也，有放而文也，有放而不致也，有順而摭也。三代之禮一也，民共由之。或素或青，夏造殷因。周坐尸，詔侑武方，其禮亦然，其道一也。夏立尸而卒祭，殷坐尸。周旅酬六尸。曾子曰：周禮其猶醵與！君子曰：禮之近人情者，非其至者也。大饗腥，三獻爓，一獻孰。是故君子之於禮也，非作而致其情也，此有由始也。是故七介以相見也，不然則已愨；三辭三讓而至，不然則已蹙。故魯人將有事於上帝，必先有事於頖宮。

頖宮。公上帝。周所郊祀之帝，謂蒼帝靈威仰也，魯以周公之故，得郊祀上帝，與周同，先有事於頖宮。后稷也。詩所謂之頖宮也，以配天。先學也，詩所謂之頖者將以字，或為郊仁宮也。○頖宮，郊之音判。有事於河必先有事於惡池。池惡當為呼聲之誤也，惡音呼，又好故烏侯反。河反。大齊人將有事於泰山必先有事於配林。林配名林。三月繫，七日戒，三日宿，慎之至也。故禮有擯詔，樂有相步，溫之至也。

禮也者，反本脩古，不忘其初者也。故凶事不詔，朝事以樂。醴酒之用，玄酒之尚。割刀之用，鸞刀之貴。莞簟之安，而蒲越稾鞂之設。是故先王之制禮也，必有主也，故可述而多學也。君子曰：無節於內者，觀物弗之察矣。欲察物而不由禮，弗之得矣。故作事不以禮，弗之敬矣。出言不以禮，弗之信矣。故曰：禮也者，物之致也。

是故昔先王之制禮也，因其財物而致其義焉。故作大事必順天時，為朝夕必放於日月，為高必因丘陵，為下必因川澤。是故天時雨澤，君子達亹亹焉。

尊有道，任有能；舉賢而置之，聚眾而誓之。是故昔先王尚有德，重賢事賢，因名山升中于天，因地事地，因天事天，因吉土以饗帝于郊。升中于天，而鳳皇降，龜龍假；饗帝於郊，而風雨節，寒暑時。是故聖人南面而立，而天下大治。

天道至教，聖人至德。廟堂之上，罍尊在阼，犧尊在西；廟堂之下，縣鼓在西，應鼓在東。君在阼，夫人在房。大明生於東，月生於西，此陰陽之分，夫婦之位也。君西酌犧象，夫人東酌罍尊。禮交動乎上，樂交應乎下，和之至也。

禮也者，反其所自生；樂也者，樂其所自成。是故先王之制禮也以節事，脩樂以道志。故觀其禮樂，而治亂可知也。

也。（國亂禮慢而樂淫也。○〔遽〕其居反。〔瑗〕衛大夫也，名瑗。）蘧伯玉曰：君子之人，達。（觀其禮樂，治亂也。）故觀其器，而知其工之巧。觀其發，而知其人之知也。（禮樂亦猶是。○〔知〕音智。）故曰：君子慎其所以與人者。（是將以觀……）……太廟之內敬矣。君親牽牲，大夫贊幣而從。（當用幣告神。○從，才用反。）君親制祭，夫人薦盎。（謂親朝制祭事。○盎，烏浪反。）君親割牲，夫人薦酒。（殺庭實時，進血膋時。）卿大夫從君，命婦從夫人。洞洞乎其敬也，屬屬乎其忠也，勿勿乎其欲其饗之也。（勉勉，猶勿勿也。）納牲詔於庭，血毛詔於室，羹定詔於堂。（肉謂之羹。定猶熟也。○羹音庚。）三詔皆不同位，蓋道求而未之得也。（為祊乎外，祭後氏世室而專。）設祭於堂，為祊乎外，（祊謂明日繹祭也。○祊，伯彭反。）故曰：於彼乎？於此乎？（知不。）一獻質，三獻文，五獻察，七獻神。（祭羣小祀也。○察，祭明也。）大饗其王事與！（大饗，祫盛祭其先王，與貢事。）三牲魚腊，四海九州之美味也。籩豆之薦，四時之和氣也。（此所貢，先王設之內金，示和也。）內金，示和也。（金，荊揚二州所貢。）束帛加璧，尊德也。（陳於庭，荊州納錫大龜於庭。）龜為前列，先知也。（龜知事情者，陳於前。）金次之，見情也。（金有兩義，遍反。先王入珇設物。○金見。）丹漆絲纊竹箭，與眾共……

財也。（萬民皆有此物。）其餘無常貨，各以其國之所有，則致遠物也。（外夷服謂九州之外，其所服之國。周禮九州，穆王之征外犬戎得蕃國世，白一鹿近各以其。）其出也，肆夏而送之，蓋重禮也。（而出，出謂諸作樂侯，以之節賓之也。禮肆夏畢。當為陔反。）○祀帝於郊，敬之至也。（不言敬，就而致也。祭之宗廟，不敢就致而也。）宗廟之祭，仁之至也。（于乇，主恩也。恩也父。喪禮，忠之至也。賓客之用幣，義之至。小敬大斂之明器，祖謂襲也，踊備哭踊也。）服器，仁之至也。（謂小斂大斂之明器，衣服。）賓客之用幣，義之至也。（謂來賵賻。言禮有節。○內禮可以。）故君子欲觀仁義之道，禮其本也。（道猶。）君子曰：甘受和，白受采，忠信之人，可以學禮。（觀。○道猶也。）苟無忠信之人，則禮不虛道，是以得其人之為貴也。（由，道也。○戶牒臥反。○〔和〕。）孔子曰：誦詩三百，不足以一獻。（一獻之禮。）一獻之禮，不足以大饗。大饗之禮，不足以大旅。大旅具矣，不足以饗帝。（也。誦詩三百，愉習多言而祭天。祭不學天。）毋輕議禮。（若謂。）子路為季氏宰。（宰，吏也。治邑。）季氏祭，逮闇而祭，日不足，繼之以燭。（時也，舊。）雖有強力之容，肅敬之心，（偏任。）皆倦怠矣。（久矣，以其。）有司跛倚以臨祭，其為不敬大矣。（○〔跛〕。）他日祭，子路與，室事交乎戶，（為彼義跂。依物為倚。○〔倚〕，綺反。）堂事交乎階，質明而始行事，晏朝而退。（室事，尸。○〔與〕音堂事。）孔子聞之曰：誰謂由也而不知禮乎。（多知其禮。）

禮記卷第七

禮記卷第八

郊特牲第十一　鄭氏註

郊特牲而社稷大牢。天子適諸侯，諸侯膳用犢；諸侯適天子，天子賜之禮大牢，貴誠之義也。故天子牲孕弗食也，祭帝弗用也。犢者，誠愨未有牝牡之情，是以為貴也。孕，任也。孕任於牲，易曰婦孕不育。○〔膳〕市戰反。〔孕〕以證反。大路繁纓一就，先路三就，次路五就。此因小說以少為貴，七就與此乖，字之誤也。○〔繁〕步干反。郊血，大饗腥，三獻爓，一獻孰。至敬不饗味而貴氣臭也。血，腥，爓，祭用。○〔腥〕音星。〔爓〕夕廉反。諸侯為賓，灌用鬱鬯。灌，獻也。○〔灌〕古喚反。灌用臭也，大饗尚腶脩而已矣。亦不饗味也。○〔腶〕丁亂反。大饗，君三重席而酢焉。獻賓，賓酢主君，君饗燕而受酢以酢介也。○〔重〕直龍反。三獻之介，君專席而酢焉，此降尊以就卑也。三獻卿大夫來聘，則徹重席。專猶單也。○〔介〕音界。饗禘有樂，而食嘗無樂，陰陽之義也。義同而或用禘樂也，此用禘樂。凡飲，養陽氣也；凡食，養陰氣也。故春禘而秋嘗。禘當為禴，字之誤也。王制曰春禴。○〔禘〕音稀。〔禴〕音藥。〔食〕音嗣。春饗孤子，秋食耆老，其義一也，而食嘗無樂。飲，養陽氣也，故有樂；食，養陰氣也，故無聲。凡聲，陽也。鼎俎奇而籩豆偶，陰陽之義也。籩豆之實，水土之品也。水土之品，言非人所食。○〔奇〕居宜反。不敢用褻味而貴多品，所以交於旦明之義也。旦當為神，篆字之誤也。○〔褻〕音薛。〔旦〕音神，篆字之誤也，直轉反。賓入大門而奏肆夏，示易以敬也。易，和也。賓朝聘者，易以敬也。○〔易〕以豉反。

卒爵而樂闋，孔子屢歎之。奠酬而工升歌，發德也。歌者在上，匏竹在下，貴人聲也。樂由陽來者也，禮由陰作者也，陰陽和而萬物得。旅幣無方，所以別土地之宜而節遠邇之期也。○〔別〕彼列反。龜為前列，先知也。以鐘次之，以和居參之也。金為樂器，鐘其大者，以金次之，以和居參之也。虎豹之皮，示服猛也。束帛加璧，往德也。庭燎之百，由齊桓公始也。僭天子也。庭燎之差，公蓋五十，侯伯子男皆三十。大夫之奏肆夏也，由趙文子始也。文子，名武，晉大夫趙武也。朝覲，大夫之私覿，非禮也。其君親命聘，來，則其臣有私見。不敢私見。○〔覿〕大歷反。大夫執圭而使，所以申信也；不敢私覿，所以致敬也。以歷主國君也。○〔使〕色吏反。而庭實私覿，何為乎諸侯之庭？君非其與別。為人臣者無外交，不敢貳君也。外交，私覿也。大夫而饗君，非禮也。大夫強而君殺之，義也，由三桓始也。強且饗君，富也。三桓，魯桓公之子慶父、叔牙、季友之後也。慶父、叔牙欲弒君，季友以君命誅之。後慶父、叔牙之子孫通於諸侯。天子無客禮，莫敢為主焉。君適其臣，升自阼階，不敢有其室也。升自阼階，不敢有其室，明非禮也。○〔阼〕才故反。覲禮，天子不下堂而見諸侯。下堂而見諸侯，天子之失禮也，由夷王以下。夷王，周康王之玄孫之子。時王微，不敢自尊於諸侯。諸侯之宮縣，而祭以白牡，擊玉磬，朱干設錫，冕而舞大武，乘大路，諸侯之僭禮也。宮言縣，此皆天子之禮也。干，盾也。錫，傅其背如龜也。武，萬舞也。大路，殷天子禮也。○縣音懸。武音舞。錫音陽。大路音泰。傅音附。臺門而旅樹，反坫，繡黼丹朱中衣，大夫之僭禮也。此皆諸侯之禮也。旅，道也。屏謂之樹。天子外屏，諸侯內屏，大夫以簾，士以帷。門，塞也。坫，反爵也。繡黼，縬黼也。丹朱中衣，以丹朱為中衣領緣也。繡，讀為綃。綃，繒名也。詩云：素衣朱襮。又云：素衣朱綃。襮，黼領也。○坫，丁念反。繡音消。緣音博。襮音博。故天子微，諸侯僭；大夫強，諸侯脅。於此相貴以等，相覿以貨，相賂以利，而天下之禮亂矣。諸侯不敢祖天子，大夫不敢祖諸侯，而公廟之設於私家，非禮也，由三桓始也。寓，寄也。非尊賢寄公者。○寓，牛遇反。難法也。過，古臥反。天子存二代之後，猶尊賢也。尊賢不過二代。諸侯不臣寓公，故古者寓公不繼世。寄公，寄地而君之南鄉，答陽之義也。臣之北面，答君也。君南鄉，答陽之義也。臣之北面，答君也。大夫之臣不稽首，非尊家臣，以辟君也。大夫有獻弗親，君有賜不面拜，為君之答己也。大夫有獻弗親，小臣受之於外。小臣掌三公及孤卿之復逆也。入，告小臣以告君也。鄉人禓，孔子朝服立于阼，存室神也。禓，強鬼也。謂時儺，索室毆疫，逐強鬼也。○禓音傷。儺，乃多反。孔子曰：射之以樂也，何以聽，何以射？孔子曰：士使之射，不能則辭以疾，縣弧之義也。射者以樂節其容，相應也。與孔子曰射之以樂也，何以聽，何以射？○弧音胡。射道。孔子

於此相貴以等，相覿以貨，相賂以利，縣弧之義也。男子生而設弧於門左。○弧音胡。射道，孔子曰：三日齊，一日用之，猶恐不敬，二日伐鼓何居？語之助也。何居，怪之也。居，讀為姬姓之姬。伐鼓，怪一日之齊而二日伐鼓。○齊側皆反。居音姬。子曰：繹之於庫門內，祊之於東方，朝市之於西方，失之矣。繹之禮，此二者同。祊在廟門外之西室。名曰繹。又祊其祭於庫門內。祊之於東方，朝市之於西方，失之矣。○繹音亦。祊音崩。朝市，朝時而市，百族為市之東偏。周禮，大朝，百族為市，市之東偏。朝市，市之早者，主於朝。日側而市，市之大者，主於市。夕市，夕時而市，販夫販婦為市。社祭土，而主陰氣也。社，祭土神。天子大社必受霜露風雨，以達天地之氣也。○大社，音太。是故喪國之社屋之，不受天陽也。大社，王為群姓所立。大下皆同。君南鄉於北墉下，答陰之義也。牆謂之墉。北墉，社內北牆也。○墉音容。社日用甲，用日之始也。天子大社必受霜露風雨，以達天地之氣也。薄社北牖，使陰明也。絕其陽通其陰而已。薄社，殷之社。○薄，步各反。牖音酉。社所以神地之道也。地載萬物，天垂象，取財於地，取法於天，是以尊天而親地也。中霤土神也，亦故教民美報焉。家主中霤，而國主社，示本也。唯為社事，單出里。里，二十五家為里，畢出祭社。人於都鄙，則盡行。○單，出里，出家為里往祭社，人於都鄙，行。唯為社田，國人畢作。唯社，丘乘共粢盛，所以報本反始也。非徒乘者。以丘十六井也。四丘為甸，甸六十四井。○甸或謂之乘。時證。乘繩證反。季春出火，為焚也。出火，謂焚萊也。建辰之月，火出，火出，始以出火。然後簡其車賦，而歷其卒伍，而君親誓社，以習軍旅。簡，閱也。歷，謂算其人也。君親誓，陳左之右之，坐之起之，以觀其習變也。○共音恭。徧，徒恭反。列之歷。然後獻社。左之右之，坐之起之，以觀其習變也。此社是仲春之以習軍旅。仲春既祭，以火遂田，田以止祭弊社火也。然言後祭獻社禽則

……而流。流猶行也。記者諫也。社或爲省。○〔算〕思淺反。〔省〕恩淺乃反。今云管反。示之禽而鹽諸利，以觀其不犯命也。示之禽者，田也。鹽，行也。示之大獸以禽，使公之；小散禽，私之。鹽諸利，觀其用命不犯也。○〔鹽〕音艷。〔行〕行上如字，利。求服其志不貪其得，故以戰則克，以祭則受福。猶失伍而獲，犯命也。所到上帝，必先書燔柴，歲有二事。天子適四方，先柴。○〔柴〕士佳反。郊之祭也，迎長日之至也，大報天而主日也。易說曰：三王之郊，一用夏正。郊用辛，此說非也。郊日以至。月之旦，東巡守，至邠。之至也，易說曰三王。兆於南郊，就陽位也。埽地而祭，於其質也。天之所以尊也。掃地而祭，於其質也。器用陶匏，以象天地之性也。大神，猶天也。兆於南郊，就陽位也。埽地而祭。於郊，故謂之郊。牲用騂，尚赤也。用犢，貴誠也。於郊，故謂之郊。牲用騂，尚赤也。用犢，貴誠也。周尚赤也。犢，貴誠也。郊之用辛也，周之始郊日以至。天之月而至日，至氣新用事也。○辛用日，此說非也，郊非禮也。事也。至祭天日於圓丘者，人是當齊戒自新耳。卜郊，受命于祖廟，作龜于禰宮，尊祖親考之義也。儒者見周禮證，言在魯事。因推之，見禮證，周以禮證。卜郊受命于祖廟，作龜于禰宮。卜之日，王立于澤，親聽誓命，受教諫之義也。卜澤，澤宮也。所以擇可與祭之宮者也。○〔澤〕如字。卜澤宮，置之宮。獻命庫門之內，戒百官也。命自澤宮到澤，親聽誓。獻命庫門之內。○〔奧〕如字，重申相命也，還以誓庫門也。大廟之命，戒百姓也。王自澤宮而至，大廟戒百姓也，命重相申敕，而還以誓，王自廟門外入夾大廟戒者親廟也，還以誓王也。祭之日，王皮弁以聽祭報，示民自此還齊寢。○〔還〕音旋。自此還齊寢。

嚴上也。祭報猶自也，行事也。凶與喪禮服，祭以待之。曰小祭事，諸侯乃逆祭省服。告鑽，備告于時。王于也。喪者不哭，不敢凶服，氾埽反道，鄉爲田燭。田，猶首郊之道也。○〔氾〕芳劍反。道，割反。○〔埽〕索令報，新土在上也。田產有日，燭。弗命而民聽上。嚴化上帝。○〔氾〕芳劍反。道，割反。祀之五章，五帝亦如之也，周禮侯王之服，王祀昊天上帝則服大裘而冕。戴冕璪十有二旒，則天數也。乘素車，貴其質也。十天之二，大數不過。○〔璪〕音早。乘素。車，貴其質也。設也，日月畫之於旂上。殷之車也，殷天垂象，聖人則之，郊所以明天道也。路車，魯公之郊用。旂十有二旒，龍章而設日月，以象天也。天垂象，聖人則之，郊所以明天道也。明天道也。以明示人，則謂人也。帝牛不吉，以爲稷牛。牛必在滌三月，稷牛唯具，所以別事天神與人鬼也。滌牛中，所搜滌處也。唯具，遭時又選，可。○〔滌〕音迪，除又徒嘯反。〔別〕彼列反。萬物本乎天，萬物本乎天。人本乎祖，此所以配上帝也。可言以俱配，本郊之祭也，大報。本反始也，天子大蜡八。○〔蜡〕仕詐反，入神也。伊耆氏始爲蜡，伊耆氏天子號。蜡也者，索也。索謂求也，歲十二月。也。○〔蜡〕仕詐反。歲十二。歲十二月，合聚萬物而索饗之也。歲也。饗者，祭其神正也。數謂萬物建亥之月有功，蜡之祭也，主先嗇而祭司嗇也。嗇也，先嗇若神農是也。后稷司嗇。嗇也。祭百種，以報嗇也。司嗇后稷是也。功，使盡樹藝饗之。饗農及郵表畷，禽獸，仁之至、義之盡也。○〔種〕之勇反。之。郵表畷，謂田畯所以督約百姓於井間之處也。○〔郵〕音尤。詩云，爲下表國畷，郵畷禽獸服，不氏所教援於猛獸也。○〔畷〕下劣反。〔約〕因妙又丁反。古之君子，使之必報之。迎貓，爲其食（田鼠也，迎虎，爲其食田豕也……）

田鼠也。迎虎爲其食田豕也。迎而祭之也。○迎〔貓〕音苗。迎其神也。〔爲〕于僞反。于祭坊與水庸事也。○水庸溝也。〔坊〕音房。曰。土反其宅。水歸其壑。昆蟲毋作。草木歸其澤。祭此同蜡祝辭也。皮弁素服而祭。素服以送終也。葛帶榛杖。喪殺也。蜡之祭。仁之至。義之盡也。黃衣黃冠而祭。息田夫也。野夫黃冠。黃冠。草服也。大羅氏。天子之掌鳥獸者也。諸侯貢屬焉。草笠而至。尊野服也。羅氏致鹿與女。而詔客告也。以戒諸侯曰。好田好女者亡其國。天子樹瓜華。不斂藏之種也。八蜡以記四方。四方年不順成。八蜡不通。以謹民財也。順成之方。其蜡乃通。以移民也。既蜡而收。民息已。故既蜡。君子不興功。恒豆之菹。水草之和氣也。其醢。陸產之物也。此謂諸侯朝事之豆也。加豆。陸產也。其醢。水物也。

籩豆之薦。水土之品也。不敢用常褻味而貴多品。所以交於神明之義也。非食味之道也。先王之薦。可食也而不可耆也。卷冕路車。可陳也而不可好也。武壯而不可樂也。宗廟之威而不可安也。宗廟之器。可用也而不可便其利也。所以交於神明者。不可以同於所安樂之義也。酒醴之美。玄酒明水之尚。貴五味之本也。〔著〕市反。黼黻文繡之美。疏布之尚。反女功之始也。莞簟之安。而蒲越稾鞂之尚。明之也。大羹不和。貴其質也。大圭不琢。美其質也。丹漆雕幾之美。素車之乘。尊其樸也。貴其質而已矣。所以交於神明者。不可同於所安褻之甚也。如是而后宜。鼎俎奇而籩豆偶。陰陽之義也。黃目。鬱氣之上尊也。黃者中也。目者氣之清明者也。言酌於中而清明於外也。祭天。掃地而祭焉。於其質而已矣。醓醢之美。而煎鹽之尚。貴天產也。割刀之用。而鸞刀之貴。貴其義也。聲和而后斷也。冠義，始冠之，緇布之冠也。大古冠布，齊則緇之。其緌也，孔子曰：「吾未之聞也，冠而敝之可也。」適子冠於阼，以著代也。醮於客位，加有成也。三加彌尊，喻其志也。冠而字之，敬其名也。委貌，周道也；章甫，殷道也；毋追，夏后氏之道也。周弁，殷冔，夏收。三王共皮弁素積。無大夫冠禮，而有其昏禮。古者五十而后爵，何大夫冠禮之有。諸侯之有冠禮，夏之末造也。天子之元子，士也，天下無生而貴者也。繼世以立諸侯，象賢也。以官爵人，德之殺也。死而謚，今也；古者生無爵，死無謚。

禮之所尊，尊其義也。失其義，陳其數，祝史之事也。故其數可陳也，其義難知也。知其義而敬守之，天子之所以治天下也。夫昏禮萬世之始也。取於異姓，所以附遠厚別也。幣必誠，辭無不腆，告之以直信。信，事人也；信，婦德也。壹與之齊，終身不改，故夫死不嫁。男子親迎，男先於女，剛柔之義也。天先乎地，君先乎臣，其義一也。執摯以相見，敬章別也。男女有別，然後父子親；父子親，然後義生；義生，然後禮作；禮作，然後萬物安。無別無義，禽獸之道也。壻親御授綏，親之也。親之也者，親之也。敬而親之，先王之所以得天下也。出乎大門而先，男帥女，女從男，夫婦之義由此始也。婦人，從人者也；幼從父兄，嫁從夫，夫死從子。夫也者，夫也；夫也者，以知帥人者也。玄冕齊戒，鬼神陰陽也。將以為社稷主，為先祖後，而可以不致敬乎。共牢而食，同尊卑也，故婦人無爵，從夫之爵，坐以夫之齒。器用陶匏，尚禮然也。〔此禮謂三王之世，器用陶匏，以象天地之性也。〕三王作牢用陶匏。〔禮言三王、大古之世，無共牢之器。〕厥明，婦盥饋，舅姑卒食，婦餕餘，私之也。〔其義深，不以褻，以欲陽，散婦之恩也。〕舅姑降自西階，婦降自阼，授之室也。〔其幽陰之事也，明當之主為嫁，昏禮不用樂，幽陰之義也。〕樂，陽氣也。昏禮不賀，人之序也。〔猶序也。〕有虞氏之祭也，尚用氣；血腥爓祭，用氣也。〔代也。〕殷人尚聲，臭味未成，滌蕩其聲，樂三闋，然後出迎牲。聲音之號，所以詔告於天地之閒也。〔周人三、殷人尚臭。〕

灌用鬯臭，鬱合鬯，臭陰達於淵泉。灌以圭璋，用玉氣也。〔既灌然後迎牲，致陰氣也。〕蕭合黍稷，臭陽達於牆屋，故既奠，然後焫蕭合羶薌。〔焫音如悅反。〕凡祭，慎諸此。〔此魂氣歸于天，形魄歸于地。〕故祭求諸陰陽之義也。殷人先求諸陽，周人先求諸陰。〔先此其所，後異也。〕

詔祝於室，坐尸於堂，〔謂朝事也。○朝事。延尸于戶西南面，而燔之。入以席，詔神面於室，取牲膟膋，出以燎，墮于爐。主人親制其肝，洗于鬱鬯而燔之。主乃更延主人，親制其室之奧，尸來祭，升。時尸自北薦方坐篹于豆，主至北薦。焉加〔祝〕如字，又之反，又或許垂反。〔隋〕音律。〕用牲於庭，〔謂殺之時。〕升首〔于室。制祭之下，又後升，尚氣也，於。〕直祭，祝于主。〔如謂特薦牲孰、特牲少牢也。〕

索祭，祝于祊。〔廟門曰神祊也。〕不知神之所在，於彼乎？於此乎？〔謂擇祭名也。○〔祊〕音亨。〕或諸遠人乎？祭于祊，尚曰求諸遠者與。〔○〔遠〕人于幾也。尚，庶幾也。〕祊之為言倞也。〔為詠。○〔倞〕音亮，或。〕肵之為言敬也。〔尸為陳也。〕

嘏，長也，大也。〔主人受曰嘏，此尸。〕尸，陳也。〔訓主人受尸。○〔嘏〕福也，此長直反。〕首也者，直也。〔訓直也。〕或相饗之也。〔者備也。主人侑尸，尸答拜。受祝此饋，○升。〕富也者，福也。〔富也者，福也。訓人之君，得福也。〕或諸遠人乎，祭于祊，尚曰求諸遠者與。〔祊之為言倞也。〕諸遠人乎，祭于祊，尚曰求諸遠者與。〔不知神之所在，於彼乎，於此乎。〕索祭，祝于祊。〔祊，廟門求，曰神祊也。〕

為鬱，正食則之，血為腥也，直正也，屬盡也，敬祭心以耳，孰。毛血，告幽全之物也。〔血祭，告幽全之物者。〕貴純之道也。〔純中、外皆謂中也。〕血祭，盛氣也。〔祭氣、殷氣，祭之肝，所周夏舍也。〕祭肺、肝、心，貴氣主也。〔祭黍稷加肺，五齊加肺，謂綏祭也。五齊祭加明，明水則三酒所取，加玄於此之月。〕祭黍稷加肺，祭齊加明水，報陰也。〔〔綏〕許恚反。〔齊〕才細反。〕取膟膋燔燎，升首，報陽也。〔膟膋謂腸間脂，與蕭合，焫燒脂。〕黍稷亦有明水涗齊，貴新也。〔黍之稷亦有明齊。〕沈齊○〔涗〕始禮、蛻氏，以涗于禮水，漞絲涗莫剛反或為。〔涗貴新也。〕凡涗，新之者。〔涗，周禮始禮銳，此成水也，乃言主人可得齊潔也。〕其謂之明水也，由主人之潔著此水也。〔明水也，言此水由主人之潔著。〕凡涗新之也。〔此成水也，乃言可得潔也。〕其謂之明水也，由主人之潔著此水也。〔其謂之明水也。〕君再拜稽首，肉袒親割，敬之至也。〔君再拜稽首，肉袒親割祖親，割敬之至也。〕服也者，敬之至也。〔服也者，敬之至也。服也，拜服也，稽首服之甚也，肉袒服之盡也。〕拜，服也；稽首，服之甚也；肉袒，服之盡也。〔此水也。〕

祭稱孝孫孝子，以其義稱也。〔君再拜稽首，肉袒親割，其義稱之甚也。祖謂禰服之甚也，肉袒服祖服之盡也。〕稱曾孫某，謂國家也。〔祖謂諸侯事五廟，曾孫孝子以其義稱也。〕祭祀之相，主人自致其敬。〔祖謂諸侯事五廟、曾孫也，於。○曾祭祀之相主人自〕

內則第十二　鄭氏註

致其敬盡其嘉而無與讓也。

祭豈知神之所饗也，主人自盡其敬而已矣。

則立有事而後坐也。尸，神象也。祝將命也。古者尸無事。

縮酌用茅，明酌也。

醆酒涗于清。

汁獻涗于醆酒。

清與醆酒，尸舊澤之酒也。

陰幽思也。故君子三日齊，必見其所祭者。

有由辟焉。

祭有所焉。

有報焉。

后王命冢宰，降德于衆兆民。

事父母，雞初鳴，咸盥漱，櫛縰笄總，拂髦冠緌纓，端韠紳，搢笏。左佩紛帨刀礪小觿金燧，右佩玦捍管遰大觿木燧。

婦事舅姑，如事父母。雞初鳴，咸盥漱，櫛縰笄總，衣紳。左佩紛帨刀礪小觿金燧，右佩箴管線纊，施縏袠大觿木燧，衿纓綦屨。

以適父母舅姑之所，及所，下氣怡聲，問衣燠寒，疾痛苛癢，而敬抑搔之。

出入則或先或後，而敬扶持之。

進盥，少者奉槃，長者奉水，請沃盥，盥卒授巾。

問所欲而敬進之，柔色以溫之。饘酏、酒醴、芼羹、菽、麥、蕡、稻、黍、粱、秫，唯所欲。棗、栗、飴、蜜以甘之。堇、荁、枌、榆、免、薧、滫、瀡以滑之。脂膏以膏之。父母舅姑必嘗之而後退。

男女未冠笄者，雞初鳴，咸盥漱，櫛縰，拂髦總角，衿纓皆佩容臭，昧爽而朝，問何食飲矣。若已食則退，若未食則佐長者視具。

凡內外，雞初鳴，咸盥漱，衣服，斂枕簟，灑掃室堂及庭，布席，各從其事。孺子蚤寢晏起，唯所欲，食無時。

由命士以上，父子皆異宮。昧爽而朝，慈以旨甘。日出而退，各從其事。日入而夕，慈以旨甘。

父母舅姑將坐，奉席請何鄉。將衽，長者奉席請何趾。少者執床與坐，御者舉几，斂席與簟，縣衾篋枕，斂簟而襡之。

父母舅姑之衣衾簟席枕几不傳，杖屨祗敬之，勿敢近。敦牟卮匜，非餕莫敢用。與恒食飲，非餕莫之敢飲食。

父母在，朝夕恒食，子婦佐餕，既食恒餕。父沒母存，冢子御食，羣子婦佐餕如初。旨甘柔滑，孺子餕。

在父母舅姑之所，有命之，應唯敬對，進退周旋慎齊，升降出入揖遊，不敢噦噫、嚏咳、欠伸、跛倚、睇視，不敢唾洟。寒不敢襲，癢不敢搔。不有敬事，不敢袒裼，不涉不撅。褻衣衾不見裏。

父母唾洟不見。冠帶垢，和灰請漱。衣裳垢，和灰請澣。衣裳綻裂，紉箴請補綴。五日則燂湯請浴，三日具沐，其間面垢，燂潘請靧，足垢，燂湯請洗。

少事長，賤事貴，共帥時。

男不言內，女不言外。非祭非喪，不相授器。其相授，則女受以篚。其無篚，則皆坐奠之而後取之。外內不共井……

不共湢浴，不通寢席，不通乞假，男女不通衣裳。內言不出，外言不入（湢浴，彼力室反也。○）男子入內，不嘯不指（嘯，使讀為叱，此嫌。○嘯音叱。）夜行以燭，無燭則止（嘯，使讀為叱，此嫌有。）女子出門，必擁蔽其面，夜行以燭，無燭則止（擁猶障也。）道路：男子由右，女子由左（地道尊右。）子婦孝者敬者，父母舅姑之命，勿逆勿怠（違其孝敬之愛。或則……解，佳賣反。）若飲食之，雖不耆，必嘗而待（去聲者，市志反。○飲食皆起呂反。）加之衣服，雖不欲，必服而待。加之事，人代之，己雖弗欲（遠怨也。○遠，于萬反。難，乃旦反。姑猶且。）姑與之，而後復之（難，其妨己業。）子婦有勤勞之事，雖甚愛之，姑縱之，而寧數休之（縱足用反。數色角反。彼反。）子婦未孝未敬，勿庸疾怨，姑教之（用庸之言也。）若不可教，而後怒之。不可怒（隱，其犯也。猶其明，其犯禮猶。）子放婦出，而不表禮焉（表猶明也，責遣之也。隱父母有過之過。）父母有過，下氣怡色，柔聲以諫（說音悅。無狃下同。起不同。）諫若不入，起敬起孝，說則復諫。不說，與其得罪於鄉黨州閭（五家為比，五比為閭，四閭為族，五族為黨，五黨為州，五州為鄉，二十五家為閭，五百家為黨。）寧孰諫（孰，謂純孰也。○說音悅。）父母怒，不說，而撻之流血，不敢疾怨，起敬起孝（撻，吐達反，擊也。）父母有婢子若庶子庶孫，甚愛之，雖父母沒，沒身敬之不衰（也。○賤婢，人之所通子。）子有二妾，父母愛一人焉，子愛一人焉，由衣服飲食，由執事，毋敢視父母所愛，雖父

母沒不衰（也。由。）子甚宜其妻，父母不說，出（宜，善也。誼猶。）子不宜其妻，父母曰「是善事我」，子行夫婦之禮焉，沒身不衰（宜，誼也，猶。）父母雖沒，將為善，思貽父母令名，必果；將為不善，思貽父母羞辱，必不果（貽之遺也。果，決也。遺以季反。○貽，以季反。）舅沒則姑老（謂傳家事於長婦。○傳，丈專反。長婦。）冢婦所祭祀賓客，每事必請於姑（婦不敢專受，傳也。）介婦請於冢婦（婦以其眾婦代姑之事。○介音界。）舅姑使冢婦，毋怠（雖有勤勞，其卷不敢解。○勸。）不友無禮於介（眾婦為娣姒婦，兄弟之妻相友。娣徒……敢掉。）婦，舅姑若使介婦，毋敢敵耦於冢婦（雖有勤勞，其卷不敢解。○掉，徒弔反。）不敢並行，不敢並命，不敢並坐（命謂家使令也。）凡婦，不命適私室，不敢退（婦侍舅姑。）婦將有事，大小必請於舅姑（不敢專行也。子婦無私貨無。）子婦無私貨，無私蓄，無私器，不敢私假，不敢私與（蓄，家事。許六反。○蓄，許六反。）婦或賜之飲食、衣服、布帛、佩帨、茝蘭，則受而獻諸舅姑（帨或賜之。○茝，昌在反。蘭昌。）舅姑受之則喜，如新受賜；若反賜之，則辭；不得命，如更受賜，藏以待乏（待乏也。○舅姑不得。）婦若有私親兄弟，將與之，則必復請其故，賜而后與之（見許也。不命。○復，扶又反。）適子庶子祇事宗子宗婦（祇，敬也。宗又大。○祇敬也。宗子宗適。）雖貴富，不敢以貴富入宗子之家，雖眾車徒，舍（歷，丁歷反。）於外，以寡約入（入謂入宗子家。子弟猶歸器衣服。）子弟猶歸器衣服裘衾車馬，則必獻其上，而后敢服用其次也（猶若也。子弟若有功德，以物見饋賜。）

當宗子與宗婦者，若非所獻則不敢以入於宗子之門。不敢以貴富加於父兄宗族。若富則具二牲，獻其賢者於宗子。終事而后敢私祭。

飯：黍、稷、稻、粱、白黍、黃粱、稰、穛。膳：膷、臐、膮、醢、牛炙。醢、牛胾、醢、牛膾、羊炙、羊胾、醢、豕炙、醢、豕胾、芥醬、魚膾、雉、兔、鶉、鷃。

飲：重醴，稻醴清糟、黍醴清糟、粱醴清糟，或以酏為醴，黍酏、漿、水、醷、濫。酒：清、白。

羞：糗、餌、粉、酏。

食：蝸醢而苽食，雉羹；麥食，脯羹、雞羹；析稌、犬羹、兔羹，和糝不蓼。濡豚，包苦實蓼；濡雞，醢醬實蓼；濡魚，卵醬實蓼；濡鱉，醢醬實蓼。

腶脩、蚳醢，脯羹、兔醢，麋膚、魚醢，魚膾、芥醬，麋腥、醢醬，桃諸、梅諸、卵鹽。

凡食齊視春時，羹齊視夏時，醬齊視秋時，飲齊視冬時。凡和，春多酸，夏多苦，秋多辛，冬多鹹，調以滑甘。

牛宜稌，羊宜黍，豕宜稷，犬宜粱，雁宜麥，魚宜苽。

春宜羔豚，膳膏薌；夏宜腒鱐，膳膏臊；秋宜犢麛，膳膏腥；冬宜鮮羽，膳膏膻。

牛脩、鹿脯、田豕脯、麋脯、麇脯，麋、鹿、田豕、麇皆有軒，雉、兔皆有芼。爵、鷃、蜩、范，芝、栭，菱、椇，棗、栗、榛、柿、瓜、桃、李、梅、杏、楂、梨、薑、桂。

大夫燕食，有膾無脯，有脯無膾。士不貳羹胾，庶人耆老不徒食。膾，春用蔥，秋用芥。豚，春用韭，秋用蓼。脂用蔥，膏用薤。三牲用藙……

和用醯。獸用梅。鶉羹、雞羹、鴽，釀之蓼。魴鱮烝，雛燒，雉，芗無蓼。不食雛鼈。狼去腸，狗去腎，狸去正脊，兔去尻，狐去首，豚去腦，魚去乙，鱉去醜。肉曰脫之，魚曰作之，棗曰新之，栗曰撰之，桃曰膽之，柤梨曰攢之。牛夜鳴則庮。羊泠毛而毳羶。狗赤股而躁臊。鳥皫色而沙鳴鬱。豕望視而交睫腥。馬黑脊而般臂漏。雛尾不盈握弗食。舒鴈翠，鵠鴞胖，舒鳧翠，雞肝，鴈腎，鴇奧，鹿胃。肉腥細者為膾，大者為軒。或曰麋鹿魚為菹，麇為辟雞，野豕為軒，兔為宛脾。切蔥若薤，實諸醯以柔之。

羹食自諸侯以下至於庶人，無等。大夫無秩膳，大夫七十而有閣。天子之閣，左達五、右達五，公、侯、伯於房中五，大夫於閣三，士於坫一。凡養老：有虞氏以燕禮，夏后氏以饗禮，殷人以食禮，周人脩而兼用之。凡五十養於鄉，六十養於國，七十養於學，達於諸侯。八十拜君命，一坐再至，瞽亦如之，九十者使人受。五十異粻，六十宿肉，七十貳膳，八十常珍，九十飲食不離寢，膳飲從於遊可也。六十歲制，七十時制，八十月制，九十日修，唯絞紟衾冒，死而后制。五十始衰，六十非肉不飽，七十非帛不煖，八十非人不煖，九十雖得人不煖矣。五十杖於家，六十杖於鄉，七十杖於國，八十杖於朝，九十者天子欲有問焉，則就其室，以珍從。七十不俟朝，八十月告存，九十日有秩。五十不從力政，六十不與服戎，七十不與賓客之事，八十齊喪之事弗及也。五十而爵，六十不親學，七十致政，唯衰麻為喪。凡三王養老皆引年，八十者一子不從政，九十者其家不從政，瞽亦如之。凡父母在，子雖老不坐。有虞氏養國老於上庠，養庶老於下庠。夏后氏養國老於東序，養庶老於西序。殷人養國老於右學，養庶老於左學。周人養國老於東膠，養庶老於虞庠，虞庠在國之西郊。有虞氏皇而祭，深衣而養老。夏后氏收而祭，燕衣而養老。殷人冔而祭，縞衣而養老。周人冕而祭，玄衣而養老。〔紟〕其鴆反。〔縓〕才用反，又七亂反。〔餕〕音俊。〔頮〕戶外反。〔編〕古老反，又襄七回反。

曾子曰：孝子之養老也，樂其心，不違其志，樂其耳目，安其寢處，以其飲食忠養之。孝子之身終，終身也者，非終父母之身，終其身也。是故父母之所愛亦愛之，父母之所敬亦敬之，至於犬馬盡然，而況於人乎。

凡養老，五帝憲，三王有乞言。五帝憲養氣體而不乞言，有善則記之為惇史。

淳熬：煎醢，加于陸稻上，沃之以膏，曰淳熬。

淳母：煎醢，加于黍食上，沃之以膏，曰淳母。

炮：取豚若將，刲之刳之，實棗於其腹中，編萑以苴之，塗之以謹塗，炮之，塗皆乾，擘之，濯手以摩之，去其皽，為稻粉，糔溲之以為酏以付豚，煎諸膏，膏

必滅之，鉅鑊湯，以小鼎薌脯於其中，使其湯毋滅鼎，三日三夜毋絕火，而后調之以醢。

搗珍：取牛羊麋鹿麕之肉必脄，每物與牛若一，捶反側之，去其餌，孰出之，去其皽，柔其肉。〔膴〕脊側肉也。捶，搗之也。餌，筋腱也。柔之為汁和也。○〔脄〕音每，又士代反。〔餌〕音二。

漬：取牛肉必新殺者，薄切之必絕其理，湛諸美酒，期朝而食之，以醢若醢醢。〔湛〕直蔭反，又子鴆反。

為熬：捶之，去其皽，編萑，布牛肉焉，屑桂與薑以洒諸上而鹽之，乾而食之。施羊亦如之，施麋、施鹿、施麕皆如牛羊。欲濡肉，則釋而煎之以醢；欲乾肉，則捶而食之。〔熬〕自由火上也。○〔洒〕所買反，又西見反。〔鹽〕音廉，下同。

糝：取牛羊豕之肉，三如一小切之，與稻米，稻米二肉一，合以為餌，煎之。〔糝〕此周禮糝食也，音嗣，下同。

肝膋：取狗肝一，幪之以其膋，濡炙之，舉燋其膋，不蓼。〔膋〕腸閒脂也，音聊。〔幪〕音蒙。〔蓼〕音了，或為消反。取稻米，舉糔溲之，小切狼臅膏，以與稻米為酏。狼，臅膏也。以煎，臅膏，稻米則為酏。

○〔醮〕之然後反又〔醮〕之善反食也此醮同上音從

禮始於謹夫婦，爲宮室，辨外內，男子居外，女子居內，深宮固門，閽寺守之，男不入，女不出。〔寺謂掌內人之禁令也○男女〕不同椸枷，不敢縣於夫之楎椸，不敢藏於夫之篋笥，不敢共湢浴。〔竿謂之椸楎杙也〔縣〕音懸○〔楎〕音輝以支〔枷〕音嫁〕夫不在，斂枕篋簟席襡器而藏之。〔不敢褻也〕少事長，賤事貴，咸如之。〔皆咸〕故夫婦之禮，唯及七十，同藏無閒。〔至衰老也○〔圜〕去聲及猶無嫌〕故妾雖老，年未滿五十，必與五日之御。〔孕五十始衰妾閉房不能〕諸侯取九女，姪娣兩兩而御，則三日一御，〔此御謂侍夜勸息也五日也一次兩媵則五日也次諸侯制也四〕復出御，〔諸侯取九女姪娣兩兩而御則五日也次兩媵則〕五日也次夫人專夜則五日也天子十……將御者，齊，漱澣，〔日也次夫人專夜則五日也天子十〕慎衣服，櫛縰笄總角拂髦，衿纓，綦屨。〔將御者齊漱澣〕雖婢妾，衣服飲食必後長者。〔雖婢妾衣服飲食必後長者貴人〕妻不在，妾御莫敢當夕。〔辟女君之御日也妻〕

妻將生子，及月辰，居側室，〔側室次室燕寢夾之夫使人日再問〕之作而自問之，妻不敢見，使姆衣服而對，至于子生，〔之作而有感勤女御也○一音見母又亡久反〔姆〕音〕夫復使人日再問之。〔夫復使人日再問之茂有〕夫齊，則不入側室之門。〔使人始問待子生男子設弧於門左〕子生，男子設弧於門左，女子設帨於門右。〔表也男設弧女設帨示有事於佩巾也〕三日，始負子，男射女否。〔使始有事也○負之謂抱之而國君世子〕生，告于君，接以大牢，宰掌具。〔其接讀爲捷使母補虛捷強氣也謂食〕

〔接〕音捷下接子同。三日，卜士負之，吉者宿齊，朝服寢〔食接音音捷下接子同〕門外，詩負之，射人以桑弧蓬矢六，射天地四方，〔門外詩負之射人以桑弧蓬矢六射天地四方〕保受乃負之，〔所有桑蓬也○矢本大古食也亦反〔大〕音泰〕宰醴負子，賜之束帛，〔也有桑蓬也○矢本大地古食也亦反保受乃負〕卜士之妻大夫之妾，使食子。〔之妻謂大夫有子凡接子通〕凡接子，擇日，〔庶人特豚士特豕異爲孺選其吉內〕冢子則大牢，〔子也冢大也下也○家人猶特豚士則皆降一〕庶人特豚，士特豕，大夫少牢，國君世子大牢，其非冢子則皆降一〔大夫少牢國君世子大牢等皆謂庶人特豚士特豕〕等。〔少謂冢大子之及眾子士猶特豚也諸〕異爲孺子室於宮中，〔子室於宮中○特一處以處之之辱〕擇諸母與可者，〔辱謂擇諸母與可者必〕必求其寬裕慈惠溫良恭敬慎而寡言者，使爲子師，其〔求其寬裕慈惠溫良恭敬慎而寡言者使爲子師其〕次爲慈母，其次爲保母，皆居子室。〔次爲慈母其次爲保母皆居子室此諸君養眾可者必〕他人無事不往。〔弱將鬻動氣微也〕

及三月之末，擇日翦髮爲鬌，男〔事所遺髮也○〔鬌〕丁果反又大午果達〕角女羈，否則男左女右。〔醫所遺髮也○〔羈〕丁夾反○角又午果達目〔羈〕也夾〕是日也，妻以子見，於父貴人則爲衣服，〔〔驪〕忍音信反〕由命士以下皆漱澣，〔上貴人也由大夫以下自也〕男女夙興，沐浴衣服，具視朔食。〔朔食牢食大夫特豕諸侯少○食〕夫入門升自阼階，立于阼西鄉，妻抱子出自房，當楣立東面。〔側室之門入門者入〕姆先，相曰：「母某敢用時日，〔見也妾子於以下見於內寢辟人就君側室也〕……」

祇見孺子。〔也。某，妻姓。著振，若言姜氏也。祇，敬。○〔相〕息亮反。祇，敬。〕夫對曰：欽有帥。〔使。欽，敬也。帥，循也。執，循也。〕父執子之右手，咳而名之。〔〔咳〕戶地反。○之事也。〕妻對曰：記有成。遂左還授師，〔也。師，子旋。〔還〕音旋。〕子師辯告諸婦諸母名。〔成後。〕妻遂適寢。〔復，夫之燕寢。〕夫告宰名，宰辯告諸男名，書〔遍下。〕曰某年某月某日某生，而藏之。〔也，屬四間。爲閭族，閭胥。春秋書。〕宰告閭史，閭史書爲二，其一藏諸閭府，〔閭，族。族，閭，胥。〕其一獻諸州史。州史獻諸州伯，州伯命藏諸州府。〔長，中士大夫一人、五人，皆爲州。二千五百家爲州，百家爲族，閭，胥。〕夫入食如養禮。〔婦。夫婦始入，記舅姑尚食。如，猶言家也。州，二千五百家。〇其與妻尚食反。如。〇〔養〕羊妻尚食反。如。〇〔養〕羊尚反。〕

沐浴朝服，夫人亦如之，〔夫人始入室也。〇其與〔養〕羊妻尚食反。〕升自西階，君名之，乃降。〔階。君，世子見則妻則妾。〕撫其首，咳而名之，禮帥初無辭。〔此庶子適子也。〕凡名子，不以〔記。〕國，〔易諱。〕不以隱疾。〔難爲衣中之疾，醫也。〇〔適〕丁歷反。下有同。〕世子同名，〔子尊世子生也。亦子勿也。其爲改先世。〕不以隱疾。〔難諱，爲醫也。〕大夫士之子不敢與〔妾將生子，〕世子同名。〔子尊。世子亦子勿也，其爲改先世。〕人日一問之。子生三月之末，漱澣夙齊〔世子弟君也。〕見於內寢，〔寢第君也。〕禮之如始入室，君已食徹焉，使之特餕，遂〔之誤也。使之獨見餕子也。可以始御。此謂大來嫁士時。〕入室。君已食徹焉，使之特餕，遂入御。〔禮，餕謂起婦見之子。夫亦食如之，使獨見餕子也。可以始御。此謂大來嫁士時。〕

公庶子生，就側室，三月之末，其母沐浴〔稱之。夫妾曰君。凡妾。〕朝服見於君，擯者以其子見，君所有賜，君名之，衆子〔擯者，有傅姆於君之屬也。人君有賜，雖妾臣有不事抱。〕則使有司名之。〔子。擯者，有賜於君之屬也。恩惠也。有司，妾有不事。〕庶人無側室者及月辰，夫出居羣室，〔者也。魯桓公名也。〕其問之也，與子見父之禮無以異也。〔妻夫及見辟之至問子之禮同。〕凡父在，孫見於祖，祖亦名之禮，如子見父無〔也。庶人妾卒，而適見孫子與於祖，庶家子統於尊也，父卒而在則無辭，適孫則有適子，辭者與見無。〕辭。〔庶孫子猶無辭雖也。君有勞也，士妻之大夫。〇〔食〕音嗣。食國文君食母子同，三年賜力報其反家。〕食子者三年而出，見於公宮則劬。大夫之子有食母，士之妻自養其〔服。選所謂乳母也，中襄。〕子。〔使賤人不敢也。〇〔旬〕均聲當之爲。〕大夫之子有食母，〔旬音均。〇〕由命士以上及大夫之子旬而見。〔誤也。既見有時，適妾同人，時君生也，子易說卦坤爲均，今生亦先或後作見。〕冢子未食而見，必執其右手；適子庶子已〔旬音均。〇冢子未食而見，必執其右手。適子庶子已食。〕而見，必循其首。〔異。天子諸侯尊，未食已食，別世子適子雖庶，同子之義也，則〔俞〕然俞。〕能食食，教以右手；能言，男唯女俞，男鞶革，女鞶絲，〔也。鞶，裂與。詩云盛帨巾如屬，紀子帛名裂繒字難緣，今之異則意是。〕〔鞶〕步干反。〇〔食〕音嗣。〔屬〕音唯。列于癸〔實同地。干反。〕六年，教之數與方名。〔東西名。〕七年，男女不同席，不共食，〔別也。其八年出入門戶別蚤也。〕八年，出入門戶及即席飲食，必後長者，始教之讓。〔示以廉恥聰。〕九年，教之數日。〔朔望與六甲也。〇〔數〕所主反。〕十年，出就外傅，居宿於外，學書計。

衣不帛襦袴。禮帥初。朝夕學幼儀。請肄簡諒。
帥，循也。不用帛為襦袴，為大溫傷陰氣也。禮帥初，所為也。肄，習也。諒，信也。請習簡諒，謂習書信應對之言也。○[襦]音儒。[袴]苦故反。[肄]以二反。

十有三年學樂誦詩舞勺。成童舞象學射御。
先學勺，後學象，文武之次也。成童，十五以上。

二十而冠。始學禮。可以衣裘帛。舞大夏。惇行孝弟。博學不教。內而不出。
大夏，樂之文武備者也。內而不出，謂居內也，慮也。○[冠]古亂反。[衣]既反。[行]如字，又從下之孟謀。

三十而有室。始理男事。博學無方。孫友視志。
室猶妻也。男事，受田給政役也。孫，順也。順，趨也。友猶常也，視其所志也。至此學無常，在志。○[孫]音遜。

四十始仕。方物出謀發慮。道合則服從。不可則去。
物猶事也。○[去]如字。方猶常也。

五十命為大夫。服官政。
統一官之政也。

七十致事。
致其事於君而告老也。

凡男拜尚左手。
左，陽也。

女子十年不出。
居內也。

姆教婉娩聽從。
婉謂言語也。娩之言媚也，媚謂容貌也。○[婉]紆晚反。[娩]音晚，媚謂。

執麻枲。
[枲]思里反。

治絲繭。織紝組紃。學女事以共衣服。
○[紝]女金反。[組]音祖。[紃]音巡，他刀反。[共]音恭。

觀於祭祀。納酒漿籩豆菹醢。禮相助奠。
○[相]息亮反。而知。

十有五年而笄。
笄，謂應年許嫁者，笄而字之。女子許嫁，笄而字。

二十而嫁。有故。二十三年而嫁。
其未許嫁，二十則笄。故，謂父母之喪。

聘則為妻。
聘，問也。妻之言齊也，以禮見問，則得與夫敵體。

奔則為妾。
妾之言接也，聞彼有接，走而往焉，或得接見於君子也。

凡女拜尚右手。
右，陰也。

天子玉藻，十有二旒，前後邃延，龍卷以祭。〔服之以祭先王也。藻，天子以五采藻爲旒，旒十有二。延，晃上覆也。前後邃延者，言皆出晃前後而垂也。天子齊肩。玄表者，纁裏。龍卷，畫龍於衣。字，又或作袞。○旒，音力求反。袞，音古本反。延，如字，餘戰反。卷，音權。〕玄端而朝日於東門之外，聽朔於南門之外，閏月則闔門左扉，立于其中。〔端，當爲晃，字之誤也。玄衣而晃，晃服也。天下諸侯於朝。日，春分之時也。東門、南門，皆謂國門也。南門之外，晃服之，天子朝。廟及路寢，皆如朝堂制。明堂在國之陽。每月就其時之廟而聽朔焉。〕皮弁以日視朝，遂以食，日中而餕，奏而食，日少牢，朔月大牢。〔皮弁，下天子也。餕，食朝之餘也。奏樂以食。食，日中而餕。日少牢，朔月大牢。〕五飲，上水、漿、酒、醴、酏。〔上，水漿也。酒、醴、酏。〕卒食，玄端而居。〔玄端，天子燕居之服也。〕動則左史書之，言則右史書之。〔其書，春秋之志尚存者。〕御瞽幾聲之上下。〔察其哀樂。瞽，樂人也。御，侍也。幾，猶察也。〕年不順成，則天子素服，乘素車，食無樂。諸侯玄端以祭，裨冕以朝，皮弁以聽朔於大廟，朝服以日視朝於內朝。〔裨冕，公袞，侯伯鷩，子男毳也。朝，朝天子也。○袞，古本反。鷩，必列反。毳，昌銳反。〕朝，辨色始入。君日出而視之，退適路寢聽政，使人視大夫，大夫退然〔朝服，朝門外之玄端，朝服素裳也。○辨，如字，又扶免反。〕後適小寢釋服。〔小寢，燕寢也。釋服，服玄端也。〕又朝服以食，特牲三俎，祭肺。〔三俎，豕、魚、臘。祭肺，食必祭，示有先也。〕夕深衣，祭牢肉。朔月少牢，五俎，四簋。〔夕異於始殺也。天子言始殺，諸侯言殺。日中食，羊與腸胃一。互相挾言。○朔月四簋。〕四簋。〔簋，五。則黍、稷、稻、粱，各一簋也。朔月四簋而已。〕子卯稷食菜羹。〔忌日貶也。○食，音嗣。〕夫人與君同庖。〔不特殺也。〕君無故不殺牛，大夫〔故，謂祭饗之屬。〕無故不殺羊，士無故不殺犬豕。〔故，謂祭饗之屬也。〕君子遠庖廚。〔遠，聲也。○遠，于萬反。〕凡有血氣之類弗身踐也。〔踐，當爲翦，猶殺也。○踐，翦淺反。〕至于八月不雨，君不舉。〔此爲旱變，未至爲災。〕年不順成，君衣布搢本。〔建，未也。此謂旱而未能成。○年不順成。〕關〔皆凶年變也。〕梁不租，山澤列而不賦，土功不興，大夫不得造車馬。〔年變也。君去衣斑布者，佩謂士若衛也。文公以大布之衣、大帛之冠，是也。士以竹箭爲笏飾也。本言以遮列也。關梁雖不租，此猶周禮之也。殷則關，得非時譏而不征也。不造謂列。○斑，他頂反。搢，音箭，又如字。荼，音舒。丘呂反。〕卜人定龜，史定墨，君定體。〔卜人定龜，謂靈龜，射之。史定墨，視北也。君定體，視北所得也。日，視體，王其無害。周公。○射，音亦。屬所當用者。〕君羔幦虎犆，〔幦，謂幦緣覆笭也。此君齊車之飾。犆，讀皆如直道而行之直。○幦，音覓。犆，音直，下同。緣，尹絹反，下同，後皆同。〕大夫齊車鹿幦豹犆，朝車。士齊車鹿幦豹犆。〔齊車之朝車，與君同飾。○齊，側皆反。放此，下同。〕君子之居恒當戶，〔鄉寢。〕寢恒東首。〔首，生氣也。○首，手又反。〕若有疾風迅雷甚雨，則必變，雖〔敬天之怒也。○迅，音峻。〕夜必興，衣服冠而坐，〔敬天之怒也。〕日五盥沐稷而靧粱，櫛髮晞用象櫛，進禨進羞，工乃升歌。浴用二巾，上絺下綌。出杅，履蒯席，連用湯。履蒲席，衣布晞身，乃屨進飲。將適公所，宿齊戒，居外寢，沐。史進象笏，書思對命。既服，習容觀玉聲，乃出。揖私朝，煇如也，登車則有光矣。天子搢珽，方正於天下也。諸侯荼，前詘後直，讓於天子也。大夫前詘後詘，無所不讓也。

侍坐則必退席，不退，則必引而去君之黨。登席不由前，為躐席。徒坐不盡席尺。讀書，食，則齊，豆去席尺。若賜之食，而君客之，則命之祭，然後祭。先飯辯嘗羞，飲而俟。君命之羞，羞近者。命之品嘗之，然後唯所欲。凡嘗遠食必順近食。

君未覆手，不敢飧。君既食，又飯飧。飯飧者，三飯也。君既徹，執飯與醬，乃出授從者。凡侑食，不盡食。食於人不飽。唯水漿不祭，若祭為已僭卑。君若賜之爵，則越席再拜稽首受，登席祭之，飲卒爵。而俟君卒爵，然後授虛爵。君子之飲酒也，受一爵而色洒如也，二爵而言言斯，禮已三爵而油油以退。退則坐取屨，隱辟而后屨，坐左納右，坐右納左。

凡尊必上玄酒，唯君面尊，唯饗野人皆酒。大夫側尊用棜，士側尊用禁。始冠，緇布之冠也，自諸侯下達，冠而敝之可也。玄冠朱組纓，天子之冠也。緇布冠繢緌，諸侯之冠也。玄冠丹組纓，諸侯之齊冠也。玄冠綦組纓，士之齊冠也。冠言齊時所服也。○齊側皆反。四命以上，其齊祭異。

縞冠玄武，子姓之冠也。謂古者父有喪服，子為之不純吉也。縞，生絹也。武，冠卷也。○縞音杲。純之閏反。

縞冠素紕，既祥之冠也。紕，緣邊也。祥，謂大祥。○紕，匹夷反。紕緣之也。

垂緌五寸，惰游之士也。惰游，罷民也。燕居則垂緌，以為飾。○緌，耳隹反。惰，徒臥反。

玄冠縞武，不齒之服也。玄冠，齊冠也。縞武，既祥之冠也。恥有慙德，不與人齒列，故為此服。

居冠屬武，自天子下達，有事然後緌。屬，猶著也。天子以下，至於士，其居家之冠皆屬武。有事，謂朝祭之時。○屬音燭。

五十不散送，親沒不髦，大帛不緌。散送，謂散麻帶送喪也。髦，象幼時剪髮為飾。大帛，謂大帛冠也。○散，悉但反。髦音毛。

玄冠紫緌，自魯桓公始也。始僭宋王者之後，服之也。

朝玄端，夕深衣。謂燕居。朝，朝夕也。

深衣三袪，縫齊倍要，衽當旁，袂可以回肘。三袪者，謂要中之數也。袪，袖口也。齊，謂裳下緝也。倍要，豐下也。袂二尺二寸，袪尺二寸。○袪，丘於反。齊音咨。肘，竹九反。

長中繼揜尺。其為長衣、中衣，則繼袂揜一尺。○袂，彌世反。揜，於檢反。

袷二寸，袪尺二寸，緣廣寸半。袷，曲領也。緣，袼邊也。○袷音劫。緣，悅絹反。

以帛裹布，非禮也。衣中用布，則衣表亦宜用布。士之衣，當用繒絲之染者。○裹音果。

士不衣織。織，染絲織之，士之衣，當染繒染也。

無君者不貳采。謂去國之臣也。采，色也。不貳采，不雜也。

衣正色，裳間色。正謂青、赤、黃、白、黑五方正色。不以間色為褻服。

非列采不入公門，振絺綌不入公門，表裘不入公門，襲裘不入公門。列采，正服也。振，讀為袗。絺綌，葛也。表裘、襲裘，皆褻瀆也。○振之刃反。絺，勑知反。綌，去逆反。

纊為繭，縕為袍，襌為絅，帛為褶。纊，今之新綿也。縕，今之纊及舊絮也。衣有著者名繭，衣無著者名袍。襌，無裏衣也。帛為褶，今之袷衣也。○纊，苦曠反。縕，紆粉反。絅音扃。褶，徒協反。

朝服之以縞也，自季康子始也。諸侯視朔之服，用皮弁服，而季康子以素縞之衣為之，非禮也。

孔子曰：朝服而朝，卒朔然後服之。言諸侯視朔畢，反路寢，釋去朝服，服玄端以聽朔之事。○朔，蘇各反。

曰：國家未道，則不充其服焉。未道，謂未合於文、武之道者。充，猶備也。

唯君有黼裘以誓省，大裘非古也。黼裘，以黼皮雜狐白為裘也。誓省，誓戒田獵之事。大裘，黑羔裘，祭天所服。○黼音甫。省，息典反。

君衣狐白裘，錦衣以裼之。君衣狐白毛之裘，則以素錦為衣覆之，使可裼也。狐白，狐腋下之皮，其毛白。○裼音錫。

君之右虎裘，厥左狼裘。尊衞君者，服猛以威敵也。○厥，居月反。

士不衣狐白。辟君也，少者為尊也。○辟音避。

君子狐青，玄綃衣以裼之；君子，大夫、士也。綃，綺屬也。染之以玄，故曰玄綃衣。狐青，青狐之裘也。

麛裘青豻褎，絞衣以裼之；豻，胡犬也。絞，蒼黃之色也。孔子曰：素衣麛裘。○麛音迷。豻，胡旦反。褎音袖。絞，古卯反。

羔裘豹飾，緇衣以裼之；豹飾，豹皮為袖緣。

狐裘黃衣以裼之。黃衣，大蜡時臘先祖之服也。黃衣、狐裘，所以息老物也。

錦衣狐裘，諸侯之服也。用錦衣為裼，諸侯之服，非大夫、士之服也。

犬羊之裘不裼，不文飾也不裼。裘之裼也，見美也。庶人無文飾，亦無裼也。裼之者，見裘之美。○見賢遍反。

弔則襲，不盡飾也。喪主於哀，不盡飾也。

君在則裼，盡飾也。君在則裼，盡飾，以見美為敬。君子於其所尊，盡飾。

飾也。服之襲也，充美也。是故尸襲，執玉龜襲，無事則裼，弗敢充也。

笏：天子以球玉，諸侯以象，大夫以魚須文竹，士竹本象，可也。見於天子與射，無說笏。入大廟說笏，非古也。小功不說笏，當事免則說之。執笏於朝，弗有盥矣。凡有指畫於君前，造受命於君前，則書於笏。笏，畢用也。笏度二尺有六寸，其中博三寸，其殺六分而去一。

終辟。大夫素帶辟垂，士練帶率下辟。居士錦帶，弟子縞帶，并紐約用組。

韠：君朱，大夫素，士爵韋。圜殺直。天子直，公侯前後方，大夫前方後挫角，士前後正。

韠下廣二尺，上廣一尺，長三尺，其頸五寸，肩革帶博二寸。大夫大帶四寸。雜帶，君朱綠，大夫玄華，士緇辟二寸，再繚四寸。凡帶有率無箴功。

一命縕韍幽衡，再命赤韍幽衡，三命赤韍蔥衡。天子素帶朱裏終辟。

王后禕衣，夫人揄狄。三寸，長齊于帶。紳長制，士三尺，有司二尺有五寸。子游曰：參分帶下，紳居一焉。紳韠結三齊。命屈狄，再命褘衣，一命襢衣，士褖衣。唯世婦命於奠繭，其他則皆從男子。

臣。大夫次之。士次其妻以
鄉大夫分為三等，其妻以
侯伯子男之臣也。公鄉為之上。孤夫為次上。
之士次之。大夫次之。士次其妻以次受此服也。
曲〔禮〕之椽。或為稅。○〔屈〕音闕。〔褕〕居六反。音又
六反。戰反。吐亂反。注作稅。音六反。唯世婦

命婦其他則皆從男子。奠獻也。屈狄諸侯夫人亂
奠繭其他則皆從男子。奠事猶畢獻也。凡婦及世命之已以下
其妻得服其服矣。夫人自君命屈及狄至侯此之亦夫人在是其宜位。
則妻得服其服矣。夫人自入君命屈及狄至此之亦人脫夫在在是其宜位。
擔承狄夫人凡侍於君紳垂足如履齊頤霤垂拱視下而
聽上視帶以及袷聽鄉任左。緝紳也垂。袷則交磬
聽上視帶以及袷聽鄉任左。緝也。袷則交領折也。齊裳音下
業〔鬮〕力救反〔袷〕居凡君召以三節二節以走一節以
各〔鬮〕力救反〔鄉〕許亮反。居凡君召以三節二節以走一節以
趨持一所以周禮曰信鎮輔圭君命也使其餘未聞急則今漢二使緩者則
趨持所以周禮曰信鎮輔圭君以命也守使其餘召臣聞急則今漢二使緩者則
擔節。○〔使〕上音使其召未聞急則

中規〔還〕反行也。宜圜〔齊〕疾反齊之私趨齊門外〔徵〕音止〔中〕丁仲反往在左。
古之君子必佩玉于此士德瑪上君右徵角左宮羽
古之君子必佩玉于此士德瑪上君右徵角左宮羽
公諱無私諱辟公諱若君之言者名者下教學臨文不諱知者未
名士與大夫言名士字大夫辟君所名大夫所有
士於尊者先拜進面答之拜則拜送見士御
士於君所言大夫沒矣則稱諡若字
來也。○拜辟大夫辟出士辟
朝楚〔辟〕音士辟也。謂
執楚治撥事處者也。官。

則揚之然後玉鏘鳴也。揖之謂小之謂見於於後見也。鏘聲貌○〔鏘〕
中規〔還〕音行旋下宜同。折還中矩宜曲折方行也。進則揖之退

<hr>

侍食於先生異爵者後祭先飯扶謙也。晚反。○〔飯〕客祭主人
衰幼少不備禮也雖不絢履頭節免○深衣無麻往始事見音現
不麻無事則立主人之北南面見先生從人而入
不麻無事則立主人之北南面見先生從人而入
○是宜承以四緘功〔肆〕無絢〔絢〕其無麻往始〔見〕音現
收之走則擁之也肆讀為肄謂執肄勞辱之事也。餘在組
收之走則擁之童子不裘不帛不屨絢無緦服聽事
緇布衣錦緣錦紳并紐錦束髮皆朱錦也。童子之飾也。未冠
而綦組綬理謙者不此德取亦可循而無象為文童子之節也
純組綬公侯佩瑜玉而綦組綬士佩瓀玟而縕組綬
玄組綬世子佩山玄玉而朱組綬大夫佩水蒼玉而
玉不去身君子於玉比德焉居則設佩朝則結佩齊則結佩而爵韠而
玉是以非辟之心無自入也由也在亦斌反自
〔鏘〕遍七羊下反同見故君子在車則聞鸞和之聲行則鳴佩

辭曰不足祭也。〔人祭之者盛主。客殽主人辭以〕主人自置其醬則客自徹之。〔食也。○疏之言孫。音孫〕一室之人非賓客一人徹。〔壹事猶聚食也。為〕食之人一人徹。〔赴聚食也。恭〕凡燕食婦人不徹。食棗桃李弗致于核。〔禮備也。〕瓜祭上環食中弃所操。〔刀忖也。○操七反。本反〕凡食果實者後君子。〔悉薦火齊不得細也。才反。○〕者先君子。〔備〕有憂者。〔非此其下絕也。士〕勤者有事則收之走則擁之。〔樂賜為也。非君賜不賀。〕有慶非君賜不賀。

孔子食於季氏不辭不食肉而飱。〔用此補脫重。又直龍○重直〕君賜車馬乘以拜賜衣服服以拜賜。〔者謂歸卿必大〕君賜稽首據掌致諸地。〔左致手首覆於〕君未有命弗敢即乘服也。〔饌以非其禮待忌。及〕之賜弗再拜。〔受輕又也。拜受於重賜其賜室者。〕凡獻於君大夫使宰士親皆再拜稽首送。〔服命之乃〕同日。〔慎於尊卑於〕之賜弗再拜。膳於君有葷桃茢於大夫去茢士去葷皆造於膳宰。〔膳美食也。葷辛菜辟凶邪也。茢帚也。去造用葷膳桃茢宰士〕列。〔既致命而授之葷或作造七煮報。○葷許云吐○桃茢起之呂反。去葵反剞〕親拜為君之荅己也。〔不敢變動至尊于篇動〕士待諾而退又拜弗荅拜。〔告小臣大夫受大夫拜便辟之也。〕大夫親賜士士拜受又拜於其室衣服。〔音又避反下同下同辟〕

弗服以拜。〔異。其於家惠也。所謂再拜受又拜也。就拜於敵者不在拜於〕其室。〔見謂來時不見往也。凡於尊者有獻而弗敢以聞。〕夫不承賀下大夫於上大夫承賀。〔貨此謂於獻君辭則也。少日致儀曰賓君將適他司若是其類也。○不敢變賀曰勤尊反事〕父拜之。〔此謂天地周禮王祀昊天上帝兵帝則玉路或曰天乘玉路車則〕不褋乘路車不式。〔服謂大裘而晃禮不充○崇者曲服〕父命呼唯而不諾手執業則投之食在口則吐之走而不趨。〔反至又以。○唯于癸反〕武不乘車不式。〔親齊色容不盛此孝子之〕親老出不易方復入不過時。〔親老出不易方復〕疏節也。〔其不信己所憂母也。易反方。○〕能讀父之書手澤存焉爾母沒而桮圈不能飲焉口。〔王言非至孝行不能正病屨。物忍起權地之類○桮〕澤之氣存焉爾。〔澤之氣存焉爾。屈杯子所見親之戶器〕君入門介拂闑大夫中棖與闑之間士介拂棖。〔支音支○以尼〕拂棖。〔夾此謂大兩夫君相介士介也。根行門〕賓入不中門不履閾。〔迎聘客擯者尊古八反。又然○先。結○闑魚列反。行戶反。剛直反。〕履閾。〔客辟尊也。從也。○閾此謂域門限○闑音域〕公事自闑西私事自闑東。〔自闑東也。觀面也。〕君與尸行接武大夫繼武士中武。〔者半迹半迹。尊半迹也。徐趨皆用是○武迹相〕自闑東。〔士中武容迹。闑徐趨皆用是〕徐趨皆用是。〔君如與大夫士尸行之徐徐節也。疾〕履閾。〔也反〕趨則欲發而手足毋移。〔謂疾起趨謂宜行移之。言靡遲也自若發毋〕士待諾而退又拜弗荅拜。大夫親賜士士拜受又。

圈豚行，不舉足，齊如流。○數，色角反。迻，羊爾反。轉圈也，孔子言執若主則然，此不徐趨也，不舉足曳踵，則衣之齊如流也。○圈，舉遠反，又去阮反。席上亦然。端行，頤霤如矢。弁行，剡剡起屨。執龜玉，舉前曳踵，蹜蹜如也。○著。蹜，色六反。凡行容惕惕，○惕，音傷。廟中齊齊，○齊貌。朝廷濟濟翔翔。○翔，本又作洋，音詳。君子之容舒遲，見所尊者齊遫。○遫，音速。足容重，遲也。手容恭，正高且。目容端，睇大視反也。○口容止，不妄動也。聲容靜，厭不噦。頭容直，顧不傾也。氣容肅，似不息也。立容德，守如得有予也，徐音置。色容莊，戰色如。坐如尸，敬慎也，尸居神位。燕居告溫溫，云告謂教使人也。凡祭，容貌顏色如見所祭者。人如在，親此其。喪容纍纍，貌羸憊也。色容顛顛，憂思貌，又丁年反。○顛，音嗣田反。○視容瞿瞿梅梅，視不審貌，又作目。○言容繭繭，繭，古典反，聲氣微也。○戎容暨暨，貌果毅也。言容詻詻，詻，五格反。色容厲肅，貌儀形也。視容清明，察也。○立容辨卑毋諂，辨讀為貶，自貶身以有卑下，謂磬折也。頭頸必中，直頸。山立時行，不動也。盛氣顛實揚休，顛讀之誤為闐，揚讀為陽，盛身中之陽。玉色，變也。凡自稱，天子曰予一人，

伯曰天子之力臣。者伯。○上。陝，九侖反。陝，失冉反。諸侯之於天子曰某土之守臣某，其在邊邑曰某屏之臣。邊邑謂九州之外。其於敵以下曰寡人，小國之君曰孤，擯者亦曰孤。○守，手又反。上大夫曰下臣，擯者曰寡君之老。下大夫自名，擯者曰寡大夫。世子自名，擯者曰寡君之適。○適，丁歷反。適，賢遍反。公子曰臣孽。孽，當為枿，聲之誤，又五列反。○士曰傳遽之臣，於大夫曰外私。臣傳遽以大車馬者曰給使人也。○傳，陝戀反。遽，其庶反。大夫私事使，私人擯則稱名。君命事私使，謂以私行非聘也，若魯成公時晉侯使韓穿來言汶陽之田歸之于齊之類。○使，色吏反。公士擯則曰寡大夫、寡君之老。大夫有所往，必與公士為賓也。聘謂大聘使上大夫，小聘使下大夫，公士為賓謂作介也。○賓，必刃反。

玉藻

與國于氏改正本

天子玉藻，至，其殺六分而去一。諸屬本以此而下，素帶終辟……

凡帶有率，無箴功。肆束及帶，勤者有事則收之，走則擁之。（諸本此三句在「皆朱錦也」之下，亦因注承「無箴功」，遂附焉。）韠，君朱，大夫素，士爵韋。圜、殺、直，天子直，公侯前後方，大夫前方後挫角，士前後正。韠下廣二尺，上廣一尺，長三尺，其頸五寸，肩革帶博二寸。一命縕韍幽衡，再命赤韍幽衡，三命赤韍蔥衡。王后褘衣，夫人揄狄，君命屈狄，再命褘衣，一命襢衣，士褖衣。唯世婦命於奠繭，其他則皆從男子。凡侍於君，紳垂，足如履齊，頤霤，垂拱，視下而聽上，視帶以及袷，聽鄉任左。凡君召以三節，二節以走，一節以趨。在官不俟屨，在外不俟車。士於大夫，不敢拜迎而拜送。士於尊者先拜進面，答之拜則走。士於君所言大夫沒矣，則稱諡若字，名士與大夫言，名士字大夫。於大夫所，有公諱無私諱。凡祭不諱，廟中不諱，教學臨文不諱。古之君子必佩玉，右徵角，左宮羽。趨以采齊，行以肆夏，周還中規，折還中矩，進則揖之，退則揚之，然後玉鏘鳴也。故君子在車則聞鸞和之聲，行則鳴佩玉，是以非辟之心無自入也。君在不佩玉，左結佩，右設佩，居則設佩，朝則結佩，齊則綪結佩而爵韠。凡帶必有佩玉，唯喪否。佩玉有衝牙。君子無故，

玉不去身，君子於玉比德焉。天子佩白玉而玄組綬，公侯佩山玄玉而朱組綬，大夫佩水蒼玉而純組綬，世子佩瑜玉而綦組綬，士佩瓀玟而縕組綬。孔子佩象環五寸而綦組綬。童子之節也，緇布衣，錦緣，錦紳並紐，錦束髮，皆朱錦也。童子不裘不帛，不屨絇，無緦服，聽事不麻，無事則立主人之北南面。見先生從人而入。侍食於先生，異爵者，後祭先飯。客祭，主人辭曰：「不足祭也。」客飧，主人辭以疏。主人自置其醬，則客自徹之。一室之人非賓客，一人徹。壹食之人，一人徹。凡燕食，婦人不徹。食棗桃李，弗致于核。瓜祭上環，食中棄所操。凡食果實者後君子，火孰者先君子。有慶，非君賜不賀。（此句下，諸本除去此。）（有憂者至「擁之」三句，蓋已見于「肆束及帶」之下矣。）孔子食於季氏，不辭，不食肉而飧。君賜車馬，乘以拜賜；衣服，服以拜賜；君未有命，弗敢即乘服也。君賜，稽首據掌致諸地。酒肉之賜，弗再拜。凡賜，君子與小人不同日。凡獻於君，大夫使宰，士親，皆再拜稽首送之。膳於君有葷桃茢，於大夫去茢，於士去葷，皆造於膳宰。大夫不親拜，為君之答己也。大夫拜賜而退，士待諾而退，又拜弗答拜。大夫親賜士，士拜受，又拜於其室。衣

服弗服以拜敵者不在拜於其室凡於尊者有獻
而弗敢以聞士於大夫不承賀下大夫於上大夫
承賀〔至篇終皆如諸本〕

明堂位第十四　鄭氏註

昔者周公朝諸侯于明堂之位〔周公攝王位，以明堂之禮儀朝諸侯也。不於宗廟，辟王也。○辟音避。〕天子負斧依南鄉而立〔負之言背也。依，扆也。為斧文屏風於戶牖之間，周公於前立焉。○依音扆，戶牖反。〕三公中階之前北面東上諸侯之位阼階之東西面北上〔位，所朝位也。〕諸伯之國西階之西東面北上諸子之國門東北面東上諸男之國門西北面東上〔此門謂應門也。〕九夷之國東門之外西面北上八蠻之國南門之外北面東上六戎之國西門之外東面南上五狄之國北門之外南面東上〔此周之所服國數也。〕九采之國應門之外北面東上〔九采，九州之牧，典貢職者也。朝位之上，上近正門，謂之應門。二伯帥也。〕四塞世告至〔四塞，謂夷服、鎮服、蕃服也。此服其君世壹見。新君即位則來朝。侯服歲壹見，甸服二歲壹見，男服三歲壹見，采服四歲壹見，衛服五歲壹見，要服六歲壹見，九州之外謂之蕃國，世壹見。〕此周公明堂之位也明堂也者明諸侯之尊卑也〔言諸侯見于此者，朝位尊卑各有別也。○見賢遍反。〕

昔殷紂亂天下脯鬼侯以饗諸侯〔紂醢鬼侯以享諸侯，欲怖之。〕是以周公相武王以伐紂武王崩成王幼弱周公踐天子之位以治天下六年朝諸侯於明堂制禮作樂頒度量而天下大服〔踐，猶履也。頒讀為班。度，丈尺，高卑也；廣狹也。量，謂斗斛筐筥所容受。○區音嶇。〕七年致政於成王〔致政，以王事歸授之。〕成王以周公為有勳勞於天下〔王功曰勳，事功曰勞。〕是以封周公於曲阜地方七百里革車千乘。曲阜，魯地上。公之封地方五百里，加魯以四等之封地方，附之庸，方七百里者，革車，兵車也。五五二十五，成國之賦也。詩魯頌曰：王謂叔父，建爾元子，俾侯于東，錫之山川，土田附庸，又為周室輔。乃命魯公世世祀周公以天子之禮樂。之同。

是以魯君孟春乘大路，載弧韣，旂十有二旒，日月之章，祀帝于郊，配以后稷，天子之禮也。蒼帝靈威仰也。○帝，音帝。韣，音獨。旂畫天子之殿，張幅也。其始郊日以至，大路，殷之路也。弓衣也。衣上帝也。朱英綠縢，千乘。

二旒，日月之章，祀帝于郊，配以后稷，天子之禮也。季夏六月，以禘禮祀周公於大廟，牲用白牡，尊用犧象山罍，鬱尊用黃目，灌用玉瓚大圭，薦用玉豆雕篹，爵用玉琖仍雕，加以璧散璧角，俎用梡嶡，升歌清廟，下管象，朱干玉戚，冕而舞大武，皮弁素積，裼而舞大夏，昧，東夷之樂也，任，南蠻之樂也，納夷蠻之樂於大廟，言廣魯於天下也。

季夏，建巳之月也。禘，大祭也。周公曰大廟，魯公曰世室。犧尊，酒器也。犧，沙羽為鳳凰尊，以沙羽為畫飾。白牡，殷牲也，祭也。象，骨飾如樂容之五升，以大器。圭也。黃目，黃彝也。灌，酌鬱圭瓚，以大圭為柄，是謂灌酌鬱鬯，以圭瓚薦籩。因也，因爵。篹，以竹為之，雕刻之飾也。直加者，加也。爵，爵君所進，皆於尸。璧也，仍，散角皆於尸。璧飾仍。清廟，周頌也。下管象，播之以管，有四足也。朱干，赤盾也，嚴大之盾也。戚，斧也。冠象名謂。冕師而掌教如昧，王樂之詩曰以大雅以武以周舞以南以。諸公之服。自周禮，卷冕以雅南舞，大夏。不祖管，廣大也，側眼反。○犧，素何反。爵名，散，先旦才反，贊梡，苦管反，緵，息錣反。虞沮名，嚴居衛反，卷，古本反。沮下同，裼先激反，昧，音妹，又音妹，則念，任平聲。

君

<hr/>

卷冕立於阼，夫人副褘立於房中。君肉袒迎牲於門，夫人薦豆籩，卿大夫贊君，命婦贊夫人，各揚其職。百官廢職，服大刑，而天下大服。是故，夏礿秋嘗冬烝春社，秋省而遂大蜡，天子之祭也。大廟，天子明堂，庫門，天子皋門，雉門，天子應門。振木鐸於朝，天子之政也。山節藻棁，復廟重檐，刮楹達鄉，反坫出尊，崇坫康圭，疏屏，天子之廟飾也。鸞車，有虞氏之路也。鉤車，夏后氏之路也。大路，殷路也。乘路，周路也。有虞氏

者追之後，掌夫王人后之首服，諸侯為副褘。以命婦佐於世婦人則揚婦也，於大於刑外重罪也，夫人天之下妻大也。人服知祀周世公婦。之德宜饗。丁○禪，此音輝反，祖此反。○礿，音藥。社。秋仙祭，薙戔祀仕蜡。歲十二月為獮，獮，秋田祭名之。嫁所，白祊反，音方。大廟，天子明堂，廟及有庫如雉路於諸侯則三天子與庫高。必天以子木鐸發令。山節藻棁，復廟重檐，刮。廬重，山壁畫，刻摩儒柱為藻，龍文謂夾戶牖屬。君八。屏也，康讀為阬，今棁思之，亢，刻之為高坫，亢，所受為雲氣蟲獸，如圭，今奠于上焉。八之反。○稅，專悅反。坫，丁念反。復，音福。重，音直龍反。檐，音博，又占反。刮，古麥反。稃，音浮。

鸞車，有虞氏之路也。鉤車，夏后氏之路也。大路。殷路也。乘路，周路也。鸞有路也，鸞木路也，乘路鉤有曲輿，漢者也，大天。乘，殷之路也，今謂之桑根車也。春秋傳曰。路素，鸞或為欒也。○鉤，古侯反。乘，食證反。

有虞氏

之旅。夏后氏之綏，殷之大白，周之大赤。

夏后氏駱馬黑鬣，殷人白馬黑首，周人黃馬蕃鬣。

夏后氏牲尚黑，殷白牡，周騂剛。

泰，有虞氏之尊也。山罍，夏后氏之尊也。著，殷尊也。犧象，周尊也。

爵，夏后氏以琖，殷以斝，周以爵。

灌尊，夏后氏以雞夷，殷以斝，周以黃目。

其勺，夏后氏以龍勺，殷以疏勺，周以蒲勺。

土鼓、蕢桴、葦籥，伊耆氏之樂也。

拊搏、玉磬、揩擊、大琴、大瑟、中琴、小瑟，四代之樂器也。

魯公之廟，文世室也。武公之廟，武世室也。

米廩，有虞氏之庠也。序，夏后氏之序也。瞽宗，殷學也。頖宮，周學也。

崇鼎、貫鼎、大璜、封父龜，天子之器也。

越棘、大弓，天子之戎器也。

夏后氏之鼓足，殷楹鼓，周縣鼓。

垂之和鐘，叔之離磬，女媧之笙簧。

夏后氏之龍簨虡，殷之崇牙，周之璧翣。

有虞氏之兩敦，夏后氏之四璉，殷之六瑚，周之八簋。

俎，有虞氏以梡，夏后氏以嶡，殷以椇，周以房俎。

夏后氏以楬豆，殷玉豆，周獻豆。

有虞氏服韍，夏后氏山，殷火，周龍章。

有虞氏祭首，夏后氏祭心，殷祭肝，周祭肺。

夏后氏尚明水，殷尚醴，周尚酒。

其言時尚之，非用稠耳。有虞氏五官十，夏后氏官百，殷二百，周三百。三百者，記時冬官也。周之大卿，其屬官各六十矣，則周三百者，記時也。九卿二十七大夫八十一元士，以夏二十推前，大夫官宜百六十，夏后氏宜時。昏義曰：天子立六官，三公云。此三公云。十百不二十，殷宜記二百四十，得如此宜記二百四十也。

有虞氏之綏，夏后氏之綢練，殷之崇牙，周之璧翣。綏，亦旌旗之游。殷又刻繒為崇牙，以杠飾其練。綏之旒，殷。又刻繒為崇牙，以練飾其練。璧翣為之，亦旌旗之旒，殷。又刻繒為夏崇牙，以杠飾其練。及娶，亦飾彌喪葬之也。御僕持娶旌，從遣車。娶娶夾柩路。大夫四，左右前後，天子八娶，皆戴璧，垂羽，諸侯六娶，娶皆戴圭。大夫四，前後。天子二于八娶，皆戴綏。孔子之喪，公西赤為志，亦用此。日素錦綢杠之喪，繡白㲚，素赤升龍，於亦用此旐九。○〔綏〕耳。雅說旌旗佳。

〔綢〕才用吐反。〔遣〕弃戰反。又音籑反。刀。從，才反。凡四代之服、器、官，魯兼用之，是故魯，王禮也，天下傳之久矣。君臣未嘗相弒也，禮樂、刑法、政俗未嘗相變也，天下以為有道之國，是故天下資禮樂焉。蓋王禮，天下傳世也。春秋時魯三取弒也，君弒也。又此士之相弒誅，政俗由莊公始，而婦人亦近而訕謗矣，或資為飲。云君臣未嘗相弒也，禮樂、政俗未嘗相變也，禮樂。

〔力〕音軌反。〔臺〕音朗。

禮記卷第九

禮記卷第十

喪服小記第十五　　鄭氏註

斬衰括髮以麻。為母括髮以麻，免而以布。（母服輕，至免可以布，代麻也。為母又哭而免。○衰音催，下同。為，去聲。免音汶，篇內同。○齊音資。）齊衰惡笄以終喪。（喪所以自卷髮，帶所以持身也，除無變也。○齊音資，下同。）男子冠而婦人笄，男子免而婦人髽。其義，為男子則免，為婦人則髽。（別男女也。○冠，古亂反。髽，側巴反。）苴杖竹也，削杖桐也。祖父卒而後為祖母後者三年。為父母、長子稽顙。大夫弔之，雖緦必稽顙。婦人為夫與長子稽顙，其餘則否。（男主必使同姓，婦主必使異姓。）為父母、長子稽顙。為父後者為出母無服。（無服也者，喪者不祭故也。）親親以三為五，以五為九。上殺、下殺、旁殺，而親畢矣。王者禘其祖之所自出，以其祖配之，而立四廟。庶子王亦如之。別子為祖，繼別為宗，繼禰者為小宗。有五世而遷之宗，其繼高祖者也。是故祖遷於上，宗易於下。尊祖故敬宗，敬宗所以尊祖禰也。庶子不祭祖者，明其宗也。庶子不為長子斬，不繼祖與禰故也。庶子不祭殤與無後者，殤與無後者從祖祔食。庶子不祭禰者，明其宗也。

親親，尊尊，長長，男女之有別，人道之大者也。從服者，所從亡則已。屬從者，所從雖沒也服。妾從女君而出，則不為女君之子服。禮不王不禘。世子不降妻之父母，其為妻也，與大夫之適子同。父為士，子為天子、諸侯，則祭以天子、諸侯，其尸服以士服。

於卑之○[養]以尚反父爲天子諸侯子爲士祭以士其尸服以士服謂父以罪誅尸服以士服不成爲君也天子之子當封爲王者後以祀其受命之祖云爲士則擇其宗之賢者若微子者不必封其子爲王者後及所立爲諸侯者祀其先君以禮卒者尸服天子諸侯之服如遂無所封立則尸也祭也皆如士不敢僭用尊者衣物婦當喪而出則除之爲父母喪未練而出則三年既練而出則已未練而反則期既練而反則遂之當喪當舅姑之喪也出除喪絶族也再期之喪三年也期之喪二年也九月七月之喪三時也五月之喪二時也三月之喪一時也言喪之節應歲時之氣故期而祭禮也期而除喪道也祭不爲除喪也此謂練祭也禮正月存親親亡至今而期期則宜祭期天道一變哀惻之情益衰衰則宜除不相爲也三年而后葬者必再祭其祭之閒不同時而除喪再祭練祥也閒不同時者當異月也既祔明月練而祭又明月祥而祭必異月者以葬與練祥本異歲宜異時也而除喪已祥則除不禫○[禫]大感反大功者主人之喪有三年者則必爲之再祭朋友虞祔而已謂死者之從父昆弟來爲喪主有三年者謂妻若子幼少大功爲之再祭則小功緦麻爲之練祭可也士妾有子而爲之緦無子則已士卑妾無男女則不服不別貴賤生不及祖父母諸父昆弟而父稅喪己則否謂子生於外者也父以他故居異邦而生己己不及此親存時歸見之今其死於喪服年月已過乃聞之父爲之服己則否者不責非時之恩於人所不能也當其時則服稅讀如無禮則稅之稅稅喪者喪與服不相當之言○[稅]音脫又音兌下同爲君之父母妻長子君已除喪而后聞喪則不稅臣之恩輕也謂卿大夫出聘問以他故久留降而

在緦小功者則稅之謂正親在齊衰大功者正親緦小功不稅矣曾子問曰小功不稅則是遠兄弟終無服也此句補脫誤在是宜承父稅喪己則否近臣君服斯服矣其餘從而服不從而稅謂君出朝覲不時反而不知喪者近臣閽寺之屬也其餘羣介行人宰史也君雖未知喪臣服已從服者所從雖在外自若服也虞杖不入於室祔杖不升於堂哀益衰敬彌多也虞於寢祔於祖廟爲君母後者君母卒則不爲君母之黨服徒從也所從亡則已○不[爲]爲庶子爲慈爲舅爲母爲妻爲庶爲祖庶爲父爲其子爲爲衆爲出爲夫爲長室爲爲兄姑爲皆去聲經殺五分而去一杖大如經如要經也○[去]起呂反[經]大結反[要]平聲妾爲君之長子與女君同不敢以恩輕服君之正統除喪者先重者謂練男子除乎首婦人除乎帶易服者易輕者謂大喪既虞卒哭而遭小喪也其易喪服男子易乎帶婦人易乎首無事不辟廟門鬼神尚幽闇也廟殯宮○[辟]婢亦反哭皆於其次無時哭也有事則入即位復與書銘自天子達於士其辭一也男子稱名婦人書姓與伯仲如不知姓則書氏此謂殷禮也殷質不重名復則臣得名君周之禮天子崩復曰臯天子復諸侯薨復曰臯某甫復其餘及書銘則同斬衰之葛與齊衰之麻同經之大俱七寸五分寸之一帶五寸二十五分寸之十九齊衰之葛與大功之麻同經之大俱五寸二十五分寸之十九帶四寸百二十五分寸之七十六麻同皆兼服之皆者皆上二事也兼服之謂服麻又服葛也男子則經上服之葛帶下服之麻婦人則經下服之麻固自帶其故帶也所謂易服易輕者也兼服之文主於男子報葬者報虞三月而后卒哭報讀爲赴疾之赴謂不及期而葬也既葬即虞虞安神也卒哭之祭待哀殺也○[報]音赴父母之喪偕先葬者不

虞祔。待後事。其葬服斬衰。偕俱也。先葬者謂母也。曾子問曰：同月若同日，問曰死。其虞也，先重而後輕，待後事。又曰反葬奠，謂如此也。其殯遂服儳葬事。葬先也，輕而後重。猶服斬之隆，哀宜不從重也。言其父葬服斬衰，則虞祔各葬。者喪之隆，不葬不變服也。假令其葬死，服在前月，則虞祔名葬。

大夫降其庶子，其孫不降其父。以其服夫及服練祥，皆然。其卒事反服重。不祖。

大夫不主士之喪。主士之喪，雖無大功，○〔厭〕一夫妾反庶子，厭大功。

為慈母之父母無服。恩不能及。

夫為人後者，其妻為舅姑大功。

繼父不同居也者，必嘗同居。父不同居也者，必嘗同居有主後者為異居。居則同，故三月居。未嘗異居，及繼父不父服。

祔葬者不筮宅。宅，葬地也。門外之右，親門外者也。變於殯門外者也。

士大夫不得祔於諸祖姑，妾祔於諸祖姑，士則中一。以上而祔，祔必以其昭穆。士大夫者，謂公孫之為祖，公孫後之廟而祔。

大夫者，其妻祔於諸侯為士。諸侯弔士卑。

大夫不得祔於諸侯，祔於諸祖姑，妾祔於諸祖姑。士大夫者謂公得祔諸侯祔士。

以上而祔，祔必以其昭穆。別也，既卒哭，各就其。〔正〕如其先君為祖無別也。

侯不得祔於天子，天子諸侯大夫可以祔於士。敢人卑莫諸。

宗子母在為妻禫。妻宗子尊也。

為母之君母，母卒則不服。徒從也，君母所從，外祖適母則已。

為慈母後者為庶母可也，為祖庶母可也。此謂父命之，傳重而已，不命庶子與為適後。

為父母、妻、長子

禫。禫自所為也。

丈夫冠而不為殤，婦人笄而不為殤。言成人也。〇已冠古亂丈夫反同，為殤後者以其服服之。許嫁成人而不為殤，許嫁人笄，未許嫁人。以其非正祭止，春秋傳曰以其非正祭止，春秋傳止。

慈母與妾母不世祭也。以其非正，祭止於其身。

為殤後者以其服服之。之言成人之本也，親之。服以服之之本也，久而不葬者唯主喪者不除其餘以麻。

久而不葬者，唯主喪者不除；其餘以麻終月數者，除喪則已。其數不謂葬，旁親麤衰也，終麻也。

終月數者，除喪則已。其嫌不謂葬變麤衰也。

箭笄終喪三年。持者有所以除無變。自卷。齊衰三月與大功同者繩屨。

齊衰三月，與大功同者繩屨。亦杖所以異，練筮日筮尸。

司告具而后去杖。灌謂事澱，祭器散也，也。大祥吉服而筮尸。

屨。恩雖有尊卑異也。練筮日筮尸視濯皆要絰杖繩屨有。

練，筮日、筮尸、視濯，皆要絰杖繩屨，有司告具而后去杖。

司告具而后去杖。筮日筮尸，有司告事畢而后杖拜。

大祥，吉服而筮尸。卽祭事，大祥以素縞麻衣也，吉也。庶子在父之室則為其母不。

禫。在妾厭於父也。庶子不以杖即位。

子之喪則孫以杖即位可也。庶子不以杖即位，孫得伸也，祖得不厭孫也，位。父在庶子為。

妻以杖即位可也。舅不主妾之喪，於中庭北面為己哭他。不杖，諸侯弔於異國之臣。

則其君為主。君不敢當之主，弔中庭北面為己哭他。諸侯弔必。

皮弁錫衰所弔雖已葬主人必免。主人既殯之變成服也，未成服人君。養有疾者不。

亦不錫衰。喪服未成者人君謂未成服也。

喪服遂以主其喪。喪服未免者成服謂求養生者有吉惡也，其死則當以。

不易己之喪服。為入主猶其來有也，親謂來養為者主無親。素尜死者服不得而。

服之主。其為主，猶其來聲下之服。〔養〕去聲。如去素無喪非養者入主人之喪則。

服。來為主，今主死與者素當無服服則皆異。三素日無成服也。素有養尊者必易服。

養尊者必易服。

養卑者否。〔尊謂父兄。卑謂子孫之屬。〕妾無妾祖姑者，易牲而祔於女君可也。〔祔則女君適祖姑也。妾下女君一等而祔。〕婦之喪，虞卒哭，其夫若子主之。祔則舅主之。〔婦謂舅適婦庶婦也。虞卒哭祭，婦非舅事也。祔於祖姑。〕士不攝大夫，士攝大夫唯宗子。〔士不敢攝大夫。士之喪雖無大夫宜主焉者。宗子尊，可以攝主之。夫以為主。尊可以攝之。〕主人未除喪，有兄弟自他國至，則主人不免而為主。〔親質不敬也。崇，敬也。〕陳器之道，多陳之而省納之可也，省納之而盡納之可也。〔多陳之，謂賓客之就器之。省納之，謂斂之。〕奔兄弟之喪，先之墓而後之家，為位而哭。所知之喪，則哭於宮而後之墓。父不為眾子次於外。與諸侯為兄弟者服斬。下殤小功帶澡麻不絕本，詘而反以報之。婦祔於祖姑，祖姑有三人，則祔於親者。其妻為大夫而卒，而后其夫不為大夫，而祔於其妻則不易牲；妻卒而后夫為大夫，而祔於其妻則以大夫牲。〔大妻為夫。〕為父後者為出母無服。無服也者，喪者不祭故也。婦人不為主而杖者，姑在為夫杖，母為

長子削杖。女子子在室為父母，其主喪者不杖，則子一人杖。緦小功，虞卒哭則免。既葬而不報虞，則雖主人皆冠，及虞則皆免。為兄弟既除喪已，及其葬也反服其服，報虞卒哭則免，如不報，虞則除之。遠葬者比反哭者皆冠，及郊而后免，反哭。〔墓在四郊之外。〕君弔雖不當免時也，主人必免，不散麻。雖異國之君，免也，親者皆免。除殤之喪者，其祭也必玄。除成喪者，其祭也朝服縞冠。奔父之喪，括髮於堂上，袒，降踊，襲絰于東方。奔母之喪，不括髮，袒於堂上，降踊，襲免絰于東方。絰即位，成踊，出門，哭止，三日而五哭三袒。適婦不為舅後者，則姑為之小功。

大傳第十六　鄭氏註

禮不王不禘。王者禘其祖之所自出，以其祖配之。凡大祭曰禘。自，由也。大祭其先祖所由生，謂郊祀天也。王者之先祖皆感大微五帝之精以生，蒼則靈威仰，赤則赤熛怒，黃則含樞紐，白則白招拒，黑則汁光紀，皆用正歲之正月郊祭之，蓋特尊焉。孝經曰：郊祀后稷以配天，宗祀文王於明堂以配上帝。配靈威仰也。○禘，大計反。大微音泰。招，之遙反，又音韶。汁音十。諸侯及其大祖。大祖，始封之君也。○大祖音泰。大夫士有大事，省於其君，干祫及其高祖。大事，寇戎之事也。省，善也。謂君與之合祭祖禰。○省，息井反。祫音洽。壇音墠。墠音善。

牧之野，武王之大事也。既事而退，柴於上帝，祈於社，設奠於牧室。事，伐紂也。柴、祈、奠告天地及先祖也。牧室，牧野之室也。古者郊關皆有館焉。先祖者行主也。○柴，仕佳反。奠，大見反。遂率天下諸侯，執豆籩，逡奔走。曰逡。逡，疾也。走疾於在廟奔走。○言勤事。追王大王亶父、王季歷、文王昌，不以卑臨尊也。諡，文也。是著王。○早。追王于殷猶況反。為上治。○言勤。

上治祖禰，尊尊也；下治子孫，親親也；旁治昆弟，合族以食，序以昭繆，別之以禮義，人道竭矣。竭，盡也。猶，正也。繆讀為穆。別，彼列反，聲之誤也。竭同。○繆音穆。聖人南面而聽天下，所且先者五，民不與焉。且，將也。○與音預。體寧。一曰治親，二曰報功，三曰舉賢，四曰使能，五曰存愛。功，功臣也。存，察也。愛者察。五者一得於天下，民無不足、無不贍者。五者一物紕繆，紕繆猶錯也。五事得則民足。○贍，食艷反。一事失則民不贍。彌反。紕，匹彌反。民莫得其死。死，明政之難也。○贍，食艷反。聖人南面而治天下，必自人道始矣。此人道謂此五事也，事立權度量考文。

立權度量考文章，改正朔，易服色，殊徽號，異器械，別衣服，此其所得與民變革者也。權，稱也。度，丈尺也。量，斗斛也。徽號，旌旗之名也。器械，禮樂之器及兵甲也。或作禪。○量音亮。正音征。械，戶戒反。其不可得變革者則有矣：親親也，尊尊也，長長也，男女有別，此其不可得與民變革者也。此四者，人道之常。○長，丁丈反。

同姓從宗合族屬，異姓主名治際會。統言從母。同姓，父族也。主名，母、妻之名也。際會，昏禮交接之會也。○屬音燭。名著而男女有別。著，明也。○著，知慮反。亂也。○為去。其夫屬乎父道者，妻皆母道也；統言從母。其夫屬乎子道者，妻皆婦道也。小姓為首，為之宗祖，為皆同宗。取而，著。○著，知慮反。為去。謂弟之妻婦者，列言以不名也，謂遠之耳。○復謂與婦嫂者，非之。婦焉則己倫以厚別之也。○屬音燭。是嫂亦可謂之母乎？名者，人治之大者也，可無慎乎？以人正之始，所入四世而緦。其不親昆弟，男女無親，夫則之遠昆弟，比相不見，相。○為遠服。

四世而緦，服之窮也；五世袒免，殺同姓也；六世親屬竭矣。高祖昆弟五世、六世，五世以。○免外音問。盡無屬名反。殺，所戒名反。其庶姓別於上，而戚單於下，昏姻可以通乎？繫之以姓而弗別，綴之以食而弗殊，雖百世而昏姻不通者，周道然也。姓，周之禮所建者長也，庶姓繫之。姓別，正姓也，弗別謂若今宗室為正姓也。世四祖世為庶姓繫之以姓不。

服術（術猶道也。名，世母、叔母之屬也。出入，女子嫁者為首……）有六：一曰親親，二曰尊尊，三曰名，四曰出入，五曰長幼，六曰從服。從服有六：有屬從（屬，親屬也），有徒從，有從有服而無服，有從無服而有服，有從重而輕，有從輕而重。自仁率親，等而上之至于祖，自義率祖，順而下之至于禰，一輕一重，其義然也。君有合族之道，族人不得以其戚戚君位也。庶子不祭，明其宗也。庶子不得為長子三年（不繼祖也）。別子為祖，繼別為宗，繼禰者為小宗。有五世而遷之宗，其繼高祖者也。是故祖遷於上，宗易於下。尊祖故敬宗，敬宗尊祖之義也。有小宗而無大宗者，有大宗而

無小宗者，有無宗亦莫之宗者，公子是也。公子有宗道，公子之公，為其士大夫之庶者，宗其士大夫之適者，公子之宗道也。絕族無移服，親者屬也。自仁率親，等而上之至于祖，自義率祖，順而下之至于禰，是故人道親親也（言先親親故尊祖）。親親故尊祖，尊祖故敬宗，敬宗故收族，收族故宗廟嚴，宗廟嚴故重社稷，重社稷故愛百姓，愛百姓故刑罰中，刑罰中故庶民安，庶民安故財用足，財用足故百志成，百志成故禮俗刑，禮俗刑然後樂（收族，序以昭穆也。嚴父猶尊也，孝之至也。百志，人之孝志意所欲也。刑猶成也。○〔中〕丁仲反。〔樂〕音洛）。詩云：不顯不承，無斁於人斯。此之謂也（《詩·周頌·清廟》之篇。言其文王之德，且承之，不顯乎？不承乎？樂之無斁，成也。○以……〔斁〕音亦）。

少儀第十七

鄭氏註

聞始見君子者，辭曰：「某固願聞名於將命者。」（有異德者。固，如故也。將猶奉也。以名聞於奉命者，謙，遠之也。重則云君子，君子，固奉命傳辭出入，謂擯相者。大夫、士若鄉……○〔見〕下除注二「相見」「願見」皆如字，又音現。〔聞〕如字。）不得階主（階，上進之言。賓不得指斥主人，謙也）。敵者曰：「某固願見。」（於敵者當曰願見。見，謙也。）罕見曰聞名（辭……）

亟見曰朝夕。〔亟，數也。於君子朝夕。〕瞽曰聞名。〔瞽無目，以無目宜以聞名也。〕適有喪者曰比。〔比，猶比方俱給於事也。〕童子曰聽事。〔童子將適公卿之喪，則曰聽役於司徒。〔喪皆為戚，無賓主也。〕君將適他，臣如致金玉貨貝於君，則曰致馬資於有司。〔君適他國，為喪聘相見，命適者此也。童子，此某，頒俱給於事，將命童子。〕敵者曰贈從者。〔敵者禮，童子將適公卿之喪，則曰致襚於君，則曰致廢衣於賈人。〔玉府掌之。必斂以藏之。〕敵者曰襚。〔襚，衣被也。徐音遂。〕親者兄弟不以襚進。〔襚，音遂。〕臣為君喪，納貨貝於君，則曰納甸於有司。〔親者兄弟，入親者兄弟不。〕賵馬入廟門。〔賵，物贈死者。○賵，芳鳳反。〕賻馬與其幣，大白兵車不入廟門。〔以兵車革路，非盛服也。田獵即戎，伐田獵，兵車白以戰伐。○賵，芳鳳反。〕

致命坐委之，擯者舉之。〔喪事者，非尸親柩之事則有跪之。○擯，必刃反。〕主人無親受也。〔有有跪之。〕受立授立不坐。〔由便性之直者則有之矣。〕東受之，受立授立不坐。〔始入而辭曰辭矣。即席曰排闥說屨於戶內者，一人而已矣。〔雖衆敵，猶有所尊合說屨於戶外。○屨，音句。〕可矣。〔始可猶入則止，告之辭。〕戶內者一人而已矣。〔雖衆敵，猶有所尊合說屨於。○說，吐活反。〕

長在則否。〔長在，戶外。○長，丁丈反。皆同。〕亟食於某乎，問道藝曰子習於某乎，子善於某乎。〔屨問品味曰子。〕

<hr>

三人行則有中一人，使之道，六藝三德也。〔三人行，以道六藝三德。〕械物械使兵己器，亦有亦不計度者。〔械物，器也，所計度也。〕不嘗重器。〔嘗，思也，重猶大也。〕席不以驕執箕膺擖。〔膺，親謂斯，猶帚以埽前。〕不以黂執箕膺擖。〔帚，音弗。〕氾埽曰埽席前曰拚。〔埽席前曰拚拚。〕問卜筮曰義與志。〔問卜筮曰義與志。〕不疑在躬，不度民。〔不疑己身，不服也。〕不願於大家。〔之大謂富也。〕

洮頮執箕膺擖，坐而遷之。〔坐，跪也。〕手無容不翣也。〔朝夕哭，不敢故○煩，音煩。〕面垢燕見不將命。〔自不用實，或遇於道見。〕長者已躪等不敢問其年。〔躪等，恭踰等之。〕與義則可問志則否。〔大夫志私意來。〕正爾容聽必卜筮其權。〔力輟反。著，竹慮反。〕席不以驕執箕膺擖。〔膺，親謂斯。〕

右帶劍負良綏申之面拖諸膺。〔面，前也。拖，君綏也。良綏君之乘車則坐。〔中執綏謂之示。〕請執君之乘車則坐。〔君之乘車則坐。〕角長角與謂客。如獻爵則不敢辭。〔爵，酬也。〕請洗爵者行觴。〔洗，直洗爵飲之。〕坐而將命。〔坐命，者有所傳辭。〕手無容不翣也。〔手，哭時不敢煩。〕乒朝亦夕。〔琴瑟在所不用。〕則面不可以煩。〔隱則不敢問特事之可。〕燕見不將命。〔遇於道見。〕長者己躪等不敢問其年。〔長老大夫志。〕

右帶劍負良綏申之面拖諸膺。〔面，前也。拖，君綏也。以散綏升執。〔拖，申也。○散綏升執。〕繢然後步。〔步，行也。○散，恭行但反。〕請見不請退。〔去止不由朝廷曰退。〕

兵車不式，武車綏旌，德車結旌。〔以散綏升執以散綏。〕

燕遊曰歸。（於禮家藝也。）師役曰罷。（罷、勞倦之名。春秋傳曰：師還曰歸，勞曰罷，疲也。○罷下音皮，還音旋下同。）侍坐於君子，君子欠伸，運笏，澤劍首，還屨，問日之蚤莫，雖請退可也。（伸以此皆解倦玩之狀，運澤謂倦玩之狀也。金頻也。○莫音暮。解古賣反。）事君者量而后入，不入而后量。（器弄之易以顉汗澤。○莫音暮，解古賣反。量音亮。）凡乞假於人，為人從事者亦然。然，故上無怨而下遠罪也。（量音亮。乞如字，合又音氣。○）不窺密。（密、嫌伺人之私也。○）不旁狎。（終妄或爭訟也。）不道舊故。（道舊故、言人之惡。如孔子曰故舊不遺，則民不偷也。○惡去聲。）不戲色。（不暫變傾顏色為非常也。）為人臣下。者有諫而無訕，有亡而無疾。（亡、所去也。疾、惡也。○訕所諫反。）無讇，諫而無驕。（諫謂將順其美，驕謂矜其能也。○讇音諂。）怠則張而相之。（相、助也。謂恊相之。○相去聲。）謂之社稷之役。（役、為也。可因其政教也。）廢則埽而更之。（廢、壞亂也。更音庚。）毋拔來，毋報往。（報讀為赴，拔赴皆疾也。○拔蒲末反，報音赴，又敷救反。）毋瀆神而不敬，數。毋循枉。（瀆、數也。○瀆音竇。）毋測未至。（測、度也。○度音鐸。）士依（德、德行也。）於德，游於藝。（藝、六藝也。一曰五禮、二曰六樂、三曰五射、四曰六書、五曰九御、六曰九數。）工依於法，游於說。（法、謂規矩尺寸。說、謂鴻殺之所由與。工記曰：薄厚之所宜。說或為申。○震動。說如字。清濁之所始。）毋訾衣服成器。（訾、思也。成、猶善也。○訾將此反。）毋身質言語。（質、成也。若質成之，或有所誤，則傳疑也。）言語之美，穆穆皇皇。朝廷之美，濟濟翔翔。祭祀之美，齊齊皇皇。車馬之

美，匪匪翼翼。鸞和之美，肅肅雍雍。（匪匪、行有節也。翼翼、敬也。○匪非音，讀如騑騑。歸，喪匪芳非反。）問國君之子，長幼，長則曰能從社稷之事矣，幼則曰（周禮太司樂以樂德、樂語、樂舞教國子、舞雲門、大卷、大咸、大韶、大夏、大濩、大武。○卷音權。濩戶故反。）能御、未能御。問大夫之子，長幼，長則曰能從樂人之事矣，幼則曰能正於樂人、未能正於樂人。問士之子，長幼，長則曰能耕矣，幼則曰能負薪、未能負薪。（士祿薄，子以農事為業。）矣幼則曰能負薪、未能負薪。（重器也。近尊足曰趨，趨迫狹。○）執玉執龜筴不趨，（筴音策。無容也。步張足曰趨。○）堂上不趨，城上不趨。（無容也。兵車中不以拜容，禮下人。○）武車不式，介者不拜。（武車、革路也。兵車不式。）吉事雖有君賜，肅拜。為尸坐，則不手拜，肅拜。為喪主，則不手拜。（男尸、女尸亦女。手拜為喪主。肅拜同。蕭拜、低頭也。手至地也。婦人以肅拜為正，凶事乃手拜耳。○男尸其餘亦手。拜為喪主，雖不手，或為肅。）葛絰而麻帶。（帶謂既虞以葛帶，所以自卒結束也。）取俎進俎不坐。（以其有柄尺之類，亦執。）執虛如執盈，入虛如有人。（慎重也。）凡祭於室中堂上無跣，（祭不跣者，為在室也。燕則有之。）虛如執盈，入虛如有人。則有之。（祭不跣、有坐者、尸主於堂也。燕禮有所尊、在室。天子諸侯祭於室中，堂上無跣，燕則有之。）未嘗不食新。（嘗謂薦新物於寢廟，僕）毋身質言語。（○在既卒、將燕降堂、吐屨活乃升。○就吐屨反。）僕於君子，君子升下則授綏，始乘則式，君子下行，然後

還立。〔其還轊而立。○〔還〕音旋。〕

乘貳車則式，佐車則否。〔貳車、佐車，皆副車也。朝祀之副曰貳，戎獵之副曰佐。○〔乘〕去聲，下魯莊公敗乾時、公徒敗于乾時，乘車、敗車同。〕

貳車者，諸侯七乘，上大夫五乘，下大夫三乘。〔貳車，公九乘，侯伯七乘，子男五乘，如其命之數。此蓋殷制也，周殷……〕

有貳車者之乘馬服車不齒。〔尊者之車物有廣狹新舊也。服車，其所乘車也。〕

觀君子之衣服、服劍、乘馬弗賈。〔賈，物直也。〕

其以乘壺酒、束脩、一犬賜人，若獻人，則陳酒執脩以將命，亦曰乘壺酒、束脩、一犬。〔獻，尊也，不重言者，執輕也。陳酒，其便者。○〔賈〕音嫁。〕

其以鼎肉，則執以將命。〔鼎肉，謂牲體已解，可升於鼎者也。〕

其禽加於一雙，則執一雙以將命，委其餘。〔加，多也，猶致也。〕

犬則執緤，守犬、田犬則授擯者，既受乃問犬名。〔緤，其拘制之者也。守犬，守禦宅舍者。田犬，田獵者。○〔緤〕息列反。〔守〕手又反。〕

牛則執紖，馬則執靮，皆右之。臣則左之。〔紖、靮，所以繫制之者。牛則執紖，馬則執靮，異於樂物也。臣則左之，統於君。○〔紖〕丈忍反。〔靮〕丁歷反。〕

車則說綏，執以將命。〔車則說綏，謂獻人以車者。〕

甲若有以前之，則執以將命；無以前之，則袒櫜奉胄。〔他挈幣也。有以前之，謂囊韜之屬。甲，鎧也。胄，兜鍪也。袒其衣出兜鍪以致命。○〔說〕吐活反。〔櫜〕音羔。〔胄〕徒又反。〔奉〕芳勇反。〕

哭則執蓋。弓則以左手屈韣執拊。〔表謂裏有弓。韣，弓衣也。拊，弓把也。屈韣執拊，屈衣弓弁也。○〔韣〕音獨。〔拊〕芳武反。〕

劍則啟櫝，蓋襲之，加夫橈與劍焉。〔夫橈，劍函。上夫謂劍衣也。或為煩，櫝謂劍衣也。○〔櫝〕音獨。〕

笏、書、脩、苞苴、弓、茵、席、枕、几、熲、杖、琴、瑟、戈有刃者、櫝、筴、籥，其執之皆尚左手。〔苞苴謂編，熲，警枕也。簜，菁著以裹，籥如笛，三孔。茵，著……〕

刀卻刃授穎，削授拊。〔卻刃，謂不以刃授人也。穎，鐶也。拊，把也。○〔穎〕用時頂反。〔削〕所教反，京領反。〔拊〕音附。〕

凡有刺刃者，以授人則辟刃。〔辟刃，不以刃鄉人也。○〔辟〕匹亦反。〔刺〕七亦反。〕

乘兵車，出先刃，入後刃。〔鄉國也。○〔辟〕音闢。〕

軍尚左，卒尚右。〔左陽也，將軍有生之義。卒尚右，右陰也。〔卒〕子忽反。〕

賓客主恭，祭祀主敬，喪事主哀，會同主詡。〔詡，謂恭敏在貌而有勇也。詡猶敷也，敷其德美，大之也。○〔詡〕況羽反。〕

軍旅思險，隱情以虞。〔思險，阻出奇覆度。隱情以虞，謂度彼情偽。○〔虞〕況然反。〕

燕侍食於君子，則先飯而後已，毋放飯，毋流歠，小飯而亟之，數噍毋為口容。〔所以勸也。○〔飯〕同。〔歠〕昌悅反。〔噍〕在笑反。〔數〕色角反。〕

客自徹，辭焉則止。〔其主人辭。〕

客爵居左，其飲居右。〔客爵，所以酬賓者也，不舉奠之。介，賓之輔也。○〔酢〕才故反。〕

介爵、酢爵、僎爵皆居右。〔三爵皆主人酌之，古文作遵。僎或為遵。○〔僎〕音遵。〔酢〕才故反。〕

羞濡魚者進尾，冬右腴，夏右鰭，祭膴。〔乾魚進首，濡魚進尾。腴，腹下也。○〔濡〕音儒。〔腴〕音臾。〔鰭〕音祁。〔膴〕音呼，大臠也。〕

凡齊，執之以右，居之於左。〔齊，謂醬飲食齊和者。○〔齊〕才細反，下及注同。〕

贊幣自左，詔辭自右。〔贊，佐也。詔辭自右，由便也。○〔贊〕音替。〕

酌…

尸之僕如君之僕。

其在車則左執轡右受爵。

祭左右軌范乃飲。（周禮大御祭兩軹、祭軓乃飲。軹於車同、謂轛頭也。軓與范聲同與。軓謂載前也。○【范】音犯。【軓】音軌。【轛】音衛反。）

凡羞有俎者則於俎內祭。（不橫祭於人、聞也。不得…）

君子不食圂腴。（腴、屬。周禮圂作豢、食米穀者也。謂犬豕之腴、有似豕也。○【圂】音惠。）

小子走而不趨、舉爵則坐祭立飲。（小子、卑弟子也。）

凡洗必盥。（不備禮容也。○洗、先自絜也。○【盥】音管、又古亂反。）

牛羊之肺離而不提心。（提者、猶使易也。絕離以祭之耳。○【提】丁兮反。）

凡羞有湆者不以齊。（湆有菜、齊和也。○【湆】…）

為君子擇葱薤則絕其本末。（絕其本末。）

羞首者進喙祭耳。（耳、出也。○【喙】許穢反。）

尊者以酌者之左為上尊。（尊者、設尊在人之左、為上尊也。）

尊壺者面其鼻。（鼻在面中也。）

飲酒者、禨者、醮者有折俎不坐。（飲酒、禨、醮者有折俎、記乃…○【醮】子笑反。）

未步爵不嘗羞。（步、行也。）

牛與羊魚之腥、聶而切之為膾。（聶之、先藿葉切之、復報切之、則成膾也。○【膾】古外反。【聶】直輒反。）

麋鹿為菹、野豕為軒、皆聶而不切。（此軒辟之狀、菹與菫類也。○【菹】莊居反。【軒】音獻。）

麇為辟雞、兔為宛脾、皆聶而切之。（辟雞、宛脾皆菹類也。○【辟】音壁。【宛】於阮反。【麇】音眉。）

切蔥若薤、實之醯以柔之。（菜淹之、殺肉氣也。○【腥】補麥反。）

其有折俎者取祭反之不坐、燔亦如之。尸則坐。（燔、亦炙也。尸、尊也。少牢饋食、尸左執爵、右取肺坐絕祭嚌之、加于菹豆。○【燔】音煩。【嚌】才細反。）

衣服在躬而不知其名為罔。（罔、無知貌。）

其未有燭而有後至者、則以在者告。道瞽亦然。（道、之也。瞽亦然、為其師也。告之曰某在斯、某在斯、皆坐。）

凡飲酒為獻主者、執燭抱燋、客作而辭、然後以授人。（燋、未爇曰燋。君使宰夫約之、側容也。為賓言也、敬示不倦。○【燋】側角反。【爇】人悅反。）

執燭不讓、不辭、不歌。（以燭繼晝、禮殺。）

洗盥執食飲者勿氣、有問焉、則辟咡而對。（敢歠臭也。口旁曰咡。○【咡】…【歠】許又反。）

為人祭曰致福、為己祭而致膳於君子曰膳、祔、練曰告。

凡膳告於君子、主人展之以授使者于阼階之南、南面再拜稽首送。反命、主人又再拜稽首。（凡膳告於君子、主人展之。展、省也。○【使】去聲。）

其禮大牢則以牛左肩、臂、臑、折九個。（折臂臑分之也、牛序用之、可知者。○右以祭也、報也。○【臑】奴報反。）

少牢則以羊左肩七個。

犆豕則以豕左肩五個。

國家靡敝則車不雕、幾、甲不組縢、食器不刻鏤、君子不履絲屨、馬不常秣。（靡、敝也。幾、附纏束為也。鄂、組縢、以組飾之也。○【靡】士皮反。【幾】其衣反。【縢】大登反。【斷】丁管反。【鄂】朱綬亦鏤飾也。【鄂】五各反。【綬】息廉反。又【衿】音其侵蔭。魚巾反。結也。）

禮記卷第十

發慮憲，求善良，足以謏聞，不足以動眾。就賢體遠，足以動眾，未足以化民。君子如欲化民成俗，其必由學乎。玉不琢，不成器；人不學，不知道。是故古之王者，建國君民，教學為先。《兌命》曰：念終始典于學。其此之謂乎。

雖有嘉肴，弗食不知其旨也；雖有至道，弗學不知其善也。是故學然後知不足，教然後知困。知不足，然後能自反也；知困，然後能自強也。故曰：教學相長也。《兌命》曰：學學半。其此之謂乎。

古之教者，家有塾，黨有庠，術有序，國有學。比年入學，中年考校。一年視離經辨志，三年視敬業樂群，五年視博習親師，七年視論學取友，謂之小成。九年知類通達，強立而不反，謂之大成。夫然後足以化民易俗，近者說服而遠者懷之，此大學之道也。《記》曰：蛾子時術之。其此之謂乎。

大學始教，皮弁祭菜，示敬道也；宵雅肄三，官其始也；入學鼓篋，孫其業也；夏楚二物，收其威也；未卜禘不視學，游其志也；時觀而弗語，存其心也；幼者聽而弗問，學不躐等也。此七者，教之大倫也。《記》曰：凡學，官先事，士先志。其此之謂乎。

大學之教也，時教必有正業，退息必有居學。不學操縵，不能安弦；不學博依，不能安詩……

不學雜服，不能安禮〔雜服，服之雜晃弁雅弁服〕；不興其藝，不能樂學〔藝謂書數也。○興，虛應反〕。故君子之於學也，藏焉脩焉〔藏謂懷抱之，息謂作之勞休〕，息焉遊焉。夫然，故安其學而親其師〔止藏謂之〕，樂其友而信其道，是以雖離師輔而不反也〔○離，力智反〕。兌命曰〔兌音悅〕：敬孫務時敏，厥脩乃來。其此之謂乎！

今之教者，呻其佔畢〔呻，吟也。佔，視也。畢，簡也。呻其佔畢，謂吟誦其所視簡之文，多其訊也。○呻音申。佔，勑沾反。畢音筆〕，多其訊，言及于數〔訊猶問也。言及于數，言今之教自近及遠有不由其次也。○訊音信〕，進而不顧其安〔多其義而無次第〕，使人不由其誠〔進而不顧其安，使學者不得曉其所問，而遂進之，使人誦之不由其本誠〕，教人不盡其材〔使人不盡其材，教人不竭盡其才〕；其施之也悖，其求之也佛〔布，兩也。○悖，扶問反。佛，弗反〕。夫然，故隱其學而疾其師，苦其難而不知其益也〔隱，病也。若無益然不知其益〕，雖終其業，其去之必速〔速，疾也。○如字又心律反〕。教之不刑，其此之由乎〔刑猶成也〕！

大學之法，禁於未發之謂豫〔豫謂未發情慾未生時〕，當其可之謂時〔可謂年十五時〕，不陵節而施之謂孫〔陵節者，謂教之才不才者，教之長幼相順同〕，相觀而善之謂摩〔磋切之〕。此四者，教之所由興也〔○興，起也〕。

發然後禁，則扞格而不勝〔教之情慾不能格勝〕，時過然後學，則勤苦而難成〔思過則勤苦〕；雜施而不孫，則壞亂而不修；獨學而無友，則孤陋而寡聞；燕朋逆其師〔燕猶褻也，燕朋謂褻其朋友〕，燕辟廢其學〔辟讀為辟角之辟〕。此六者，教之所由廢也。

君子既知教之所由興，又知教之所由廢，然後可以為人師也。故君子之教喻也〔喻，曉〕，道而弗牽，強而弗抑，開而弗達。道而弗牽則和，強而弗抑則易，開而弗達則思。和易以思，可謂善喻矣。

學者有四失，教者必知之。人之學也，或失則多，或失則寡，或失則易，或失則止〔多謂才少。止謂好問〕。此四者，心之莫同也。知其心，然後能救其失也。教也者，長善而救其失者也。

善歌者使人繼其聲，善教者使人繼其志〔言教使人樂於其道〕。其言也約而達，微而臧〔言約說之，臧善也〕，罕譬而喻，可謂繼志矣〔譬放傚也〕。

君子知至學之難易，而知其美惡，然後能博喻；能博喻然後能為師；能為師然後能為長；能為長然後能為君也。故師也者，所以學為君也。是故擇師不可不慎也。

記曰：三王四代唯其師。此之謂乎。

凡學之道，嚴師為難。師嚴然後道尊，道尊然後民知敬學。是故君之所不臣於其臣者二：當其為尸，則弗臣也；當其為師，則弗臣也。大學之禮，雖詔於天子，無北面，所以尊師也。

善學者，師逸而功倍，又從而庸之；不善學者，師勤而功半，又從而怨之。善問者如攻堅木，先其易者，後其節目，及其久也，相說以解；不善問者反此。善待問者如撞鐘，叩之以小者則小鳴，叩之以大者則大鳴，待其從容，然後盡其聲；不善答問者反此。此皆進學之道也。

記問之學，不足以為人師，必也其聽語乎！力不能問，然後語之；語之而不知，雖舍之可也。

良冶之子，必學為裘；良弓之子，必學為箕；

始駕馬者反之，車在馬前。君子察於此三者，可以有志於學矣。古之學者，比物醜類。鼓無當於五聲，五聲弗得不和；水無當於五色，五色弗得不章；學無當於五官，五官弗得不治；師無當於五服，五服弗得不親。

君子曰：大德不官，大道不器，大信不約，大時不齊。察於此四者，可以有志於本矣。三王之祭川也，皆先河而後海，或源也，或委也。此之謂務本。

樂記第十九

鄭氏註

凡音之起，由人心生也。人心之動，物使之然也。感於物而動，故形於聲。聲相應，故生變，變成方，謂之音。比音而樂之，及干戚羽旄，謂之樂。樂者，音之所由生也，其本在人心之……

感於物也。是故其哀心感者，其聲噍以殺；其樂心感者，其聲嘽以緩；其喜心感者，其聲發以散；其怒心感者，其聲粗以厲；其敬心感者，其聲直以廉；其愛心感者，其聲和以柔。六者非性也，感於物而后動。是故先王慎所以感之者。故禮以道其志，樂以和其聲，政以一其行，刑以防其姦。禮樂刑政，其極一也，所以同民心而出治道也。

凡音者，生於人心者也。情動於中，故形於聲，聲成文謂之音。是故治世之音安以樂，其政和；亂世之音怨以怒，其政乖；亡國之音哀以思，其民困。聲音之道，與政通矣。宮為君，商為臣，角為民，徵為事，羽為物。五者不亂，則無怗懘之音矣。宮亂則荒，其君驕；商亂則陂，其官壞；角亂則憂，其民怨；徵亂則哀，其事勤；羽亂則危，其財匱。五者皆亂，迭相陵，謂之慢。如此，則國之滅亡無日矣。鄭衛之音，亂世之音也，比於慢矣。桑間濮上之音，亡國之音也，其政散，其民

流，誣上行私而不可止也。

凡音者，生於人心者也；樂者，通倫理者也。是故知聲而不知音者，禽獸是也；知音而不知樂者，眾庶是也。唯君子為能知樂。是故審聲以知音，審音以知樂，審樂以知政，而治道備矣。是故不知聲者不可與言音，不知音者不可與言樂。知樂則幾於禮矣。禮樂皆得，謂之有德，德者得也。是故樂之隆，非極音也；食饗之禮，非致味也。清廟之瑟，朱弦而疏越，壹倡而三歎，有遺音者矣。大饗之禮，尚玄酒而俎腥魚，大羹不和，有遺味者矣。是故先王之制禮樂也，非以極口腹耳目之欲也，將以教民平好惡而反人道之正也。

人生而靜，天之性也；感於物而動，性之欲也。物至知知，然後好惡形焉。好惡無節於內，知誘於外，不能反躬，天理滅矣。

夫物之感人無窮，而人之好惡無節，則是物至而人化物也。人化物也者，滅天理而窮人欲者也。〔言為其作法度○化音化〕於是有悖逆詐偽之心，有淫泆作亂之事。〔無所不爲於是有悖逆詐偽之心〕是故強者脅弱，眾者暴寡，知者詐愚，勇者苦怯，疾病不養，老幼孤獨不得其所，此大亂之道也。是故先王之制禮樂，人為之節。衰麻哭泣，所以節喪紀也；鐘鼓干戚，所以和安樂也；昏姻冠笄，所以別男女也；〔禮男二十而冠，女許嫁而笄，成人之……〕射鄉食饗，所以正交接也。〔冠古亂反，下同，食音嗣〕禮節民心，樂和民聲，政以行之，刑以防之。〔樂音洛，別彼列反，下同〕禮樂刑政，四達而不悖，則王道備矣。

樂者為同，禮者為異。〔同謂協好惡，異謂別貴賤〕同則相親，異則相敬。樂勝則流，禮勝則離。〔流謂合行不和也，離謂析居不敬也〕合情飾貌者，禮樂之事也。〔欲其並行斌斌然。○飾……〕禮義立，則貴賤等矣；〔等級也，階級也〕樂文同，則上下和矣；好惡著，則賢不肖別矣；刑禁暴，爵舉賢，則政均矣。仁以愛之，義以正之，如此則民治行矣。樂由中出，禮自外作。〔和在心故靜，貌散在外故文〕樂由中出故靜，禮自外作故文。大樂必易，大禮必簡。〔易以敬廟反，易以政大反，簡然○易以政大反〕樂至則無怨，禮至則不爭。揖讓而治天下者，禮樂之謂也。〔至猶達也，行也〕暴民不作，諸侯賓

服，兵革不試，五刑不用，百姓無患，天子不怒，如此則〔試用也〕樂達矣。合父子之親，明長幼之序，以敬四海之內。天子如此，則禮行矣。〔賓協也〕大樂與天地同和，大禮與天地同節。〔氣言順與其數〕和故百物不失，節故祀天祭地。〔天地之和故百物不失其性，節故祀天祭地〕明則有禮樂，幽則有鬼神，如此則四海之內合敬同愛矣。〔……鬼神……精氣為物……〕禮者殊事合敬者也，樂者異文合愛者也。禮樂之情同，故明王以相沿也。〔沿猶因述也〕故事與時並，名與功偕。〔……〕故鐘鼓管磬羽籥干戚，樂之器也；屈伸俯仰綴兆舒疾，樂之文也。〔……武王伐紂……大武……得天下之武功……〕簠簋俎豆制度文章，禮之器也；升降上下周還裼襲，禮之文也。〔綴謂舞者之位也，兆其外營域也。○裼思歷反，又丁衛反，下同，還音旋，綴丁劣反，管多反〕故知禮樂之情者能作，識禮樂之文者能述。作者之謂聖，述者之謂明。〔其述義也，述訓作者〕明聖者，述作之謂也。

樂者天地之和也，禮者天地之序也。和故百物皆化，序故群物皆別。〔化猶形，體生異也。別謂……〕樂由天作，禮以地制。〔地言法天也〕過制則亂，過作則暴。〔過猶誤之也，暴，文武之意。○暴、失文武之意〕明於天地，然後能興禮〔……〕

樂也，論倫無患，樂之情也；欣喜歡愛，樂之官也。中正無邪，禮之質也；莊敬恭順，禮之制也。若夫禮樂之施於金石，越於聲音，用於宗廟社稷，事乎山川鬼神，則此所與民同也。王者功成作樂，治定制禮。其功大者其樂備，其治辯者其禮具。干戚之舞非備樂也，孰亨而祀非達禮也。五帝殊時，不相沿樂；三王異世，不相襲禮。樂極則憂，禮粗則偏矣。及夫敦樂而無憂，禮備而不偏者，其唯大聖乎！

天高地下，萬物散殊，而禮制行矣。流而不息，合同而化，而樂興焉。春作夏長，仁也；秋斂冬藏，義也。仁近於樂，義近於禮。樂者敦和，率神而從天；禮者別宜，居鬼而從地。故聖人作樂以應天，制禮以配地。禮樂明備，天地官矣。天尊地卑，君臣定矣。卑高已陳，貴賤位矣。動靜有常，小大殊矣。方以類聚，物以群分，則性命不同矣。在天成象，在地成形；如此，則禮者天地之別也。

地氣上齊，天氣下降，陰陽相摩，天地相蕩，鼓之以雷霆，奮之以風雨，動之以四時，暖之以日月，而百化興焉。如此，則樂者天地之和也。化不時則不生，男女無辨則亂升，天地之情也。及夫禮樂之極乎天而蟠乎地，行乎陰陽而通乎鬼神，窮高極遠而測深厚。樂著大始，而禮居成物。著不息者天也，著不動者地也。一動一靜者，天地之間也。故百物皆化。

故聖人曰禮樂云。昔者舜作五弦之琴，以歌南風。夔始制樂，以賞諸侯。故天子之為樂也，以賞諸侯之有德者也。德盛而教尊，五穀時熟，然後賞之以樂。故其治民勞者，其舞行綴遠；其治民逸者，其舞行綴短。故觀其舞知其德。聞其諡，知其行也。大章，章之也。咸池，備矣。韶，繼也。夏，大也。殷周之樂盡矣。天地之道，寒暑不時則疾，風雨不節則饑。教者，民之寒暑也，教不時則傷世。事者，民之風雨也，事不節則無功。然則先王之爲樂也，以法治也，善則行象德矣。夫豢豕爲酒，非以爲禍也，而獄訟益繁，則酒之流生禍也。是故先王因爲酒禮，壹獻之禮，賓主百拜，終日飲酒而不得醉焉。此先王之所以備酒禍也。故酒食者，所以合歡也；樂者，所以象德也；禮者，所以綴淫也。是故先王有大事，必有禮以哀之；有大福，必有禮以樂之。哀樂之分，皆以禮終。樂也者，聖人之所樂也，而可以善民心，其感人深，其移風易俗，故先王著其教焉。夫民有血氣心知之性，而無哀樂喜怒之常，應感起物而動，然後心術形焉。是故

志微、噍殺之音作，而民思憂。嘽諧慢易、繁文簡節之音作，而民康樂。粗厲猛起、奮末廣賁之音作，而民剛毅。廉直勁正莊誠之音作，而民肅敬。寬裕肉好順成和動之音作，而民慈愛。流辟邪散狄成滌濫之音作，而民淫亂。是故先王本之情性，稽之度數，制之禮義，合生氣之和，道五常之行，使之陽而不散，陰而不密，剛氣不怒，柔氣不懾，四暢交於中而發作於外，皆安其位而不相奪也。然後立之學等，廣其節奏，省其文采，以繩德厚。律小大之稱，比終始之序，以象事行，使親疏貴賤長幼男女之理皆形見於樂。故曰：樂觀其深矣。土敝則草木不長，水煩則魚鱉不大，氣衰則生物不遂，世亂則

則禮慝而樂淫。是故其聲哀而不莊，樂而不安，慢易以犯節，流湎以忘本，廣則容姦，狹則思欲〔狹謂聲急也。感，動也。動人條暢之善氣，使失其平和。○慝，吐得反。易，以豉反。湎，縣鮮反〕，感條暢之氣而滅平和之德，是以君子賤之也。

凡姦聲感人而逆氣應之，逆氣成象而淫樂興焉；正聲感人而順氣應之，順氣成象而和樂興焉。倡和有應，回邪曲直各歸其分〔分，去聲〕，而萬物之理各以類相動也。

是故君子反情以和其志，比類以成其行〔行，去聲〕。姦聲亂色不留聰明，淫樂慝禮不接心術〔術，猶道也〕，惰慢邪辟之氣不設於身體，使耳目鼻口心知百體〔辟，匹亦反。知，音智〕皆由順正以行其義。然後發以聲音，而文以琴瑟，動以干戚，飾以羽旄，從以簫管〔奮，動也〕，奮至德之光，動四氣之和，以著萬物之理〔著，張慮反。假，古迫反〕。

是故清明象天，廣大象地〔祇，假。考，猶成也〕，終始象四時，周還象風雨，五色成文而不亂，八風從律而不姦〔廣大謂鐘鼓也。周還謂舞〕，百度得數而有常〔百刻也。言日月晝夜不失中呂〕，小大相成，終始相生，倡和清濁迭相為經〔清謂清明〕。故樂行而倫清〔倫，人理也〕，耳目聰明，血氣和平，移風易俗，天下皆寧〔信則樂〕。故曰：樂者樂也。君子樂得其道，小人

樂得其欲。以道制欲，則樂而不亂；以欲忘道，則惑而不樂〔道謂仁義也。欲謂邪淫也。○樂音洛〕。是故君子反情以和其志，廣樂以成其教。樂行而民鄉方〔鄉，許亮反〕，可以觀德矣〔德者，性之端也。樂者，德之華也〕。

德者，性之端也；樂者，德之華也；金石絲竹，樂之器也。詩言其志也，歌詠其聲也，舞動其容也；三者本於心，然後樂氣從之。是故情深而文明，氣盛而化神，和順積中而英華發外，唯樂不可以為偽〔言無此本於心也〕。

樂者，心之動也；聲者，樂之象也；文采節奏，聲之飾也。君子動其本，樂其象，然後治其飾〔內則容不能為樂〕。是故先鼓以警戒，三步以見方，再始以著往，復亂以飭歸，奮疾而不拔，極幽而不隱，獨樂其志，不厭其道，備舉其道，不私其欲。是故情見而義立，樂終而德尊〔文采節奏，聲之飾也。三步以見方，再始以著往，復亂以飭歸。○警音景，見，賢遍反。奮疾謂疾。拔，蒲末反。復，扶又反〕。君子以好善，小人以聽過〔文三步謂將舞必先三舉足以見舞之漸。始奏，以文王之舞。武王伐紂，時未可，乃遂伐之，武王除喪更始。○好，呼報反。厭音豔〕。故曰：生民之道，樂為大焉。

樂也者，施也；禮也者，報也〔有往來也。○施始豉反〕。樂，樂其所自生，而禮，反其所自始。樂章德，禮報情反始也〔所謂大輅者，天子之車也〕。所謂大輅者，天子之車也；龍旂九旒，天子之旌也；青黑緣者，天子之寶龜也；從之

以牛羊之羣，則所以贈諸侯也。樂也者，情之不可變者也；禮也者，理之不可易者也。樂統同，禮辨異，禮樂之說，管乎人情矣。窮本知變，樂之情也；著誠去偽，禮之經也。禮樂偩天地之情，達神明之德，降興上下之神，而凝是精粗之體，領父子君臣之節。是故大人舉禮樂，則天地將為昭焉。天地訢合，陰陽相得，煦嫗覆育萬物，然後草木茂，區萌達，羽翼奮，角觡生，蟄蟲昭蘇，羽者嫗伏，毛者孕鬻，胎生者不殰，而卵生者不殈，則樂之道歸焉耳。

樂者，非謂黃鐘大呂弦歌干揚也，樂之末節也，故童者舞之。鋪筵席，陳尊俎，列籩豆，以升降為禮者，禮之末節也，故有司掌之。樂師辨乎聲詩，故北面而弦；宗祝辨乎宗廟之禮，故後尸；商祝辨乎喪禮，故後主人。是故德成而上，藝成而下；行成而先，事成而

後在上三德也，後行位三在衍下地也。有上有下，有先有後，然後可以有制於天下也。

魏文侯問於子夏曰：吾端冕而聽古樂，則唯恐臥；聽鄭衛之音，則不知倦。敢問古樂之如彼何也？新樂之如此何也？子夏對曰：今夫古樂，進旅退旅，和正以廣，弦匏笙簧，會守拊鼓，始奏以文，復亂以武，治亂以相，訊疾以雅。君子於是語，於是道古，脩身及家，平均天下。此古樂之發也。今夫新樂，進俯退俯，姦聲以濫，溺而不止，及優侏儒，獿雜子女，不知父子。樂終，不可以語，不可以道古，此新樂之發也。今君之所問者樂也，所好者音也。夫樂者，與音相近而不同。文侯曰：敢問何如？子夏對曰：夫古者天地順而四時當，民有德而五穀昌，疾疢不作而無妖祥，此之謂大當。然後聖人作為父子君臣，以為紀綱。紀綱

既正，天下大定。天下大定，然後正六律，和五聲，弦歌（○下失其反。○疚救反。觀）詩頌，此之謂德音。德音之謂樂（〔當〕謂樂丁浪反。下同）。詩云：莫其德音（〔莫〕亡伯反。〔施〕始豉反），其德克明，克明克類，克長克君，王（此有德之君也。莫，無文，非樂之德也。照臨四方曰明，慈和徧服曰順，勤施無私曰類，教誨不倦曰長，慶賞刑威曰君。○此故受天福延於後世也。〔王〕順之也。）此大邦，克順克俾，俾于文王，其德靡悔，既受帝祉，施（〔俾〕必爾反。〔施〕以豉反）于孫子。此之謂也。

今君之所好者，其溺音乎（言所好非古樂也。○好，呼報反。）？敢問溺音何從出也（知所由出久矣。）？子夏對曰：鄭音好（〔好〕呼報反）濫淫志（〔濫〕力暫反。辟，匹亦反。○促數，數讀為促，姦聲也。燕，安也。趨數，煩勞也。敖辟，驕志。〔喬〕音驕。〔數〕音速。）宋音燕女溺志，衛音趨數煩志，齊音敖辟喬志。此四者皆淫於色而害於德，是以祭祀弗用也（○此四者皆淫泆於色而害於德，是以祭祀弗用也。言四言。）。

詩云：肅雝和鳴，先祖是聽（○古言。）。夫肅肅，敬也；雝雝，和也。夫敬與和，何事不行？為人君者謹其所好惡而已矣。君好之，則臣為之，上行之，則民從之。詩云：誘民孔易（○誘，進也。〔誘〕以豉反。○民從君所好。〔易〕以豉反。善甚善無難也。○〔進〕進也。）。此之謂也。然後聖人作為鞉鼓椌楬壎箎（〔鞉〕音桃。〔椌〕苦江反。〔楬〕苦八反。〔壎〕許袁反，或為篪，直支反。〔虡〕音巨。〔篪〕音遲。○此六者為樂之本質也。○六者其聲質。），此六者德音之音也。然後鐘磬竽瑟以和之，干戚旄狄以舞之，此所以祭

先王之廟也，所以獻酬酳酢也，所以官序貴賤各得（○酳，士覲反，又仕覲反。○如字，又胡臥反。〔竽〕音于。〔和〕如字。○器列數有差次。○謂官序尊卑貴賤。）其宜也，所以示後世有尊卑長幼之序也。鐘聲鏗（○鏗，苦耕反。），鏗以立號（○號，胡到反。以號令警眾也。），號以立橫，橫（○橫，充也，謂氣作充滿也。古曠反。）以立武。君子聽鐘聲，則思武臣。石聲磬（○磬，石聲之磬，磬聲之誤也，當為辨。），磬以立辨，辨以致死。君子聽磬聲，則思死封疆之臣。絲聲哀，哀以立廉（○廉，廉隅也。），廉以立志。君子聽琴瑟之聲，則思志義之臣。竹聲濫（〔濫〕力暫反，猶擥聚也。○又古聚外反。力敢反，聚也，猶擥聚也。），濫以立會，會（○會，古外反。）以聚眾。君子聽竽笙簫管之聲，則思畜聚之臣。鼓鼙之聲讙（〔讙〕呼端反，又音喧，或為歡，動或為勸，子亮反。下同。○讙則人意動作。），讙以立動，動以進眾。君子聽鼓鼙之聲，則思將帥（〔帥〕步西反，則讙。）之臣。君子之聽音（○聲以），非聽其鏗鎗而已也，彼亦有所合之也（○君）。

賓牟賈侍坐於孔子，孔子與之言，及樂（〔賈〕音古。〔鏗〕七合反，又叱志衡。○鎗，七羊反。），曰：夫武之備戒之已久，何也（○病猶難也。備戒，擊鼓警眾，為憂其眾難病也。）？對曰：病不得其眾也。詠歎之，淫液之，何也（○詠歎，歌遲之也。淫液，歌遲之也。〔遲〕直冀反。冀逮反。及。）？對曰：恐不逮事也（○恐不及事也。）。發揚蹈厲之已蚤，何也（○武事也。）？對曰：及時事也（○當至武事施也。）。武坐致右憲左，何也（〔憲〕謂膝至地也。武坐，言膝至地，無坐也。憲讀為軒。）？對曰：非武坐也。聲淫及商，何也（○軒，〔憲〕音軒，聲之誤。）？對曰：非武音也（○正言其武歌，不在軍。）。

子曰：「若非武音，則何音也。」對曰：「有司失其傳也。若非有司失其傳，則武王之志荒矣。」子曰：「唯丘之聞諸萇弘，亦若吾子之言是也。」

賓牟賈起，免席而請曰：「夫武之備戒之已久，則既聞命矣。敢問遲之遲而又久，何也？」子曰：「居，吾語女。夫樂者，象成者也。總干而山立，武王之事也。發揚蹈厲，大公之志也。武亂皆坐，周召之治也。

且夫武，始而北出，再成而滅商，三成而南，四成而南國是疆，五成而分周公左、召公右，六成復綴以崇。天子夾振之而駟伐，盛威於中國也。分夾而進，事蚤濟也。久立於綴，以待諸侯之至也。

且女獨未聞牧野之語乎？武王克殷反商，未及下車，而封黃帝之後於薊，封帝堯之後於祝，封帝舜之後於陳。下車而封夏后氏之後於杞，投殷之後於宋。封王子比干之墓，釋箕子之囚，使之行商容而復其位。庶民弛政，庶士倍祿。濟河而西，馬散之華山之陽而弗復乘；牛散之桃林之野而弗復服。車甲釁而藏之府庫而弗復用。倒載干戈，包之以虎皮。將帥之士，使為諸侯，名之曰建櫜。然後天下知武王之不復用兵也。

散軍而郊射，左射貍首，右射騶虞，而貫革之射息也。裨冕搢笏，而虎賁之士說劍也。祀乎明堂，而民知孝。朝覲，然後諸侯知所以臣。耕藉，然後諸侯知所以敬。五者天下之大教也。

食三老五更於大學，天子袒而

割牲執醬而饋。執爵而酳。冕而摠干。所以教諸侯之弟也。三老五更。互言之耳。皆老人更知三德五事者。○冕而摠干。親在舞位也。周名大學曰東膠。食音嗣。更音古衡反。大學音泰。酳音引。又仕觀反。若此則周道四達。禮樂交通。則夫武之遲久。不亦宜乎。禮言樂武遲久。○爲去聲。爲重。君子曰。禮樂不可斯須去身。致樂以治心。則易直子諒之心油然生矣。易直子諒之心生則樂。樂則安。安則久。久則天。天則神。天則不言而信。神則不怒而威。致樂以治心者也。致。猶深審也。善心生則寡於利欲。子讀如不子之子。油然。新生好善之貌也。志明行成。不言而見信。如神也。樂由中出。故治心。○易去聲。不怒而威。下皆同。畏。致禮以治躬則莊敬。莊敬則嚴威。躬。身也。外作故治禮身自。心中斯須不和不樂。而鄙詐之心入之矣。謂鄙詐利欲入生之。外貌斯須不莊不敬。而易慢之心入之矣。易也輕。故樂也者。動於內者也。禮也者。動於外者也。樂極和。禮極順。內和而外順。則民瞻其顏色而弗與爭也。望其容貌而民不生易慢焉。故德煇動於內而民莫不承聽。理發諸外而民莫不承順。德煇。顏色潤澤也。理。容貌之進止也。故曰致禮樂之道。舉而錯之天下無難矣。樂也者。動於內者也。禮也者。動於外者也。故禮主其減。樂主其盈。禮主其減。人所倦。樂主其盈。人所倦也。歡也。斬反。又古斬反。○錯音措。減下同。胡斬反。禮減而進。以進爲文。樂盈而反。以反爲文。抑。謂自勉強也。文。猶美也。反。謂自善也。禮減而不進則銷。

樂盈而不反則放。故禮有報而樂有反。放。不能自止也。○放。甫妄反。報。毛妄反。禮得其報則樂。樂得其反則安。禮之報。樂之反。其義一也。讀。爲褒。褒。進也。○報。保。毛反。夫樂者樂也。人情之所不能免也。樂必發於聲音。形於動靜。人之道也。言人情之所有也。聲音動靜。性術之變。盡於此矣。言此皆出於性也。○耐。古能字。後世變之。故人不耐無樂。樂不耐無形。形而不爲道。不耐無亂。存焉。○耐。古能字。此獨作耐。能。古以能字。亂。力忠反。形。聲音動靜。耐。古書能字。先王恥其亂。故制雅頌之聲以道之。使其聲足樂而不流。使其文足論而不息。使其曲直繁瘠廉肉節奏足以感動人之善心而已矣。不使放心邪氣得接焉。是先王立樂之方也。止所以。方。道界也。○殺。色界反。瘠。在亦反。圜。苦穴反。息。繁瘠。肉。息。猶殺也。曲直。歌。進之。是故樂在宗廟之中。君臣上下同聽之。則莫不和敬。在族長鄉里之中。長幼同聽之。則莫不和順。在閨門之內。父子兄弟同聽之。則莫不和親。故樂者審一以定和。比物以飾節。節奏合以成文。所以合和父子君臣。附親萬民也。是先王立樂之方也。審一。以人聲也。比物。以八音。○比物以成文。五聲八音諧。金革土。飾音式。○此又音毗。審之。一。審其人聲也。應音。飾音式。故聽其雅頌之聲。志意得廣焉。執其干戚。習其俯仰詘伸。容貌得莊焉。行其綴兆。要其節奏行列得正焉，進退得齊焉。故樂者天地之命，中和之紀，人情之所不能免也。【綴，表也，所以表行列也。詩云：荷戈與綴，表北域也。舞者進退所至也。要猶會也。命，教也。紀，揔要之名也。○舞音屈。要平聲。行，戶剛反。荷，胡可反，又音何。綴，音都。】

夫樂者，先王之所以飾喜也；軍旅鈇鉞者，先王之所以飾怒也。【鉞，外反。】故先王之喜怒，皆得其儕焉。【○儕猶輩類。鈇，方遇反。】喜則天下和之，怒則暴亂者畏之。先王之道，禮樂可謂盛矣。【天子和之，從而畏敬之。】

子贛見師乙而問焉，曰：賜聞聲歌各有宜也，如賜者宜何歌也？【孔子弟子。師乙，樂官。○贛音貢。乙，聲名，師乙。】曰：乙，賤工也，何足以問所宜。請誦其所聞，而吾子自執焉。【執樂猶人擇工也。】愛者宜歌商，溫良而能斷者宜歌齊。夫歌者，直己而陳德也。動己而天地應焉，四時和焉，星辰理焉，萬物育焉。故商者，五帝之遺聲也，柔而正者宜歌頌，廣大而靜、疏達而信者宜歌大雅，恭儉而好禮者宜歌小雅，正直而靜、廉而謙者宜歌風，肆直而慈愛者宜歌商，【此文換簡失其次，寬而靜宜在上，愛者宜歌商溫良……】之遺聲也，商人識之，故謂之商；齊者，三代之遺聲也，齊人識之，故謂之齊。明乎商之音者，臨事而屢斷；明乎齊之音者，

見利而讓。【其屢，數也。數，斷事也。以其肆直，洪肆直也。○數，色角反。讓，以……】臨事而屢斷，勇也；見利而讓，義也。非歌孰能保此也。【保，猶安也，知……】故歌者，上如抗，下如隊，曲如折，止如稾木，倨中矩，句中鉤，纍纍乎端如貫珠。【如有此事。○上音掌反。抗，苦浪反。隊，直類反。倨，音據。中，丁仲反。句，紀具反。折，直媿反。鉤，古侯反。稾，苦老反。動己而歌，人聲之著……】故歌之為言也，長言之也。說之，故言之；言之不足，故長言之；長言之不足，故嗟歎之；嗟歎之不足，故不知手之舞之足之蹈之也。【和，長言之，續言之引其聲也，嗟歎之，不知手之舞之足之蹈之舞。】子贛問樂。【上下貝。】

禮記卷第十一

與國本附見于此

子贛見師乙而問焉曰賜聞聲歌各有宜也如賜者宜何歌也師乙曰乙賤工也何足以問所宜請誦其所聞而吾子自執焉寬而靜柔而正者宜歌頌廣大而靜疏達而信者宜歌大雅恭儉而好禮者宜歌小雅正直而靜廉而謙者宜歌風肆直而慈愛者宜歌商溫良而能斷者宜歌齊夫歌者直己而陳德也動己而天地應焉四時和焉星辰理焉萬物育焉故商者五帝之遺聲也商人識之故謂之商

自此以後至篇終竝同諸本。○肆直而慈愛者宜歌商諸本因換簡失次。○衍愛字與國本依注疏省愛字。商者五帝之遺聲也諸本因又換簡失次衍商之遺聲也五字與國本依注疏此省五字。

禮記卷第十二

雜記上第二十　鄭氏註

諸侯行而死於館，則其復如於其國。如於道，則升其乘車之左轂，以其綏復。〔館，主國所致舍也。如於道上廬宿也。復，招魂復魄也。得升屋東榮，招用褒衣也。綏讀如緌，賓之緌，字之誤也。綏謂旌旗之旓，去其旒，佳而用之，異於生也。○乘……〕

其輤有裧，緇布裳帷，素錦以為屋而行。〔之輤，車飾也。將殯，取名於槻輿。舊讀如舊。緇染布赤色者。柳帷之舊，小帳覆棺者也。裳帷用緇，則斂其裁。車飾皆屋，如其中。〕

至於廟門，不毀牆，遂入，適所殯，唯輤為說於廟門外。〔廟，所殯宮。牆，裳帷也。適所殯宮。兩槻之間，去輤乃入。正棺於兩槻之間，有宮室，亦……自外來者入正廟門，以其入自有宮室……此皆因其殯焉，必異於者。兩槻入之間者，升自西階，尸入自室而自升，自阼階。外來留之於中，又不忍遽遠之也。○說，吐奪反，下同。儀音夷。遠，于萬反。輤，千見反。裧，昌占反。殯，必刃反。緣，悅絹反。〕

大夫、士死於道，則升其乘車之左轂，以其綏復。如於館死，則其復如於家。〔綏亦緌也。玄謂大夫、士以其爵復，升服於家。〕

大夫以布為輤而行，至於家而說車，載以輲車，入自門，至於阼階下而說車，舉自阼階，升適所殯。〔緇染也。大夫言輤，言輤者用布，名白布也。言裳帷俱用布，無所別也。至門讀為說，或說或作博，許氏載說以……輴言載車入自門，明車不易也。以文載，解柩字。蠱曰輲有輻，聲相近，其無輻，其制同乎輕。周崇禮蓋，又半有乘蠱車，天子之輴于……〕

士輤，葦席以為屋，蒲席以為裳帷。〔言以素錦為帳屋。諸侯以輤，言不毀牆。中有大夫、士載柩以輤之車，禮互相明耳也。○不易，市者反，又市轉反。慎，忍反。輤，勑倫反。別，彼列反，下同。蜃，時軫反。〕

凡訃於其君，曰：君之臣某死。父母、妻、長子，曰：君之臣某之某死。〔此臣……○長，丁丈反。其家妻反。〕君訃於他國之君，曰：寡君不祿，敢告於執事。夫人曰：寡小君不祿。大子之喪，曰：寡君之適子某死。〔告於他……君夫人謙也。○適，丁歷反。〕

大夫訃於同國：適者，曰：某不祿；訃於士，亦曰：某不祿；〔適，適妻姪子宗同。○適音敵。〕訃於他國之君，曰：君之外臣寡大夫某死；訃於適者，曰：吾子之外私寡大夫某不祿，使某實；訃於士，亦曰：吾子之外私寡大夫某不祿，使某實。〔泰，匹也。敵，謂爵同者也。○適音敵。實當為至，此下讀。周……聲之誤也。〕

士訃於同國大夫，曰：某死；訃於士，亦曰：某死；訃於他國之君，曰：君之外臣某死；訃於大夫，曰：吾子之外私某死；訃於士，亦曰：吾子之外私某死。〔讀適。〕

大夫次於公館以終喪，士練而歸。士次於公館，大夫居廬，士居堊室。〔公館，公宮之舍也。練而猶處，而歸之公館。謂邑宰之舍也。士謂未堊練室時也，亦……朝，其無歸也。唯大夫三年之士也。亦謂居邑宰也。○堊，烏洛反。〕

大夫為其父母兄弟之未為大夫者之喪服，如士服。〔雖尊，不以其服服父母兄弟，嫌若逾之也。〕士為其父母兄弟之為大夫者之喪服，如士服。〔謂其服庶服於父母兄弟為士者也。〕

〔上欄〕

……者卑，又不得而備服也。○尊者之服。春秋傳曰：今大夫喪禮逸，與士異。斬，苴絰也，杖、菅屨、食粥、居倚廬、寢苫枕草，其老曰非卿之禮也，晏子曰唯卿為大夫，此平仲之謙也。大夫故為父服士耳。謂繐衰如三升半，而三升不緝也。斬者其衰以三升，在齊斬之正微。細焉斬焉，則屬於其衰也。然則士與大夫為父服異者有繐。臣為君之斬衰，大夫為其父，以臣從君，備儀盡飾之。士以衰則其母與兄弟，亦以勉人為高，父為母、為兄弟之士妻。母與兄弟去聲。○為，行也。大功以下，其為大夫之妻。為妻妾同。為長。

大夫之適子，服大夫之服。〔仕而至大夫，成德賢適。〕

大夫之庶子為大夫，則為其父母服，其位與未為大夫者齒。〔尊其適，象賢也。雖庶子使得服，士不服，其服尚可。〕

士之子為大夫，則其父母弗能主也，使其子主之；無子，則為之置後。〔適不宗大夫，而士不得也，置猶立也。〕

大夫卜宅與葬日，有司麻衣、布衰、布帶，因喪屨、緇布冠不蕤，占者皮弁。〔有司，卜人也。麻衣，白布深衣，而非純。衰焉，及布帶、緇布冠，此服非純吉，亦非著純凶。〕如筮，則史練冠、長衣以筮，占者朝服。〔筮者，史也。筮宅、筮日之朝服。若筮者，史也。筮宅、史謂之朝服。〕

大夫之喪，既薦馬，薦馬者哭踊，出乃包奠而讀書。〔既夕禮曰：包牲取下體反。○題芳鳳反。〕

大夫之喪，大宗人相，小宗人命龜，卜人作龜。〔卜葬及日也。命龜，告以所問主人事。相，相主人。作龜，謂揚火灼之。○相，息亮反。〕

內子以鞠衣、褒衣、素沙。下大夫

〔下欄〕

以襢衣，其餘如士。〔此復所用脫衣也，當在上。夫人內狄，狄于稅素沙下，此爛失處也。〕

為之適妻也，而己。春秋傳曰：晉趙姬請逆叔隗，大夫之狄妻褒衣……。人禮自作襢展，狄王后之服六：褘衣、揄狄、闕狄、鞠衣、展衣、褖衣。男夫人自侯伯夫人……自公夫人亦有褘狄……而下之大夫妻自服展衣，下士襌妻，又稅衣、素沙……。

稅素沙。〔狄言稅素沙，用稅衣、白上至稅衣、揄狄、繒繪為狄，猶諸侯及……〕

朝覲見男三，褒之衣亦始，褒猶諸侯及……。反直龍。復，諸侯以褒衣、冕服、爵弁服，夫人稅衣、揄狄、狄。

飾柳其也，池、揄、絞、繒也，采下青而畫翟閒……。魚爛脫在其池，揄、繒、絞、翟、繪……。大夫不揄絞，屬於池下。

夫附於士，士不附於大夫，附於大夫之昆弟，無昆弟，則從其昭穆，雖王父母在亦然。〔別於尊者也。自卑別於尊，附讀皆如字。〕

則從其昭穆之妃。妾附於妾祖姑，無妾祖姑，則亦從其昭穆之妾。婦附於其夫之所附之妃，無妃則亦從。

其昭穆之妃。妾附於妾祖姑，無妾祖姑，則亦從其昭穆之妾。男子附於王父則配，女子

附於王母則不配。〔配謂並祭王母也。有事於王母，則不配祭王父。女子謂未嫁者。〕

某妃者配某氏。〔妃配某氏耳。○女配，謂不配。嫁祭者，如嫁一，稅三辭，異而死言猶以……〕

以出作龜。○謂揚息灼之。〔相，息亮反。〕內子以鞠衣、褒衣、素沙，下大夫

公子附於公子。君薨，大子號稱子，待猶君也。有三年之練冠，則以大功之麻易之，唯杖、屨不易。有父母之喪尚功衰，而附兄弟之殤，則練冠附。於殤稱陽童某甫，不名，神也。凡異居，始聞兄弟之喪，唯以哭對可也。其始麻，散帶絰。未服麻而奔喪，及主人之未成絰也，疏者與主人皆成之，親者終其麻帶絰之日數。主妾之喪，則自附至於練祥，皆使其子主之。其殯祭，不於正室。君不撫僕妾。女君死，則妾為女君之黨服。攝女君，則不為先女君之黨服。聞兄弟之喪，大功以上，見喪者之鄉而哭。適兄弟之送葬者弗及，遇主人於道，則遂之於墓。凡主兄弟之喪，雖疏亦虞之。

凡喪服未畢，有弔者，則為位而哭拜踊。大夫之哭大夫，弁絰；大夫與殯，亦弁絰。大夫有私喪之葛，則於其兄弟之輕喪，則弁絰。為長子杖，則其子不以杖即位。為妻，父母在，不杖，不稽顙。母在，不稽顙，稽顙者，其贈也拜。違諸侯之大夫，不反服；違大夫之諸侯，不反服。喪冠條屬，以別吉凶。三年之練冠，亦條屬，右縫；小功以下左。緦冠繰纓。大功以上散帶。朝服十五升，去其半而緦，加灰，錫也。諸侯相襚，以後路與冕服；先路與褒衣不以襚。遣車視牢具。疏布輤，四面有章，置於四隅。載粻，有子曰：非禮也。喪奠脯醢而已。

陝艮反。喪奠，脯醢而已。言死者不食糧也，本無黍稷。遣奠。○醢音海。祭稱孝子孝孫，喪稱哀子哀孫。各以其義稱。○稱昌升反，又尺證反。○稱義反。端衰，喪車，皆無等。常服喪之衣也，喪車惡車也。衣衰言及端者，乘玄端車，貴賤吉時賤同，孝子於親一也。大白冠，緇布之冠，皆不蕤。委武玄縞而后蕤。不蕤，質無文飾也。○大夫大布之冠，大古白之布冠也。委武春冠卷也，縞冠也，秦人曰委，齊東曰武，玄圓冠也。○縞古老反，卷苦圓反。縞而后蕤。大夫冕而祭於公，弁而祭於己。冕冠也。弁而祭於公，助君祭也，唯孤爾。○迎魚敬反。士弁而祭於公，冠而祭於己。士弁而親迎，然則士弁而祭於己可也。攝盛服，類欲許爾，非之常也，親迎雖亦己之事。○迎魚敬反。公弁而祭於己。暢，臼以椈，杵以梧。所以擣鬱也。○椈柏也，梧枬亦敬反。枇以桑，長三尺，或曰五尺。畢用桑，長三尺，刊其柄與末。枇所以載牲體者，刊猶削也。畢所以助主人載也。率帶，諸侯、大夫皆五采，士二采。此謂襲尸之大帶也，率猶帥也。○率律反，帶變成。醴者，稻醴也。甕、甒、筲、衡，實見間而后折入。此所以藏殘之物，甕甒瓶之屬，衡之物誤也，桁也。重，既虞而埋之。○就所倚處埋之。○重直龍反。凡婦人，從其夫之爵位。婦人無專制，尊卑以夫為禮，生死事嫌來當。小斂、大斂、啟，皆辯拜。既事者終皆不拜，故明之也。○辯音遍。朝夕哭，不帷。緣孝子心欲見殯，孝子心欲出則見。此

無柩者不帷。既謂殯後。君若載而后弔之，則主人東面而拜，門右北面而踊，出待，反而后奠。必也君卹位，車之東，使出奠待，不敢逼，賓主人拜踊。子羔之襲也：繭衣裳與稅衣纁袡為一，素端一，皮弁一，爵弁一，玄冕一。曾子曰：不襲婦服。之繭衣以稅裳，衣者乃為，今大裘爾也。稅繼衣為若繭，玄纁為端而袍連表。玄冕大夫服，未聞子羔曷為襲之玄冕他也。○繭古典反，稅他喚反，袡而占反，弁或裳為下玄冠。為君使而死，公館復，私館不復。公館者，公宮與公所為也。私館者，自卿大夫以下之家也。公于所為反，君所又如字。使色吏反，別館也。○公七踊，大夫五踊，婦人居間，士三踊，婦人皆居間。斂公大夫也，斂而始死，君及大小。士二日而殯，則士皆小斂之夫，朝不踊，君五日而殯，君大夫，大夫斂三日而朝乃殯。不踊，婦人踊賓乃居閒踊者。○拾其必劫拾反，主下人同踊。公襲：卷衣一，玄端一，朝服一，素積一，纁裳一，爵弁二，玄冕一，褒衣一。朱綠帶，申加大帶於上。朱綠帶者，生時所襲衣之帶，亦飾以素雜為。朱綠帶異於者，此帶也，士以襲佩三載，必于羔重襲加五稱。者之申雖重有也，變必於備革帶二也，帶也士以襲。今公襲九稱，則二尊申韋尊卑。○襲不同矣。諸小斂環絰，公大夫士一也。大斂公升商祝鋪席乃斂。斂喪大記曰，斂於大夫，記曰袂於大斂，君之喪至比殯君大。

魯人之贈也，三玄二纁，廣尺，長終幅。〔玄謂緇纁束帛也。失之也，繢束之帛也。○【鋪】普胡反，又音敷。士喪禮下篇曰：贈用制幣玄纁束。【長】直亮反。【纁】許云反。幣帛。〕

弔者即位于門西，東面，其介在其東南，北面西上，西於門。〔立下。〕主孤西面。〔相者受命，不敢傳也。○相者受命曰。〕相者受命曰：孤某使某請事。客曰：寡君使某如何不淑。〔如何不淑，言君痛之甚。其辭蓋如此也。○【相】息亮反，下同。〕相者入告，出曰：孤某須矣。弔者入，主人升堂西面。弔者升自西階，東面致命曰：寡君聞君之喪，寡君使某如何不淑。子拜稽顙，弔者降反位。

含者執璧將命曰：寡君使某含。〔含者，含玉也。○【含】胡暗反，其分寸大小同。〕相者入告，出曰：孤某須矣。含者坐委于殯東南，有葦席；既葬，蒲席。〔既葬則降，出反位，含襚則無几也。○春秋有葦席。〕降，出反位。宰夫朝服即喪屨，升自西階，西面坐取璧，降自西階以東。

襚者曰：寡君使某襚。相者入告，出曰：孤某須矣。〔襚之言遺也。衣被曰襚。○就朝服也，以襚告鄰國之禮也。〕襚者執冕服，左執領，右執要，入升堂致命曰：寡君使某襚。子拜稽顙。委衣于殯東。襚者降，受爵弁服於門內霤，〔宮中門。〕將命，子拜稽顙如初。受皮弁服於中庭，自西階受朝服，自堂受玄端，將命，子拜稽顙皆如初，襚者降。

出反位。〔○【襚】力救反。服【賈】音嫁。〕宰夫五人，舉以東，降自〔宰夫，上士也，舉襚者亦西面。〕西階，其舉亦西面。〔襚者西面委衣時，亦西面。〕

上介賵，執圭將命曰：寡君使某賵。相者入告，反命曰：孤某須矣。陳乘黃大路於中庭，北輈，〔輈，轅也，馬也，駟馬也，在路率之也。觀謂路之西反，輈。○【賵】芳鳳反。【乘】繩證反。〕執圭將命，客使自下，由路西，子拜稽顙，坐委于殯東南隅，宰舉以東。〔禮曰路下，四亞之，客入則致命矣。使者或為史。○【賵】芳鳳反。〕

凡將命，鄉殯將命，子拜稽顙，西面而坐委之。〔凡，竹由反。○【鄉】許亮反。〕宰舉璧與圭，宰夫舉襚，升自西階，西面坐取之，降自西階。賵者出，反位于門外。〔禮畢，著言門外，乃更有臨事。〕

上客臨曰：寡君有宗廟之事，不得承事，使一介老某相〔臨，視也。其臨，視喪所不足而佐助之。此謂諸侯遣卿大夫來會葬，相，佐也。○【臨】如字，又力鴆反。又曰：上客，弔者也，臨夫子，不見之辭也。〕執綍。相者反命曰：孤須矣。臨者入門右，介者皆從之，立于其左東上。〔同在門右，賓客不自專也。○【綍】音弗。【相】息亮反。〕宗人納賓，升受命于君，降曰：孤敢辭吾子之辱，請吾子之復位。客對曰：寡君命某毋敢視賓客，敢辭。宗人反命曰：孤敢固辭吾子之辱，請吾子之復位。客對曰：寡君命某毋敢視賓客，敢固辭。宗人反命曰：孤敢固辭吾子之辱，請吾子之復位。客對曰：寡君命使臣某毋敢視賓客，是以敢固辭。固辭不獲命，敢不敬從。〔為賓三辭而許，為恭也；為使臣者，辭。〕

客立于門西，介立于其左，東上。（句絕。此使色變，君命絕。句下放。○綏，色吏反。）孤降自阼階，拜之，升，哭，與客拾踊三。（○拜[拾]，其劫反。謝其厚意。）客出，送于門外，拜稽顙。（不迎而送，喪禮無接賓之禮。）其國有君喪，不敢受弔。（辟其親痛傷，如君己。）外宗房中南面，小臣鋪席，商祝鋪絞紟衾，士盥于盤北，舉遷尸于斂上，卒斂，宰告，子馮之踊，夫人東面坐，馮之興踊。（此是喪。○大記「脫」，音管。「斂」，力著。）士喪有與天子同者三，其終夜燎，及乘人，專道而行。（人辟之。○乘，繩證反。引以力。）

雜記下第二十一
　　　　　鄭氏註

有父之喪，如未沒喪而母死，其除父之喪也，服其除服，卒事，反喪服。（為輕服者，親喪大，骨肉猶[illegible]）雖諸父昆弟之喪，如當父母之喪，其除諸父昆弟之喪也，皆服其除喪之服，卒事，反喪服。（服除諸服，謂不除者期大功之喪中乃除喪。殤長、功中之喪，或乃除，之恩皆也。唯三君之喪中，小功緦麻，則言當者。）

如三年之喪，則既顈，其練祥皆行。（乃言為今之喪，前既三年者，服變顈。）王父死，未練祥而孫又死，猶是附于王父也。（之鄉去麻者，則已用練祥矣。○顈草名，無葛。顈，口迥反。王父嫌未祫則祭孫，序可於昭。○祫，音洽。）

有殯，聞外喪，哭之他室。（明所哭者異也。）入奠，卒奠，出，改服即位，如始即位之禮。（謂之後日。）

大夫士將與祭於公，既視濯而父母死，則猶是與祭也，次于異宮。（既朝哭就位，入奠於他室，如其始殯之時，更哭既乃[illegible]）既祭，釋服出公門外，哭而歸，其宅如奔喪之禮。如未視濯，則使人。告者反而后哭。如諸父昆弟姑姊妹之喪，則既宿，則與祭，卒事，出公門釋服而后歸，其宅如奔喪。

問曰：卿大夫將為尸於公，受宿矣，而有齊衰內喪，則如之何？（曾子。）孔子曰：出舍乎公宮以待事，禮也。（尸不重，得受宿。）孔子曰：尸弁冕而出，卿大夫士皆下之，尸必式，必有前驅。（謙言見尸者，君下之車，或下尸。士大夫以禮之服。）

父母之喪，將祭而昆弟死，既殯而祭。如同宮，則雖臣妾，葬而后祭。（南宮有北宮，或有歸者，主有父母之喪，散等當在殯宮，為新喪暨在殯宮異也。）祭，主人之升降散等，執事者亦散等。（古者謂練祥也。昆弟異居，則財同；若異宮，則是有昆弟異宮者有宮，東西宮異，有宮。）虞附亦然。

諸侯達士，小祥之祭，主人之酢也，嚌之；眾賓兄弟，則皆啐之。大祥，主人啐之，眾賓兄弟皆飲之，可也。（○嚌，才細反。啐，七內反，又蒼快反。）凡侍祭喪者，告賓祭薦而不食。（既薦脯醢也，之吉祭，祭告賓，賓不祭薦。）子貢問喪。子曰：敬為上，哀次之，瘠為下。顏色稱其情，戚容稱其服。（喪問之後。）

居父母之喪也。喪尚敬也，容威儀也。孝經曰：容止可觀。○絻，尺證反，下同。能

請問兄弟之喪。子曰：兄弟之喪，則存乎書策矣。者言如號。

君子不奪人之喪，喪禮重也。亦不可奪喪也。之不可以輕也。

孔子曰：少連、大連善居喪，三日不怠，三月不解，期悲哀，三年憂，東夷之子也。生言於其能行禮也。○夷狄而知禮也。怠，惰也。解，倦也。

三年之喪，言而不語，對而不問。廬、堊室之中，不與人坐焉。在堊室之中，非時見乎母也，不入門。室言之中，以事見於人說焉，語在後入堊。

疏衰皆居堊室不廬。廬，嚴者也。也言其廬室，哀則散之，居非。

妻視叔父母；姑、姊妹、視兄弟；長、中、下殤、視成人。視猶比也，此所長殺。日月未竟而哀色竟界。○長，丁丈反。殺，色界反。哀已。

親喪外除；兄弟之喪內除。月。

視君之母與妻，比之兄弟。發諸顏色者，亦不飲食也。酒食於顏色使人醉，謂醹醴飽。

免喪之外，行於道路，見似目瞿，聞名心瞿。記未竟忘而問。

弔死而問疾，顏色戚容，必有以異於人也。如此而后可以服三年之喪。其餘則直道而行之，是也。側隱之心，容貌如是，其父母齊衰，名與親同。○直道而行，盡遇反。自得禮也，似謂其能。

祥，主人之除也，於夕為期，朝服。祥因其故服。祥祭服，小以記期日至，除服者，其祭亦朝服，始卽祥服。爲期，爲祭期。之祭猶縞云，玄衣未黃純裳，吉則是。既祥祭乃玄服，冠大祥素縞麻衣，未大祥吉禫。

子游曰：既祥，雖不當縞者，必縞然後反服。既也。祭既玄，祭禫乃端而服，居復平。朝服常服也。緣冠。○禫，大月感反。吉祭乃玄。息廉反。朝服。黑服。有謂。經曰：禫白韡。以喪之重，事其贈賵也。受之重，事其禮賵也。反素之縞是麻衣反也。服。

當袒，大夫至，雖當踊，絕踊而拜之，反。爲賓變，新至則踊，貶於賓也。○袒，音但。至則事拜也。當祖大夫至，雖當踊，絕踊而拜之反。更尊成踊，大夫來者則服，衛服將軍祭，文之以於士。

改成踊乃襲。謂於大士，小斂之也。○祖，音但。待事已也。

既事成踊，襲而后拜之，不改成踊。哭卒成事，附與虞異矣。則卒下卒。

大夫之虞也，少牢；卒哭、成事、附，皆大牢。下大夫之虞也，犆牲；卒哭、成事、附，皆少牢。也。少牢。虞，少牢。卒哭、成事、附，皆大牢。

大夫之虞也，少牢；卒哭、成事、附，皆大牢。謂於大士小斂之也。虞大夫虞禮同與。○犆牲，音特。

既事成踊，襲而后拜之，不改成踊。祝稱卜葬虞。○犆牲，音與士同。

祝稱卜葬虞，子孫曰哀，夫曰乃，兄弟曰某卜葬某。祝葬卜虞祝辭，卜葬祝辭。主者人卜。

兄弟曰某卜葬其兄弟曰伯子某。葬祝卜虞祝辭，卜虞祝辭，主者人卜。

虞曰哀某卜葬虞子孫曰哀夫曰乃。虞祝稱虞。子孫曰哀，夫曰乃。所記由辭，麻始人也。士失叔。

古者，貴賤皆杖。叔孫武叔朝，見輪人以其。○祝之六反，又反。古者貴賤皆杖，叔孫武叔朝見輪人以其。

杖關轂而輠輪者，於是有爵而后杖也。〔轂〕江。武叔，木叔魯大夫。胡罪反。孫，州仇也。輪人，胡瓦反。又，胡作管，車輪之官。○鑒。記士失禮，所由始人也。士失叔。

中以飯公羊賈爲之也。必記發其士，失禮，大夫所由始也。士、大夫、上、賓親爲飯飯。

○〔飯〕則扶晚反。冒者何也？所以揜形也。自襲以至小斂，人言設冒者爲其形也。自襲以至小斂。

不設冒則形，是以襲而后設冒也。人言設冒者爲其形也，爲其襲而后。

或問於曾子曰：夫既遣而包其餘，猶既食。人言將遣之，既奠與奠，而叔。

而裹其餘與？君子既食，則裹其餘乎？包言其餘將去，何異與君子食而叔。

曾子曰：吾子不見。寧人紀而是乎。裹言其餘傷廉也。○何〔遣〕棄戰反。君子。曾子曰：吾子不見

大饗乎夫大饗既饗卷三牲之俎歸于賓館父母而賓客之所以爲哀也子不見大饗乎既饗歸賓俎所以厚之也言父母家之主今賓客之是孝子哀親之去也○[見]如字[卷]紀轉反[歸]如字又音[匱]非爲人喪問與賜與此上滅脫未聞其首云何是言非爲人喪而問之與人喪而賜之與問遺也久無事曰問○[爲]于僞反[與]音餘三年之喪以其喪拜非三年之喪以吉拜謂受問受賜者也稽顙而後拜曰喪拜拜而后稽顙曰吉拜三年之喪如或遺之酒肉則受之必三辭主人衰絰而受之受之必正服明不苟於滋味○[三]如字又息暫反如君命則不敢辭受而薦之薦於廟貴君之禮喪者不遺人人遺之雖酒肉受也從父昆弟以下既卒哭遺人可也言齊斬之喪重志不在施惠於人○[施]始豉反縣子曰三年之喪如斬期之喪如剡言其痛之惻怛有淺深也○[縣]音玄[期]音基[剡]以漸反期之喪十一月而練十三月而祥十五月而禫此謂父在爲母也當在練則弔上爛脫在此○[禫]大感反三年之喪雖功衰不弔自諸侯達諸士如有服而將往哭之則服其服而往功衰既練之服也諸侯服新死者之服而往哭謂所不臣也練則弔父在爲母功衰可以弔人者以父在故輕於出也然則凡齊衰十一月皆可以出矣既葬大功弔哭而退不聽事焉聽猶待也事謂襲斂執紼之屬期之喪未葬弔於鄉人哭而退不聽事焉功衰弔待事不執事謂爲姑姊妹無主殯不在己族者小功緦執事不與於禮禮饋奠也○[與]音預相趨也出宮而退相揖也哀次而退相問也既封而退相見也反哭而退朋

友虞附而退此弔者恩薄厚去遲速之節也相趨謂相聞姓名來會喪事也相揖嘗會於他也相問嘗相惠遺也相見嘗執摯相見也附皆當爲祔○[封]彼驗反又如字弔非從主人也四十者執紼言弔者必助主人之事從猶隨也成人二十以上至四十丁壯時鄉人五十者從反哭四十者待盈坎非鄉人則長少皆反優遺也坎或爲壙○[坎]口敢反下同喪食雖惡必充飢飢而廢事非禮也飽而忘哀亦非禮也視不明聽不聰行不正不知哀君子病之故有疾飲酒食肉五十不致毀六十不毀七十飲酒食肉皆爲疑死病猶憂也疑猶恐也○[爲]于僞反有服人召之食不往大功以下既葬適人人食之其黨也食之非其黨弗食也往而見食則可食也爲食而往則不可黨猶親也非親而食則是食於人無數也○人[食]音嗣注見食同功衰食菜果飲水漿無鹽酪不能食食鹽酪可也功衰齊斬之末也酪酢截○[酪]音洛[食]上如字下音嗣[酢]七故反[截]才代反孔子曰身有瘍則浴首有創則沐病則飲酒食肉毀瘠爲病君子弗爲也毀而死君子謂之無子毀而死是不重親○[瘍]音羊[創]初良反非從柩與反哭無免於堩言喪服出入非此二事皆冠也免所以代冠人於道路不可以無飾堩道路○[免]音問[堩]古鄧反凡喪小功以上非虞附練祥無沐浴言不有飾事則不沐浴疏衰之喪既葬人請見之則見不請見人小功請見人可也大功不以執摯唯父母之喪不辟涕泣而見人言重喪不行求見人爾人來求見己亦可以見之矣不辟涕泣言至哀無飾也○[辟]音避三年之喪祥而從政期之

喪，卒哭而從政。九月之喪，既葬而從政。小功、緦之喪，既殯而從政。〔王制之言教令之謂，給庶人也。○從音慵。從政音基。從，才用反。〕

曾申問於曾子曰：「哭父母有常聲乎？」曰：「中路嬰兒失其母焉，何常聲之有。」〔嬰猶鷖彌也，所謂其若小兒亡母啼號也。○嬰於盈反，卒哭而諱。〕

卒哭而諱。〔自此而鬼神事之。〕王父母、兄弟、世父、叔父、姑、姊妹，子與父同諱。〔父為其親諱，亦為其親感動也。○相感，夫鬼神事。王父母兄弟同諱。〕母之諱，宮中諱。妻之諱，不舉諸其側。與從祖昆弟同名，則諱。〔孝子與父母言於宮中，其不言諱。母之所為其親諱。在其中，重則諱之。〕

以喪冠者，雖三年之喪，可也。既冠於次，入哭踊，三者三，乃出。〔始遭喪，以其冠月，則喪服因冠矣。雜下云息為雖三或同。〕大功之末，可以冠子，可以嫁子。〔末，服之將除也。〕父小功之末，可以冠子，可以嫁子，可以取婦。〔父猶在可用吉禮，於己大功卒哭而可以冠子嫁子，小功卒哭而可以取婦。〕己雖小功，既卒哭，可以冠、取妻。下殤之小功，則不可。〔以次冠娶者，己大功卒哭而可以取婦，小功卒哭而可以冠子嫁子，下殤之小功則不可。〕

凡弁絰，其衰侈袂。〔侈猶大也。弁絰之衰，大其袂，二尺二寸。○侈，昌氏反。〕

父有服，宮中子不與於樂。〔異宮則否。〕母有服，聲聞焉，不舉樂。妻有服，不舉〔樂，母有服，聲聞焉不舉樂。妻有服不舉〕

樂於其側。〔於宮中異宮子與父於同宮者出也。禮由命士以上，父子異宮。宮不異者，出行見之，不得觀也。○與音預。〔與〕又音餘，如字。〕大功將至，辟琴瑟。小功至，不絕樂。〔至，來也。亦所以助哀也。○〔辟〕音避。一婢亦來反。〕

姑姊妹，其夫死，而夫黨無兄弟，使夫之族人主喪。妻之黨雖親弗主。〔寡此謂姑姊妹夫黨無子。〕夫若無族矣，則前後家，東西家。無有，則里尹主之。〔族兄弟，夫之族也，成其主喪。必喪不宜得使夫妻之姓親類而使。喪里無尹無主，闔里。〕或曰：主之而附於夫之黨。〔亦主之義。尹姓也。主之妻非其黨。夫自之主。胥里在官宰者之屬，王度或為士。記諸侯戶尸於異里國之一尹則其祿君如為麻。〕麻者不紳，執玉不麻，麻不加於采。〔麻者，不紳，大帶也。弁絰者以要服弔，代大帶也。采麻玄不纚加之於衣采。○衣。〕

國禁哭則止。〔〔紳〕音申。〕朝夕之奠，即位自因也。〔不哭猶朝夕，自用故事，奠也。祭祀時，謂雖禁哭自因，自用故奠。〕童子哭不偯，不踊，不杖，不菲，不廬。〔室人則者杖。○〔菲〕扶味反，當未成人者不能備禮也。〕

孔子曰：「伯母、叔母疏衰，踊不絕地。姑、姊妹之大功，踊絕於地。如知此者，由文矣哉，由〔地，能用禮文，踊絕地，美地之不也。伯母之情者，能用〕文矣哉。〔禮由用文哉也。言知此踊絕地，美地之不也。伯母、叔母義也，能用禮文哉。〕泄柳之母死，相者由左。泄柳死，其徒由右相。由右相，〔骨肉也。姑姊妹。〕泄柳之徒為之也。〔魯穆公失禮，所由也始。相也，相泄柳主也，相泄柳。〕天子飯九貝，諸侯七，大夫五，士三。〔亦記此禮，蓋夏時禮也。○〔相〕息亮反。天子飯九貝，諸侯七，大夫五，士三。○天子飯含用玉。〕士三月而葬，是月也卒哭。〔〔飯〕扶晚反。〔含〕胡闇反。玉，〔飯〕周禮天子飯含用玉。〕大夫三月而葬，五月而卒哭。諸侯五月而葬，七月而卒〔哭〕……

哭士三虞，大夫五，諸侯七。諸侯使人弔，其次含襚賵臨，皆同日而畢事者也，其次如此也。卿大夫疾，君問之無算；士壹問之。君於卿大夫，比葬不食肉，比卒哭不舉樂；為士，比殯不舉樂。升正柩，諸侯執綍五百人，四綍皆銜枚，司馬執鐸，左八人，右八人，匠人執羽葆御柩。大夫之喪，其升正柩也，執引者三百人，執鐸者左右各四人，御柩以茅。

孔子曰：管仲鏤簋而朱紘，旅樹而反坫，山節藻棁，賢大夫也，而難為上也。晏平仲祀其先人，豚肩不揜豆，賢大夫也，而難為下也。君子上不僭上，下不偪下。

婦人非三年之喪，不踰封而弔。如三年之喪，則君夫人歸。夫人其歸也以諸侯之弔禮，其待之也若待諸侯然。夫人至，入自闈門，升自側階，君在阼，其他如奔喪禮然。

君子有三患：未之聞，患弗得聞也；既聞之，患弗得學也；既學之，患弗能行也。君子有五恥：居其位，無其言，君子恥之；有其言，無其行，君子恥之；既得之而又失之，君子恥之；地有餘而民不足，君子恥之；眾寡均而倍焉，君子恥之。

孔子曰：凶年則乘駑馬，祀以下牲。

恤由之喪，哀公使孺悲之孔子學士喪禮，士喪禮於是乎書。

子貢觀於蜡。孔子曰：賜也樂乎？對曰：一國之人皆若狂，賜未知其樂也。子曰：百日之蜡，一日之澤，非爾所知也。張而不弛，文武弗能也；弛而不張，文武弗為也；一張一弛，文武之道也。

孟獻子曰：正月日至，可以有事於上帝；七月日至，可以有事於其祖。七月而禘，獻子為之也。

夏禘之祖，以郊天之月，對月禘之，非也，魯之宗廟，猶以禘禮祀周公以始也。

夫人之不命於天子，自魯昭公始也。廟周所記，魯昭公取於吳，謂之吳孟子，昏姻之禮亦由魯公失之，宗廟祀周公猶以。

外宗爲君夫人，猶內宗也。國中者嫁於國外之宗。女嫁於諸侯者爲君服，諸臣爲君服，斬衰之夫人，齊衰，女子子嫁於大夫，舅姑皆親服之也，至宗五屬皆內宗也。

于不告，不於命，天子之子。天子不命，魯取之同姓，謂之吳，此後魯取同姓者遂昭公也。

廄焚，孔子拜鄉人爲火來者，拜之，士壹，大夫再，亦相弔之道也。謝其哀來弔之禮。拜之士壹大夫再，亦相弔之道也。

孔子曰：管仲遇盜，取二人焉，上以爲公臣，曰：其所與遊辟也，可人也。可人也，言此但人。管仲死，桓公使爲之服。宦於大夫者之爲之服也，自管仲始也，有君命焉爾也。有君命焉爾也，記亦宦仕也，此服仕則不仕反。

過而舉君之諱則起。失舉言也，謂言而變，自起者，新立者也。

與君之諱同則稱字。同僚大夫之名也，臣謂諸侯之諱。

內亂不與焉，外患弗辟也。之爲亂也，己力不能討，友如與陳葬，原至於鄰國爲寇，則內當死難，而不辟外難。○辟音避。

贊大行曰：圭，公九寸，侯伯七寸，子男五寸，博三寸，厚半寸，剡上，左右各寸半，玉也，藻三采六等。贊，書說大行人之禮也，再者行名也，子藻薦玉者，子男執玉璧者。作此卦反，再行戶剛夬反。○〔畫〕

哀公問子羔曰：子之食奚當？對曰：文公之下執事也。君問其先人。○當如字，舊食祿以何，丁浪反。成

——

廟則釁之。其禮祝宗人宰夫雍人皆爵弁純衣。廟必新釁。釁之者以血塗之，諸侯宗人掌禮，○諸於純側，君曰諸侯，宰夫也。雍人拭羊，宗人視之，宰夫北面于碑南東上。夫居其側，上者也，宰夫也，居上攝主者也，宰夫拭靜也。雍人舉羊升屋自中，中屋南面，刲羊，血流于前，乃降。門、夾室皆用雞。先門而後夾室，其䱼皆於屋下。割雞，門當門，夾室中室。既事，宗人告事畢，乃皆退。自由毛薦也，耳謂將殺割牲以釁，欲釁其先滅耳旁。有司皆鄉室而立，門則就事宗人告事畢。反命于君曰：釁某廟事畢。反命于寢，君南鄉于門內朝服。既反命，乃退。宰告夫者告，反命于君曰釁某廟事畢，反命于寢。○有鄉釁許亮反。言所居寢者生，人所居寢，不釁。如有司當門北面，有司官。如周禮有釁，〔釁〕古代反，〔釁〕苦釁反。

當門夾室中室。釁，旁毛薦也，將殺割者告牲以釁神，欲釁其先滅耳。

人舉羊升屋自中，中屋南面，刲羊血流于前，乃降。門、夾室皆用雞，門割雞。

人視之，宰夫北面于碑南東上。○純側，君曰諸侯，宰夫也，雍人拭羊，宗人同人。

則考之而不釁，釁屋者交神明之道也。入言所居，檀弓。凡宗廟之器，其名者成則釁之以豭豚。之宗廟，屬名，○〔豭〕音加，彞，謂尊彞，諸侯。弓者曰：不神之也，考之者設盛大夫食以發焉，落之爾也，是也。

君南鄉于門內朝服，既反命乃退。君朝服也，路寢成。

諸侯出夫人，夫人比至于其國，以夫人之禮行。至，以夫人入。出夫人比至于其國以夫人之禮行，○〔比〕必利反。

器其名者成則釁之以豭豚。行道以夫人用此之禮始者，弃妻必致命其家。乃行，義絕不用此之禮始者。入，使者將命曰：

使者將命曰：寡君不敏，不能從而事社稷宗廟，使使臣某，敢告於執事。傳前辭不入，致命如采時也，此辭賓曰：敢不聽擥命者。

主人對曰：寡君固前辭不教矣，寡君敢不敬須以俟命。謂納采初，主人卒辭，賓在門外。

執事主人對曰寡君固前辭不教矣，寡君敢不敬須。

有司官陳器皿，主人有司亦官受之。本器皿其物。

以俟命。

聲。○〔使〕去同，下同。○物也。〔皿〕武景反，又音猛。〔豆〕律，弃妻。妻出，夫使人致之曰：某不敏，不……

能從而共粢盛，使某也，敢告於侍者。主人對曰：某之子不肖，不敢辟誅，敢不敬須以俟命。使者退，主人拜送之。肖，似也。誅，猶罰也。○〔共〕音恭。〔辟〕音避。〔誅〕言不如人。如舅在則稱舅，舅沒則稱兄，無兄則稱夫。言弃妻者，由尊者出也。唯國君父兄命當不稱之，兄在則稱之。主人之辭曰：某之子不肖。如姑、姊、妹亦皆稱之。亦曰某之姑、某姊、某妹死之。姑姊妹見。孔子曰：吾食於少施氏而飽，少施氏食我以禮。言貴其氏，以禮待己，則不以禮而慢之。○若季氏，夫少施氏，魯惠公之後，時人倨。吾祭，作而辭曰：疏食不足祭也。吾飧，作而辭曰：疏食也，不敢以傷吾子。〔飧〕音孫。〔施〕下同。〔食我〕音嗣。○〔少〕音失照反。納幣一束，束五兩，兩五尋。納幣，謂婚禮納徵幣也。十个為束，貴成數。兩兩者，謂合其卷，是謂五兩。八尺曰尋，五兩五尋，則每卷二丈也。○〔个〕古賀反。〔卷〕音眷，又紀勉反。婦見舅姑，兄弟、姑、姊妹皆立于堂下，西面北上，是見已。見諸父，各就其寢。見旁尊也。○時來亦為。女雖未許嫁，年二十而笄，禮之，婦人執其禮。人雖未許嫁，酌以成之，亦言為婦成。非許嫁之笄。燕則鬈首。既笄之後，去之，猶若女有。○〔鬈〕音權，又居阮反。〔去〕〔笄〕果起呂反。〔紒〕音計，丁計反。〔韠〕音畢。韠長三尺，下廣二尺，上廣一尺，會去上五寸，紕以爵韋六寸，不至下五寸，純以素，紃以五采。會謂上領縫也。領之所用，蓋與紕同，在旁各三寸。紕在下也。純曰純，素，生帛也。純六寸者，中執之，表裏各三寸也，純在下。紕所不至者五寸，與會去上同。紕施諸縫中，若今時。○〔紕〕音必。〔長〕直諒反。〔廣〕古曠反。〔會〕古外反。〔紃〕音旬，條也。〔純〕之閏反。〔紃〕音巡。

禮記卷第十二

雜記上　與國本附見于此

復諸侯以襃衣冕服爵弁服夫人稅衣揄狄狄稅

素紗內子以鞠衣襃衣素紗下大夫以襢衣其餘

如士復西上

雜記下

縣子曰三年之喪如斬期之喪如剡三年之喪雖

功衰不弔自諸侯達諸士如有服而將往哭之則

服其服而往期之喪十一月而練十三月而祥十

五月而禫練則弔旣葬大功弔哭而退不聽事焉

喪大記第二十二　　鄭氏註

疾病，外內皆埽。〔為賓客將來問病也。○埽，悉報反。困曰病。客，將來問病。報病也。〕君大夫徹縣，士去琴瑟。〔諸侯軒縣，大夫判縣，士特縣。去樂器也。○縣音玄。命之去上。〕寢東首於北牖下。〔者謂恒居來視之時也。或為病。命之去上。○牖音酉。〕廢床，徹褻衣，加新衣，體一人。〔四體各使一人持之，為其不能自屈伸也。○褻音薛。不能自屈伸也。〕男女改服。〔為賓客來問病也，亦朝服。庶人深衣。○朝服。〕屬纊以俟絕氣。〔纊，今之新綿，易動搖，置口鼻之上以為候。○屬音燭。纊音曠。〕男子不死於婦人之手，婦人不死於男子之手。〔君謂其相褻。為其相終。○褻音薛。男子不。〕

君夫人卒於路寢，大夫世婦卒於適寢，內子未命則死於下室，遷尸于寢，士士之妻皆死于寢。〔言死者必皆於正處也。○適，丁歷反。遷尸于寢者，謂大夫之適妻也。士言死者同於寢室。〕復，有林麓則虞人設階，〔復，招魂復魄也。升屋所用。麓，山足也。虞人，主林麓之官。○復音伏。麓音鹿。階梯也。〕無林麓則狄人設階。〔狄人，樂吏之賤者。○狄，或作翟。〕小臣復，復者朝服。〔小臣，君之近臣。以事君之服而復，所以事也。〕君以卷，夫人以屈狄，大夫以玄赬，世婦以襢衣，士以爵弁，士妻以稅衣，皆升自東榮，中屋履危，北面三號，捲衣投于前，司服受之，降自西北榮。〔衣裳所謂。榮，屋翼也。升自東榮者，謂下大夫之服，士也。其世婦、天子婦，諸侯亦以，言禮知彥。堂東霤前。○危，棟上也。危，棟上也。卷，古本號。屈音闕。某復貞反。襢，敕知彥反。司服以篋待衣。以其求神用也。〕

其為賓則公館復，私館不復；〔主人館之，謂公館及卿大夫之館也。○館音官。乘，繩證反。轂，工木反。〕其在野則升其乘車之左轂而復。〔乘車，其所自乘之車也。○乘，繩證反。轂，工木反。〕復衣不以衣尸，不以斂。〔復者，庶其生也。若以其衣襲斂，是用生施死，於義相反，於事非宜也。○衣尸之衣，於既反。斂，力驗反。斂，起以呂反。〕婦人復，不以袡。〔袡，婦人嫁時上服也。○袡而廉反。非事鬼。〕凡復，男子稱名，婦人稱字。〔尊名也，鬼神之。以名行，不以字。〕唯哭先復，復而後行死事。〔氣絕則哭，哭而復，復而不蘇，可以為死事。○蘇，悉吾反。〕始卒，主人啼，兄弟哭，婦人哭踊。〔悲哀深也。〕既正尸，子坐于東方，〔正尸者，謂遷尸於牖下南首也。其男子之適，立於姓，謂主人眾。〕卿大夫父兄子姓立于東方，有司庶士哭于堂下北面；夫人坐于西方，〔後世婦為內命婦。〕內命婦姑姊妹子姓立于西方，外命婦率外宗哭于堂上北面。〔內命婦，姑姊妹之女。大夫之妻為外命婦，外宗。〕大夫之喪，主人坐于東方，主婦坐于西方，其有命夫命婦則坐，無則皆立。〔命夫、命婦來此哭者。同宗尊卑父兄子姓也。兄子立，姑姊妹立。〕士之喪，主人父兄子姓皆坐于東方，主婦姑姊妹子姓皆坐于西方。〔士賤，同宗尊卑皆坐。〕凡哭尸于室者，主人二手承衾而哭。〔承衾若欲攀援，哀慕也。〕君之喪，未小斂，為寄公國賓出。大〔……〕

夫之喪未小斂，爲君命出。士之喪於大夫不當斂則出（出門·斂時出者·○扱，初洽反·衽，而審反·跣，悉典反）。凡主人之出也，徒跣扱衽拊心，降自西階。君拜寄公國賓于位，大夫於君命迎于寢門外，使者升堂致命，主人拜于下（此大夫身來·大夫特身來·君命也）。士於大夫親弔則與之哭，不逆於門外。夫人爲寄公夫人出，命婦爲夫人之命出（夫人之命婦爲夫人之命出·此命婦位），士妻不當斂則爲命婦出（時出·寄拜公之夫人堂上·命婦位此·○滅燎而設燭·○鑮仕眷反）。小斂，主人即位于戶內，主婦東面（在堂上·尸西北面·小斂之後尸東面）。乃斂卒斂，主人馮之踊，主婦亦如之（主人祖說髦括髮·婦髽）。主人袒說髦括髮以麻，婦人髽帶麻于房中（蓋士諸侯殯禮說髦也·髦士此之云既小斂殯·○皮氷反·帶麻說他房·髽側瓜反·說他活反）。徹帷，男女奉尸夷于堂，降拜（遷尸之言·主人尸也·主婦於）。大夫士拜卿大夫於位，於士旁三拜。夫人亦拜寄公夫人於堂上，大夫內子士妻特拜命婦，氾拜眾賓於堂上（君與賓謂其妻也·氾·芳劍反·拜襲帶）。

弔者襲裘，加武帶絰，與主人拾踊（弔始如死時也·弔者朝服·加武帶絰如小斂之絰·於游趨而出明服·襲裘襲絰經歷反而入·○拾其劫反·絰徒結反）。君喪，虞人出木、角，狄人出壺，雍人出鼎，司馬縣之，乃官代哭（壺雍人出鼎司馬縣之乃官代哭·絕聲更爲·木以漏刻之時而更漏·漏以水斗可以漏刻·分時而冬漏沸以爲節·○氏縣音玄·鑮音皮·縣音懸·罷）。大夫官代哭不縣壺，士代哭不以官（也下）。君堂上二燭、下二燭，大夫堂上一燭、下二燭，士堂上一燭、下一燭（燭所以照也·○鑮仕眷反）。賓出徹帷。哭尸于堂上，主人在東方，由外來者在西方，諸婦南鄉（斂君即與大夫之禮也·士卒徹帷或爲廢·君即徹帷或爲廢·○鄉許亮反）。婦人迎客送客不下堂，下堂不哭；男子出寢門見人不哭（來謂奔喪者也·無奔喪者·○鄉許亮反·房婦人男子于所有事自堂及·及門非其事處而哭也·出門見人謂迎賓猶野也）。其無女主，則男主拜女賓于寢門內；其無男主，則女主拜男賓于阼階下。子幼，則以衰抱之，人爲之拜（攝主者爲之拜賓於位耳·不敢當後者有爵者）。爲後者不在，則有爵者辭，無爵者人爲之拜。在竟內則俟之，在竟外則殯葬可也。喪有無後，無無主（禮也至爲·○衰人注音同·竟音境去聲·崔音）。君之喪，三日子夫人杖，五日既殯，授大夫世婦杖。子大夫寢門之外杖，寢門之內輯之；夫人世婦在其次則杖，即位則使人執之。子有王命則去杖。國君之命則輯杖。聽卜有事於尸則去杖。大夫於君所則輯杖，於大夫所則杖。謂舉之不同，曰人君禮。夫人世婦次於房中，即位堂上者，堂上近尸殯。君不使人敵執之，杖不敢自持也。不卜葬，卜日也。於國喪祭之虞。而有則尸杖。大夫於君所輯，大夫謂與之俱即君寢，杖不外，相位下也。○〔輯〕側立反。

大夫之喪，三日之朝既殯，主人、主婦、室老皆杖。大夫有君命則去杖，大夫之命則輯杖；內子為夫人之命去杖，為世婦之命授人杖。大夫之命則輯杖，為夫人之命去杖，為世婦之命授人杖者，此君大夫去杖有命也。

士之喪，二日而殯，三日之朝，主人杖，婦人皆杖。於君命、夫人之命如大夫，於大夫、世婦之命如大夫。下大夫二日而殯，士殯之者，在亦得三日者也。

子皆杖，不以即位。大夫、士哭殯則杖，哭柩則輯杖。棄杖者，斷而棄之於隱者。以子即位，凡與庶子不同。哭柩謂既塗也，尊近柩，謂啟殯可以後也，杖天夫子士。棄杖者，斷而棄之於隱者，以杖之要至尊，為人得而褻之也。○〔斷〕丁管反。

君設大盤造冰焉，大夫設夷盤造冰焉，士併瓦盤，無冰，設床襢笫，有枕。含一床，襲一床，遷尸于堂又一床，皆有枕席，君大夫士一也。尸既襲、既小斂，先內冰盤中，乃設床於其上，以瓦為盤，併以不施席而遷尸焉。秋涼而止，士不用冰，以瓦為盤，其上不盛水席也。浴之後宜承濡濯，無席，如浴時床爛也，脫在自此，仲春造之後內也。禮第，祖簀也，謂無席如浴時。皆此沐事。

遷尸于床，幠用斂衾，去死衣，小臣楔齒用角柶，綴足用燕几，君大夫士一也。耳漢禮天子夷盤廣八尺，喪禮君期，深三尺，亦用夷盤中夷，然則其小焉。遷尸於床無用斂衾去死衣，小臣楔齒用角柶綴足者，始死也。用燕几者，禮。

入浴，小臣四人抗衾，御者二人浴。浴水用盆，沃水用枓，浴用絺巾，挋用浴衣，如他日。小臣爪足，浴餘水棄于坎。其母之喪，則內御者抗衾而浴。料浴用絺巾挋用浴衣如他日，小臣爪足，浴餘水棄于坎，其母之喪則內御者抗衾而浴。○〔枓〕音主，〔絺〕音綌，〔挋〕音震。

管人汲，授御者。御者差沐于堂上。君沐粱，大夫沐稷，士沐粱。甸人為垼于西牆下，陶人出重鬲，管人受沐，乃煮之。甸人取所徹廟之西北厞薪，用爨之。管人授御者沐，乃沐。沐用瓦盤，挋用巾，如他日。小臣爪手翦須，濡濯棄于坎。重鬲，管人受沐乃煮之。甸人為垼于西牆下，陶人出重鬲，管人授御者沐乃沐。用爨之，管人授御者沐乃沐，沐用瓦盤，挋用巾，如他日，小臣爪手翦須，濡濯棄于坎。

君之喪，子、大夫、公子、眾士皆三日不食。子、大夫、公子食粥，納財，朝一溢米，莫一溢米，食之無算；士疏食水飲，食之無算。夫人、世婦、諸妻皆疏食水飲，食之無算。君之喪，子大夫公子眾士皆三日不食，子大夫公子食粥，納財，朝一溢米，莫一溢米，食之無算。

朝一溢米〔財謂食數也，升二十四分升之一，兩曰溢。諸妻御妾粟米之謂也，言無筭則爲是米。○〔莫〕音暮。〔溢〕皆音逸。〔食〕皆音嗣，或粥下飯。○〔食〕皆音同逸。〕大夫之喪，主人室老〔室老貴臣也，其〕子姓皆食粥，眾士疏食水飲，妻妾疏食水飲。士亦如之〔如其子食粥，妻妾疏食水飲〕。既葬，主人疏食水飲，不食菜果，婦人亦如之。君大夫士一也〔君大夫士一也〕。練而食菜果，祥而食肉〔桃之果屬瓜〕。食粥於盛不盥，食於篹者盥〔盛，篹或今時作鐶杅也。○〔盛〕古繁反。〔篹〕竹器也，悉緩反。又蘇管反，手飯者盥〕。食菜以醯醬。始食肉者先食乾肉，始飲酒者先飲醴酒〔亦謂既葬食肉飲酒〕。期之喪，三不食。食，疏食水飲，不食菜果。三月既葬，食肉飲酒〔三月既葬食肉飲酒〕。期，終喪不食肉，不飲酒，父在為母為妻〔亦謂既葬食肉飲酒〕。三月之喪〔世母故主宗子〕。食飲猶期之喪也〔五月三月之喪，壹不食，再不〕食肉飲酒，不與人樂之〔食也〕。叔母世母故主宗子〔比葬食肉飲酒，不與人樂之〕。食肉飲酒〔食飲猶期之喪也，食肉飲酒，不與人樂之〕。不能食粥，羹之以菜可也〔可謂食性飯菜羹者〕。有疾，食肉飲酒可也〔〔比〕必利反〕。五十不成喪〔不成，猶不致毀備不備也，所送之不能備也〕。七十唯衰〔氣微，其餘居處飲食與其吉時同也〕麻在身〔言與其餘居處同也〕。既葬〔若君食之則食之大夫〕。父之友食之則食之矣〔食，美也，○變色，亦食音嗣〕不辟粱肉若有酒醴則辭〔可以〔食〕友〔食〕音酬，〔辟〕音避〕。〔之顛可也。○〔食〕音嗣〕。小斂於戶內，大斂〔君尊〕小斂於〔阼〕。君以簟席，大夫以蒲席，士以葦席〔簟細葦席也。○〔簟〕下皆有席莞也。三〕

<hr>

〔琵音〕小斂布絞，縮者一，橫者三〔君錦衾大夫縞衾士〕緇衾皆一衣十有九稱〔君陳衣于序東大夫士陳衣〕于房中皆西領北上絞紟不在列〔絞紟所用衣〕。大斂布絞，縮者三，橫者五，布紟二衾〔君大夫士一也〕君陳衣于庭百稱北領〔大斂布絞縮者三〕西上大夫陳衣于序東五十稱西領南上士陳衣于〔君大夫士一也君陳衣于〕序東三十稱西領南上絞紟如朝服〔序東三十稱西領南上〕。絞一幅為三不辟紟五幅無紞〔布精粗如朝服〕。小斂君大夫士皆用復衣復衾〔斂衣陳時衣或列見其或〕。君無襚大夫士畢主人之祭服親戚之衣受之不以〔小斂之衣祭服不倒〕。即陳小斂君大夫士皆用復衣復衾〔裼也〕。謂之一稱〔袍必有表不禪衣必有裳〕。凡陳衣者實

之篋。取衣者亦以篋。升降者自西階。（○取衣也。凡陳衣。）凡陳衣不詘，非列采不入，絺綌紵不入。（詘，丘勿反。采，謂正服之色。不卷也。絺列。用絺綌者，當暑之褻衣服，斂則用正服。○詘，丘重反。形勿反。夏。）凡斂者袒，遷尸者襲。君之喪，大胥是斂，眾胥佐之；大夫之喪，大胥侍之，眾胥是斂；士之喪，胥為侍，士是斂。（○左，鄉反。許生時也。亮反。）小斂大斂，祭服不倒，皆左衽，結絞不紐。斂者既斂必哭。士與其執事則斂，斂焉（不欲妄使人褻之，與執事或為者。）則為之壹不食。凡斂者六人。君錦冒黼殺，綴旁七；大夫玄冒黼殺，綴旁五；士緇冒赬殺，綴旁三。（頍，音執。○冒者既襲，所以韜尸。）凡冒，質長與手齊，殺三尺，自小斂以往用夷衾。夷衾質殺之裁猶冒也。（所以韜尸襲。重形也。殺，冒之下幕，韜足衽行者也。○殺，色戒反，又所劍反。裁，才再反。又覆以下同。）君將大斂，子弁絰即位于序端；卿大夫即位于堂廉楹西，北面東上；父兄堂下北面；夫人命婦尸西，東面；外宗房中南面。小臣鋪席，商祝鋪絞紟衾衣，士盥于盤上，士舉遷尸于斂上，卒斂。宰告，子馮之踊，夫人東面亦如之。（而素。大夫者之未成服，亦弁絰。弁，大夫之喪亦弁絰。）大夫之喪，將大斂，既鋪絞紟衾衣，君至，主人迎，先入門右，巫止于門外，君釋菜，祝先入升堂，君即位于序端；卿大夫即位于堂廉楹西，北面東上；主人房外南面；主婦尸西東面。遷尸卒斂，宰告，主人降北面于堂下，君撫之，主人拜稽顙，君降，升主人馮之，命主婦馮之。（○入門而右也。巫止者，君行必與巫。巫主辟凶邪也。必禮門神者。君非問病弔喪不入也。諸……）士之喪，將大斂，君不在，其餘禮猶大夫也。（○其餘，謂大夫。）鋪絞紟踊，鋪衾踊，鋪衣踊，遷尸踊，斂衣踊，斂衾踊，斂絞紟踊。（○鋪，普吳反。斂衣，昆弟之……）君撫大夫，撫內命婦；大夫撫室老，撫姪娣。（○命婦，內子也。）君大夫馮父母、妻、長子，不馮庶子；士馮父母、妻、長子、庶子，庶子有子，則父母不馮其尸。凡馮尸者，父母先，妻子後。（○馮，皮冰反。姑姊婦撫之。）君於臣撫之，父母於子執之，子於父母馮之，婦於舅姑奉之，舅姑於婦撫之，妻於夫拘之，夫於妻、於昆弟執之。馮尸不當君所。凡馮尸，興必踊。父母之喪，居倚廬，不塗，寢苫枕凷，非喪事不言。（○奉，芳勇反。凷，苦對反。倚廬，謂……苫，始占反。凷，苦對反。）君為廬，宮之；大夫士，襢之。既葬，柱楣，塗廬，不于顯者。（○襢，音但。凡廬，非。）君、大夫、士皆宮之。凡非適子者，自未葬，以於隱者為廬。既葬，與人立，君言王事，不言國事；大夫士言公事，不言家事。（此常禮也。）君既葬，王政入於國，既卒哭而服王事。大夫士既葬，公政入於家，既卒哭，弁絰帶，金革之事無辟也。（此權禮也。弁絰帶者，變喪服而輕可以即事也。○辟音避。）既練，居堊室，不與人居。君謀國政，大夫士謀家事。既祥，黝堊。（黝堊，室之飾。）祥而外無哭者，禫而內無哭者，樂作矣故也。（內，謂門內也。外，謂門外也。○堊或為要，期禫或皆作道。）禫而從御，吉祭而復寢。（從御，御婦人也。復，復宿殯宮也。）期居廬，終喪不御於內者，父在為母、為妻。（寢，從御御婦人也。復宿殯宮也。）齊衰期者，大功布衰九月者，皆三月不御於內。婦人不居廬，不寢苫。喪父母，既練而歸；期九月者，既葬而歸。（婦人不居廬，不寢苫，喪父母，既練而歸，期九月者，既葬而歸。）父母之喪，既練而歸。朔月忌日，則歸哭于宗室。諸父兄弟之喪，既卒哭而歸。（歸，謂歸宗室，宗子之家也。忌日，謂死日。殯宮。）士，父母之喪，既練而歸。朔月忌日，則歸哭于宗室。諸父兄弟之喪，既卒哭而歸。（歸，謂歸其家也。）父不次於子，兄不次於弟。（宮謂不就其殯而居。謂為次。）

君於大夫世婦，大斂焉；為之賜，則小斂焉。（賜，有恩惠也。於臣略之也。）於外命婦，既加蓋而君至。於士，既殯而往；為之賜，大斂焉。於世婦，大斂焉；為之賜，小斂焉。（妻，臣略之也。）於諸妻，為之賜，大斂焉。於大夫外命婦，既殯而往。大夫士既殯，而君往焉，使人戒之，主人具殷奠之禮，俟于

門外，見馬首，先入門右，巫止于門外，祝代之先，君釋菜于門內，祝先升自阼階，負墉，南面。（君將來則具，房戶東也，禮以待之。戈榮，先君之來君也。）君即位于阼，小臣二人執戈立于前，二人立于後。（殷奠，至猶服也。朔則朝大夕奠小。）擯者進，主人拜稽顙。君稱言，視祝而踊，主人踊。（舉所言。）大夫則奠可也。士（北面。門東。以來之辭也。視祝而踊，祝相君之。○相，息亮反，下同。禮當節之也。○相息亮反下同。）則出俟于門外，命之反奠，乃反奠。卒奠，主人先俟于門外，君退，主人送于門外，拜稽顙。（迎則不拜，君之送答者己。）君於大夫疾，三問之；在殯，三往焉。士疾，壹問之；在殯……

者主人無二也君弔見尸柩而后踊塗之後雖往不踊也踊或為哭或為浴大夫士若君不戒而往不具殷奠君退必奠榮君之來君大棺八寸屬六寸椑四寸上大夫大棺八寸屬六寸下大夫大棺六寸屬四寸士棺六寸大棺棺之在表者也檀弓曰天子之棺四重水兕革棺被之其厚三寸杝棺一梓棺二四者皆周此以內說而出也然則大棺及屬用梓椑用杝以是差之上公革棺不被三重也諸侯無革棺再重也大夫無椑一重也士無屬不重也庶人之棺四寸上大夫謂列國之卿也趙簡子云不設屬椑時僭也○〔屬〕音燭後同〔椑〕步歷反〔重〕直龍反下同君裏棺用朱綠用雜金鐕大夫裏棺用玄綠用牛骨鐕士不綠鐕所以椓著裏○〔鐕〕子南反釘也〔椓〕陟角反君蓋用漆三衽三束大夫蓋用漆二衽二束士蓋不用漆二衽二束用漆者塗合牝牡之中也衽小要也○〔要〕一遙反君大夫鬊爪實于綠中士埋之綠當為角聲之誤也角中謂棺內四隅也鬊亂髮也將實爪髮棺中必為小囊盛之此綠或為篹○〔鬊〕音舜〔爪〕側巧反〔篹〕魯口反君殯用輴欑至于上畢塗屋大夫殯以幬欑置于西序塗不暨于棺士殯見衽塗上帷之欑猶菆也屋殯上覆如屋者也幬覆也暨及也此記參差以檀弓參之天子之殯居棺以龍輴欑木題湊象椁上四注如屋以覆之盡塗之諸侯輴不畫龍欑不題湊象椁其他亦如之大夫之殯廢輴置棺西牆下就牆欑其三面塗之不及棺者言欑中狹小裁取容棺然則天子諸侯差寬大矣士不欑掘地下棺見小要耳帷之鬼神尚幽闇也士達於天子皆然幬或作錞或作埻○〔輴〕勑倫反〔欑〕才完反〔幬〕音道〔見〕賢遍反〔菆〕才工反〔參〕初金反〔差〕初宜反〔湊〕七豆反〔注〕之樹反〔差〕初賣反〔錞〕徒對反又徒臥反〔埻〕支允反又支閏反熬君四種八筐大夫三種六筐士二種四筐加魚腊

焉熬者煎穀也將塗設於棺旁所以惑蚍蜉使不至棺也士喪禮曰熬黍稷各二筐又曰設熬旁各一筐大夫三種加以梁君四種加以稻四筐則手足皆一其餘設於左右○〔熬〕五羔反〔種〕章勇反飾棺君龍帷三池振容黼荒火三列黻三列素錦褚加僞荒纁紐六齊五采五貝黼翣二黻翣二畫翣二皆戴圭魚躍拂池君纁戴六纁披六大夫畫帷二池不振容畫荒火三列黻三列素錦褚纁紐二玄紐二齊三采三貝黻翣二畫翣二皆戴綏魚躍拂池大夫戴前纁後玄披亦如之士布帷布荒一池揄絞纁紐二緇紐二齊三采一貝畫翣二皆戴綏士戴前纁後緇二披用纁飾棺者以華道路及壙中不欲眾惡其親也荒蒙也在旁曰帷在上曰荒皆所以衣柳也士布帷布荒者白布也君大夫加文章焉黼荒緣邊為黼文畫荒緣邊為雲氣火黻為列於其中耳僞當為帷或作于聲之誤也大夫以上有褚以襯覆棺乃加帷荒於其上紐所以結連帷荒者也池以竹為之如小車笭衣以青布柳象宮室縣池於荒之爪端若承霤然云君大夫以銅為魚縣於池下揄揄翟也青質五色畫之於絞繒而垂之以為振容象水草之動搖行則又魚上拂池雜記曰大夫不揄絞屬於池下是不振容也士則去魚齊象車蓋蕤縫合雜采為之形如瓜分然綴貝落其上及旁戴之言值也所以連繫棺束與柳材使相值因而結前後披也漢禮翣以木為筐廣三尺高二尺四寸方兩角高衣以白布畫者畫雲氣其餘各如其象柄長五尺車行使人持之而從既窆樹於壙中檀弓曰周人牆置翣是也綏當為緌讀如冠蕤之蕤蓋五采羽注於翣首也○〔褚〕張呂反下同〔僞〕位悲反〔齊〕如字徐才細反〔翣〕所甲反〔披〕彼義反〔緌〕音蕤〔揄〕音遙〔壙〕苦晃反〔惡〕烏路反〔縣〕音懸〔分〕扶問反又皮莧反〔高〕古報反又如字〔從〕才用反君葬用輴四綍二碑御棺用羽葆大夫葬用輴二綍

二碑。御棺用茅。士葬用國車。二緯無碑。比出宮御棺用功布。〔大夫廢輴之誤此言非也或作輴字或作國是以爲輇車也在棺曰輴連言之輴桓樌也居〕

前奏節爲之差以速在棺車旣則出宮專用者輴桓樌也依注止音至輇〔此去聲引音律〕

凡封。用綍去碑貟引。君封以衡。大夫士

以咸。君命毋譁。以鼓封。大夫命毋哭。士哭者相止也。

君松椁。大夫柏椁。士雜木椁。

棺椁之閒。君容柷。大夫容壺。士容甒。君裏椁虞筐。大夫不裏椁。士不虞筐。

禮記卷第十三

與國本附見于此

喪大記

士之喪。二日而殯。三日之朝。主人杖。婦人皆杖。尤
君命夫人之命如大夫。尤大夫世婦之命如大夫。
君命夫人之命如大夫。於大夫士哭殯則杖。哭柩則輯杖。
子皆杖。不以即位。大夫士哭殯則杖。哭柩則輯杖。
弃杖者。斷而弃之於隱者。始死。遷尸于牀。幠用斂
衾。去死衣。小臣楔齒用角柶。綴足用燕几。君大夫
士一也。管人汲。不說繘。屈之。盡階不升堂。授御者。
入浴。小臣四人抗衾。御者二人浴。浴水用盆。沃水
用枓。浴用絺巾。挋用浴衣。如它日。小臣爪足。浴餘
水弃于坎。其母之喪則內御者抗衾而浴。管人汲。
授御者。御者差沐于堂上。君沐粱。大夫沐稷。士沐
粱。甸人爲垼于西牆下。陶人出重鬲。管人受沐。乃
煮之。甸人取所徹廟之西北厞薪。用爨之。管人授
御者。御者沐。乃沐。沐用瓦盤。挋用巾。如它日。小臣爪手。
翦須。濡濯弃于坎。君設大盤。造冰焉。大夫設夷盤。
造冰焉。士併瓦盤無冰。設牀襢笫。有枕。含一牀。襲
一牀。遷尸于堂又一牀。皆有枕席。君大夫士一也。
君之喪。子大夫公子眾士皆三日不食。子大夫公
子食粥。納財。朝一溢米。莫一溢米。食之無筭。士疏

食水飲食之無筭夫人世婦諸妻皆疏食水飲食
之無筭

祭法第二十三　鄭氏註

祭法：有虞氏禘黃帝而郊嚳，祖顓頊而宗堯；夏后氏亦禘黃帝而郊鯀，祖顓頊而宗禹；殷人禘嚳而郊冥，祖契而宗湯；周人禘嚳而郊稷，祖文王而宗武王。禘、郊、祖、宗，謂祭祀以配食也。此禘謂祭昊天於圜丘也。祭上帝於南郊曰郊。祭五帝五神於明堂曰祖宗。祖宗，通言爾。有虞氏以上尚德，禘郊祖宗，配用有德者而已。自夏已下，稍用其姓代之先後。有虞氏、夏后氏宜郊顓頊，殷人宜郊契。郊祭一帝，而明堂祭五帝，小德配寡，大德配眾，亦禮之殺也。○禘，大計反。嚳音酷。顓音專。頊，許玉反。鯀，古本反。契，息列反。

燔柴於泰壇，祭天也；瘞埋於泰折，祭地也；用騂犢。壇、折，神壇之名也。神壇之言坦也，坦，明貌也。折，昭晢也。必見誠敬之心也。地，陰祀，用騂犢，與天俱用犢，牲體也。○壇，徒丹反。折，之舌反，又之設反。

埋少牢於泰昭，祭時也；相近於坎壇，祭寒暑也；王宮，祭日也；夜明，祭月也；幽宗，祭星也；雩宗，祭水旱也；四坎壇，祭四方也。昭，明也。亦謂祭時也。此以下皆祭陰陽之神也。相近當為禳祈，聲之誤也，祭寒暑也。王宮，日壇也。王，君也。日稱君，宮亦壇也。夜明，月壇也。幽宗，星壇也。宗，皆當為禜，字之誤也。禜之言營也。幽，謂星壇也。

山林川谷丘陵能出雲，為風雨，見怪物，皆曰神。有天下者祭百神。諸侯在其地則祭之，亡其地則不祭。諸侯在其地則祭之，謂五嶽在魯在衛之屬。亡其地則不祭，謂見削奪土地也。

大凡生於天地之間者皆曰命，其萬物死皆曰折，人死曰鬼，此五代之所不變也。七代之所更立者，禘、郊、宗、祖，其餘不變也。天下有王，分地建國，置都立邑，設廟祧壇墠而祭之，乃為親疏多少之數。五代，謂黃帝、堯、舜、禹、湯。七代，通顓頊及嚳也。祧之言超也，超然上去意也。

是故王立七廟，一壇一墠，曰考廟，曰王考廟，曰皇考廟，曰顯考廟，曰祖考廟，皆月祭之；遠廟為祧，有二祧，享嘗乃止；去祧為壇，去壇為墠，壇墠有禱焉祭之，無禱乃止；去墠曰鬼。諸侯立五廟，一壇一墠，曰考廟，曰王考廟，曰皇考廟，皆月祭之；顯考廟、祖考廟，享嘗乃止；去祖為壇，去壇為墠，壇墠有禱焉祭之，無禱乃止；去墠為鬼。大夫立三廟二壇，曰考廟，曰王考廟，曰皇考廟，享嘗乃止；顯考、祖考無廟，有禱焉，為壇祭之，去壇為鬼。適士二廟一壇，曰考廟，曰王考廟，曰皇考無廟，享嘗乃止；顯考無廟，有禱焉，為壇祭之，去壇為鬼。官師一廟，曰考廟，王考無廟而祭之。去王考為鬼。庶士庶人無廟。死曰鬼。

諸侯為國立五祀，曰司命，曰中霤，曰國門，曰國行，曰公厲。諸侯自為立五祀。大夫立三祀，曰族厲，曰門，曰行。適士立二祀，曰門，曰戶。庶士庶人立一祀，或立戶，或立竈。

王為群姓立社曰大社。王自為立社曰王社。諸侯為百姓立社曰國社。諸侯自為立社曰侯社。大夫以下成群立社曰置社。

王為群姓立七祀，曰司命，曰中霤，曰國門，曰國行，曰泰厲，曰戶，曰竈。王自為立七祀。

立七廟，一壇一墠，曰考廟，曰王考廟，曰皇考廟，曰顯考廟，曰祖考廟，皆月祭之。遠廟為祧，有二祧，享嘗乃止。去祧為壇，去壇為墠。壇墠，有禱焉祭之，無禱乃止。去墠曰鬼。

諸侯立五廟，一壇一墠，曰考廟，曰王考廟，曰皇考廟，皆月祭之。顯考廟，祖考廟，享嘗乃止。去祖為壇，去壇為墠。壇墠，有禱焉祭之，無禱乃止。去墠為鬼。

大夫立三廟二壇，曰考廟，曰王考廟，曰皇考廟，享嘗乃止。顯考祖考無廟，有禱焉，為壇祭之。去壇為鬼。

適士二廟一壇，曰考廟，曰王考廟，享嘗乃止。皇考無廟而祭之。去皇考為鬼。

官師一廟，曰考廟。王考無廟而祭之。去王考為鬼。庶士庶人無廟，死曰鬼。

王下祭殤五，適子、適孫、適曾孫、適玄孫、適來孫。諸侯下祭三，大夫下祭二，適士及庶人，祭子而止。

夫聖王之制祭祀也，法施於民則祀之，以死勤事則祀之，以勞定國則祀之，能禦大菑則祀之，能捍大患則祀之。是故厲山氏之有天下也，其子曰農，能殖百穀。夏之衰也，周棄繼之，故祀以為稷。共工氏之霸九州也，其子曰后土，能平九州，故祀以為社。帝嚳能序星辰以著眾。堯能賞均刑法以義終。舜勤眾事而野死。鯀鄣洪水而殛死，禹能修鯀之功。黃帝正名百物以明民共財，顓頊能修之。契為司徒而民成。冥勤其官而水死。湯以寬治民而除其虐。文王以文治，武王以武功去民之菑。此皆有功烈於民者也。及夫日月星辰，民所瞻仰也。山林川谷丘陵，民所取財用也。

非此族也。不在祀典。〔注〕此所謂大神也。屬春秋傳曰炎帝封為上公，祀為大神也。厲山氏，起於厲山，或在大昊、炎帝之閒，日有烈山氏。后稷名也。著眾名也。使共工與氏，專無知錄。而王謂之霸。四凶作慝之期謂，既賞禪賞二十八載，舜乃封禹，野死也，謂能征刑有苗。服死有赴，蒼梧也。民成，殛死謂不教能之成禮，其功也。冥，契之六世孫也，其官玄冥，水官也。虐螫謂桀紂，烈，業也，族猶類也。祀典謂祭水官也。○〔禦〕魚呂反。〔菑〕音載。〔捍〕胡旦反。〔共〕音恭。

祭義第二十四

鄭氏註

祭不欲數，數則煩，煩則不敬。祭不欲疏，疏則怠，怠則忘。〔注〕○數，色角反。

是故君子合諸天道，春禘秋嘗。〔注〕大志焉，與祭於此祭之也。天道因四時之變化而祭焉。○禘，大計反。

霜露既降，君子履之，必有悽愴之心，非其寒之謂也。〔注〕寒之謂寒凉在秋。此悽愴、怵惕，皆為感時念親。

春雨露既濡，君子履之，必有怵惕之心，如將見之。〔注〕怵惕，悽愴，說懷悽愴在秋，怵惕在春。

樂以迎來，哀以送往，故禘有樂而嘗無樂。〔注〕迎來而樂，樂親之來。送往而哀，哀其享否不可知也。鬼神之享否不可知，而廣言小異。○樂以，音岳，又五孝反。

致齊於內，散齊於外。齊之日，思其居處，思其笑語，思其志意，思其所樂，思其所嗜。齊三日，乃見其所為齊者。〔注〕致齊於內，思其事也。散齊於外，齊不御不樂不弔耳。此五者，孝子之志意。所為齊者，此五者也。○見，賢遍反。齊，側皆反，下「放此」。居，方來反。樂，音岳。嗜，市志反。

祭之日，入室，僾然必有見乎其位，周還出戶，肅然必

有聞乎其容聲，出戶而聽，愾然必有聞乎其嘆息之聲。〔注〕僾然，髣髴見也。周還出戶，謂薦設時也。○僾，音愛。微見貌。〔還〕音旋。〔愾〕開代反。無尸者闔戶，若食閒則有。

是故先王之孝也，色不忘乎目，聲不絕乎耳，心志嗜欲不忘乎心。致愛則存，致愨則著。著存不忘乎心，夫安得不敬乎。〔注〕存，著則謂其思念也。○〔愨〕苦角反。念。

君子生則敬養，死則敬享，思終身弗辱也。〔注〕享，猶祭也。○〔享〕以亮反。〔養〕以羊反。

君子有終身之喪，忌日之謂也。忌日不用，非不祥也，言夫日志有所至，而不敢盡其私也。〔注〕忌日，親之死日也。忌日不用，謂不以舉他事也。祥，善也。不用舉也。士有所至哀心，如喪親時，以此。

唯聖人為能饗帝，孝子為能饗親。〔注〕饗，謂祭也。帝，天也。能使之饗者，鄉也。鄉之然後能饗焉。

饗者，鄉也，鄉之然後能饗焉。〔注〕言中心鄉之。

不怍，君牽牲，夫人奠盎，君獻尸，夫人薦豆，卿大夫相君，命婦相夫人，齊齊乎其敬也，愉愉乎其忠也，勿勿諸其欲其饗之也。〔注〕色，自東房至于禮薦。君牽牲將薦，盎齊。奠，置也。自東房薦之。○〔相〕息亮反。〔盎〕烏浪反。

文王之祭也，事死者如事生，思死者如不欲生，忌日必哀，稱諱如見親，祀之忠也。如見親之所愛，如欲色然，其文王與。〔注〕言文王之祭，如似見親之所愛，如欲色然，以時人親死，如在時，人以言思念也。○〔與〕音餘。〔諱〕許貴反。

詩云：明發不寐，有懷二人。文王之詩也。祭之明日明發不寐，饗而致之，又從而思之。祭之日，樂

饗之必樂,已至必哀。明發不寐,謂夜而至旦也。祭之明日,謂繹曰也。仲尼嘗奉薦而進,其親也愨,其行也趨趨以數。嘗,秋祭也。親,謂身親執事時也。愨與趨趨,言少威儀也。趨讀如促,促數。○【樂】音洛。【趨】觛反,音速。純音速。已祭,子贛問曰:「子之言祭,濟濟漆漆然,今子之祭,無濟濟漆漆,何也?」子曰:「濟濟者,容也遠也;漆漆者,容也自反也。容以遠,若容以自反也,夫何神明之及交,夫何濟濟漆漆之有乎?反饋,樂成,薦其薦俎,序其禮樂,備其百官,君子致其濟濟漆漆,夫何慌惚之有乎?言祭事既備,使百官助己祭,然而見其容益深而慌惚而見思,念益探。薦俎,豆與俎也。始至反,饋是進孰也。○【慌】況往反,【惚】音忽。【樂】音洛。夫言豈一端而已,夫各有所當也。」豈行一端,祭宗廟者,賓客濟濟漆漆,各主人所。○【當】丁浪反。孝子將祭,慮事不可以不豫;比時具物,不可以不備;虛中以治之。兼比時餘事,念先時猶先事。○【比】必利反,言不可以不豫,此念時。宮室既修,牆屋既設,百物既備,夫婦齊戒沐浴,盛服奉承而進之,洞洞乎屬屬乎如弗勝,如將失之,其孝敬之心至也與!脩,說謂掃除及糞灑。○【脩】音升。【與】音餘及。【屬】音燭,下反同。【至】音致,下反同。薦其薦俎,序其禮樂,備其百官,奉承而進之,主人官進助。

於是諭其志意,以其慌惚以與神明交,庶或饗之。庶或饗之,孝子之志也。諭其志意,謂使祝言想見其饗,及侑尸也。或猶有也。○【祝】之六反,又之六反。孝子之祭也,盡其慤而慤焉,盡其信而信焉,盡其敬而敬焉,盡其禮而不過失焉。進退必敬,如親聽命,則或使之也。言當盡己而祭,如居父母前,將祭受命。孝子之祭可知也,其立之也敬以詘,其進之也敬以愉,其薦之也敬以欲,退而立如將受命,已徹而退,敬齊之色不絕於面。詘,充詘,形容喜貌也。進之謂進孰也,血腥也。愉,顏色和也。欲,婉順貌。齊謂齊莊,求勿反。【齊】如字,下同,王徐側皆反。○孝子之祭也,立而不詘固也,進而不愉踈也,薦而不欲不愛也,退立而不如受命敖也,已徹而退無敬齊之色而忘本也。如是而祭,失之矣。固,猶衍字,陋也。○【敖】五報反。本,孝子之有深愛者必有和氣,有和氣者必有愉色,有愉色者必有婉容。和氣、愉色、婉容,立而詘謂。孝子如執玉,如奉盈,洞洞屬屬然,如弗勝,如將失之。嚴威儼恪,非所以事親也,成人之道也。成人,既冠者,然則孝子不失其孺子之心也。○【奉】芳勇反。【儼】魚檢反。【恪】苦各反。先王之所以治天下者五:貴有德,貴貴,貴老,敬長,慈幼。此五者,先王之所以定天下也。貴有德,何為也?為其近於道也。貴貴,為其近於君也。貴老,為其近於親也。敬長,為其近於兄也。慈幼,為其近於子也。○言治國有家道。反。是故至孝近乎王．至弟近乎霸．至孝近乎王．至弟近乎霸雖天子必有父．至弟近乎霸雖諸侯必有兄．先王之教．因而弗改．所以領天下國家也．子曰．立愛自親始．教民睦也．立敬自長始．教民順也．教以慈睦．而民貴有親．教以敬長．而民貴用命．孝以事親．順以聽命．錯諸天下無所不行．郊之祭也．喪者不敢哭．凶服者不敢入國門．敬之至也．君牽牲．穆答君．卿大夫序從．既入廟門．麗于碑．卿大夫袒而毛牛尚耳．鸞刀以刲．取膟膋．乃退爓祭．祭腥而退．敬之至也．郊之祭．大報天而主日．配以月．夏后氏祭其闇．殷人祭其陽．周人祭日．以朝及闇．祭日於壇．祭月於坎．以別幽明．以制上下．祭日於東．祭月於西．以別外內．以端其位．日出於東．月生於西．陰陽長短．終始相巡．以致天下之和．

反始也．致鬼神也．致和用也．致義也．致讓也．致反始．以厚其本也．致鬼神．以尊上也．致物用．以立民紀也．致義則上下不悖逆矣．致讓以去爭也．合此五者．以治天下之禮也．雖有奇邪．而不治者則微矣．宰我曰．吾聞鬼神之名．不知其所謂．子曰．氣也者．神之盛也．魄也者．鬼之盛也．合鬼與神．教之至也．眾生必死．死必歸土．此之謂鬼．骨肉斃于下．陰為野土．其氣發揚于上．為昭明焄蒿悽愴．此百物之精也．神之著也．因物之精．制為之極．明命鬼神．以為黔首則．百眾以畏．萬民以服．聖人以是為未足也．築為宮室．設為宗祧．以別親疏遠邇．教民反古復始．不忘其所由生也．眾之服自此．故聽且速也．二端既立．報以二禮．建設朝事．燔燎羶薌．見以蕭光．以報氣也．此教眾反始也．

薦黍稷，羞肝肺首心，見閒以俠甒，加以鬱鬯，以報魄也。〔鬼神也。薦黍稷，二禮所謂朝事與薦黍稷見閒也。朝事當事與見閒及黍稷見閒，皆朝事當事。脂也，羶也，薌也。薌當為馨，聲之誤也。有虞氏祭首，夏后氏祭心，殷祭肝，周祭首。燔燎羶薌，見以蕭光，以報氣也。見閒，謂雜以氣報魄體，以酒實，各相。肺謂道祭以之俠甒也。報謂氣報魄體以酒實各。召反，遷字音間，俠見音夾，甒音武。〕教民相愛，上下用情，禮之至也。君子反古復始，不忘其所由生也，〔可從事，謂脩薦也。〕是以致其敬，發其情，竭力從事以報其親，不敢弗盡也。〔是故昔者天子為藉千畝，諸侯為藉百畝，冕而朱紘，躬秉耒。〕是故昔者天子為藉千畝，冕而朱紘，躬秉耒；諸侯為藉百畝，冕而青紘，躬秉耒。以事天地山川社稷先古，〔藉〔藉〕田也，在亦也。先古，先祖。〔齊〕音齋。古，〔古〕音古，〔容〕音客。〕以為醴酪齊盛，於是乎取之，敬之至也。取之敬之至也。〔藉在亦也。〕古者天子諸侯必有養獸之官，及歲時齊戒沐浴而躬朝之；犧牲祭牲必於是取之，敬之至也。〔齊戒沐浴而躬朝之，謂朔月月半君巡牲之湘。〕君召牛，納而視之，〔古者天子諸侯必有公桑蠶室。〕擇其毛而卜之，〔擇牲意。〇視之，〔牲〕音更。〕牲必於是取之，敬之至也。〔祭祀時卜牲，君沐浴，朔月月半朝君巡。〕君皮弁素積，〔君召牛，納而視之。〇本擇牲意。〕卜三宮之夫人世婦之吉者，使入蠶于蠶室，奉種浴于川，桑于公桑，風戾以食之。〔近川而為之築宮仞有三尺，棘牆而外閉之及大昕之朝。〕〔蠶于蠶室奉種浴于川桑于公桑風戾以食之。大昕。〕〔朔日之朝也，探之也。風戾，夫人使三宮半，王后也，以食蠶。戾，性之惡者及。〕

三宮夫人世婦之吉者，使繅，遂朱綠之，玄黃之，以為黼黻文章，服既成，君服以祀先王先公，敬之至也。〔繅，三淹也。〇〔繅〕悉刀反。下〔兼〕同。〔益〕蒲奔反。〔淹〕手者，三淹也。〇〔繅〕悉刀反。每淹蒲奔反。〕及良日，夫人繅，三盆手，遂布于〔問者之辭。〇〔率〕音律。又所〔律〕反。〔奉〕音餘，〔褘〕音暉。〕〔與禮奉繭之世婦。〇〔與〕音丹〔褘〕音餘。〔單〕音律。又所律反。〕〔又音律，又所〔律〕反。類。〕單矣。世婦卒蠶，奉繭以示于君，遂獻繭于夫人。〔〇〔斬〕才南反。〔蠶〕〔食〕音嗣。〔腌〕七歲反。〔奉〕芳勇反。〔種〕章勇反。〔燥〕悉早反。〔惡〕烏路反。〕加〇〔斬〕才南反，〔蠶〕〔食〕音嗣，〔腌〕七歲反，〔奉〕芳勇反，〔種〕章勇反，〔燥〕悉早反，〔惡〕烏路反。日：此所以為君服與。遂副褘而受之，因少牢以禮之，古之獻繭者，其率用此與。〔歲單，謂三月盡，王后之服，而云夫人者，記者容之。大功之事畢。〕

子曰：禮樂不可斯須去身。〔斯須，猶斯須也。〕致樂以治心，則易直子諒之心油然生矣。〔致禮以治躬則莊敬。〕易直子諒之心生則樂，樂則安，安則久，久則天，天則神。天則不言而信，神則不怒而威。〔子諒，讀如慈良。〇〔諒〕音亮。〔易〕以豉反。〔信〕以豉反。〕致樂以治心者也。致禮以治躬則莊敬，莊敬則嚴威。〔然物始生好美之貌。子諒〇〔易〕以豉反。〕心中斯須不和不樂，而鄙詐之心入之矣。〔樂〔樂〕音洛。〔諒〕音亮。〔洛〕音諒。〕外貌斯須不莊不敬，而易慢之心入之矣。〔也。〕故德輝動於內而民莫不承聽，理發諸外而民莫不承順。〔慢易也。〕故曰：致禮樂之道，〔順則民瞻其顏色而不與爭也。〇〔行〕下孟反。理，謂言行也。〕

天下塞焉，舉而錯之無難矣〔鍵，七先補反也〕。樂也者，動於內者也；禮也者，動於外者也。故禮主其減，樂主其盈〔減，胡斬反，又美古反〕。禮減而進，以進為文，樂盈而反，以反為文〔溢則進也，樂以能統情，禮以能進，禮以文理，溢行人之情，有溢故為文；樂為倦文，文為倦文〕。禮減而不進則銷，樂盈而不反則放〔銷音消。放，甫往反，下同〕。故禮有報而樂有反〔報，當褒反。報，毛反，之誤同〕。禮得其報則樂，樂得其反則安。禮之報，樂之反，其義一也。曾子曰：孝有三，大孝尊親，其次弗辱，其下能養〔養，羊尚反〕。問於曾子曰：夫子可以為孝乎？曾子曰：是何言與！是何言與！君子之所謂孝者，先意承志，諭父母於道〔諭，羊尚反〕。參，直養者也，安能為孝乎？曾子曰：身也者，父母之遺體也。行父母之遺體，敢不敬乎？居處不莊，非孝也；事君不忠，非孝也；蒞官不敬，非孝也；朋友不信，非孝也；戰陳無勇，非孝也〔陳，直覲反。裁，音災○莊，音壯，利彭反〕。五者不遂，災及於親，敢不敬乎〔遂，猶達也〕？亨孰羶薌，嘗而薦之，非孝也，養也〔薦，尚然反〕。君子之所謂孝也者，國人稱願然曰：幸哉有子如此！所謂孝也已〔然，猶而也〕。眾之本教曰孝，其行曰養。養可能也，敬為難；敬可能也，安為難；安可能也，卒為難。父母既沒，慎行其身，不遺父母惡名，可謂能終矣。仁者仁此者也，禮者履此

者也，義者宜此者也，信者信此者也，強者強此者也。樂自順此生，刑自反此作。曾子曰：夫孝，置之而塞乎天地，溥之而橫乎四海，施諸後世而無朝夕〔溥，芳于反。放，甫往反，又下五孝反，下同。樂音岳。無朝夕，言常行無輟時也○遺，如字〕，推而放諸東海而準，推而放諸西海而準，推而放諸南海而準，推而放諸北海而準〔準，猶至也，準猶平也〕。詩云：自西自東，自南自北，無思不服。此之謂也。曾子曰：樹木以時伐焉，禽獸以時殺焉。夫子曰：斷一樹，殺一獸，不以其時，非孝也〔訣好，孔子也○斷，丁管反。曾子述其〕。曾子曰：孝有三，小孝用力，中孝用勞，大孝不匱〔勞也，猶。功勞也，猶〕。思慈愛忘勞，可謂用力矣〔父母慈愛之忘勞，思慈愛忘勞之慈愛己〕；尊仁安義，可謂用勞矣；博施備物，可謂不匱矣〔施，始鼓反〕。父母愛之，嘉而弗忘；父母惡之，懼而無怨〔自志始鼓反○無怨之心○無怨，烏路反〕；父母有過，諫而不逆〔順而諫〕；父母既沒，必求仁者之粟以祀之〔猶不殄取困〕。此之謂禮終〔終，猶愉貧取困〕。樂正子春下堂而傷其足，數月不出，猶有憂色。門弟子曰：夫子之足瘳矣，數月不出，猶有憂色，何也？樂正子春曰：善如爾之問也！善如爾之問也！吾聞諸曾子，曾子聞諸夫子曰：天之所生，地之所養，無〔惡，士親。以人物事〕人為大。父母全而生之，子全而歸之，可謂孝矣。不虧其體，不辱其身，可謂全矣〔聞，曾子聞諸孔子之所○述〔數〕曾子所〕。

故君子頃步而弗敢忘孝也。今予忘孝之道，予是以有憂色也。頃當為跬，聲之誤也。予，我也。頃，一舉足為跬，再舉足為步。○頃，苦潁反。跬，丘弭反。壹舉足而不敢忘父母，壹出言而不敢忘父母。壹舉足而不敢忘父母，是故道而不徑，舟而不游，不敢以先父母之遺體行殆。壹出言而不敢忘父母，是故惡言不出於口，忿言不反於身。不辱其身，不羞其親，可謂孝矣。逕，步邪趨疾也。……忿怒之言，當由其直，不直則於人服，不能以無忿。忿，怒也。昔者有虞氏貴德而尚齒，夏后氏貴爵而尚齒，殷人貴富而尚齒，周人貴親而尚齒。虞夏殷周，天下之盛王也，未有遺年者。年之貴乎天下久矣，次乎事親也。有事尊之，聖有德也。舜時多聖人有德，後德則在世祿曰富，臣能在小官曰富。此貴謂燕賜有加。此貴謂諸臣也，尚謂……是故朝廷同爵則尚齒。七十杖於朝，君問則席。八十不俟朝，君問則就之，而弟達乎朝廷矣。其侯家也，老攝而致仕，君或不待朝事畢，其禮就之而已。就……而與之言。凡朝位立於……庶問於公庭，為於孔子於廟堂不上。行，肩而不并，不錯則隨。見老者則車徒辟，斑白者不以其任行乎道路，而弟達乎道路矣。錯，鴈行也。車徒辟，乘車步行，兄皆黨。父黨隨行。斑白者，老人也，代之。○併，步丁反。斑，雜色也。辟，音避。任，所擔持也。不以任，少反。擔，都甘反。居鄉以齒，而老窮不遺，強不犯弱，眾不暴寡，而弟達乎州巷矣。老窮不遺，以鄉人尊而長之。孫無棄忘也。一鄉者五州，州巷之，雖貧且無。○遺，于季反。

作如圓守。古之道，五十不為甸徒，頒禽隆諸長者，而弟達乎搜狩矣。不從其力役之事也，謂竭作未五十者也。隆，多也。春獵猶多，搜也。冬獵為狩者，分。○甸，音田。蒐狩，音搜。頒，獸音。軍旅什伍，同爵則尚齒，而弟達乎軍旅矣。儀什曰伍，士卒部曲也。卒尚左，少右。孝弟發諸朝廷，行乎道路，至乎州巷，放乎搜狩，脩乎軍旅，眾以義死之，而弗敢犯也。禮死。○放，方往反。祀乎明堂，所以教諸侯之孝也。所使教國，宗祀文王於明堂。○食，音嗣。西學，周小學也。更，古衡反。下同。大學，音泰。食三老五更於大學，所以教諸侯之弟也。祀先賢於西學，所以教諸侯之德也。先賢有道德者。王音泰。耕藉，所以教諸侯之養也。朝覲，所以教諸侯之臣也。五者，天下之大教也。食三老五更於大學，天子袒而割牲，執醬而饋，執爵而酳，冕而總干，所以教諸侯之弟也。以割牲制俎實也。教諸侯之弟，觀在舞位。是故鄉里有齒，而老窮不遺，強不犯弱，眾不暴寡，此由大學來者也。天子設四學，當入學而大子齒。于四學曰行，謂一周四郊之三善，皆庠序也，唯文世子於……天子巡守，諸侯待于竟。天子先見百年者。八十九十者東行，西行者弗敢過；西行，東行者弗敢過。欲言政者君就之可也。其國君以百年者居領在，而往。○守，手又反。竟，居領反。見問其國，謂之……其齒於學而記之，謂其齒也。經之則見者，謂道，弗敢過。壹命齒于鄉里，再命齒于族三命不齒，族有七十者弗敢先。（此謂鄉射飲酒時也。齒者，謂以年次坐也。三命，列國之卿也，不復齒席之坐也。七十者，謂既一人舉觶乃入也，雖非賓，族東亦不然敢承先，族之七十者。○齊，側皆反。）

七十者不有大故不入朝。若有大故而入，君必與之揖讓，而后及爵者。（入謂致君。仕先在家者，為其為禮首也。）

天子有善，讓德於天；諸侯有善，歸諸天子；卿大夫有善，薦於諸侯；士庶人有善，本諸父母，存諸長老。祿爵慶賞，成諸宗廟，所以示順也。（薦進也。薦於宗廟，成諸宗廟。）

昔者聖人建陰陽天地之情，立以為易。易抱龜南面，天子卷冕北面，雖有明知之心，必進斷其志焉，示不敢專，以尊天也。（立以為易，謂作易官名。周易曰抱龜南面。○易，以豉反。龜，如字。卷，古本反，一音權。知音智。）

善則稱人，過則稱己，教不伐以尊賢也。

孝子將祭祀，必有齊莊之心以慮事，以具服物，以修宮室，以治百事。

及祭之日，顏色必溫，行必恐，如懼不及愛然。其奠之也，容貌必溫，身必詘，如語焉而未之然。（語，魚據反。）宿者皆出，其立卑靜以正，如將弗見然。（宿者謂賓，祭者皆事畢而出。未見，如思念弗見。）

及祭之後，陶陶遂遂，如將復入然。（陶音遙。）是故慤善不違身，耳目不違心，思慮不違親，結諸心，形諸色，而術省之，孝子之志也。（術當為述，聲之誤也。去其親所在，如思念弗見。遂念既遂，相隨行之貌。將復入也。○慤，苦角反。陶，音遙。）

建國之神位，右社稷而左宗廟。（周禮左祖右社也。○術當為述，聲之誤。述，循也。思息嗣反之誤。）

祭統第二十五

鄭氏註

凡治人之道，莫急於禮。禮有五經，莫重於祭。（禮有五經，謂吉禮、凶禮、賓禮、軍禮、嘉禮也。莫重於祭，謂以吉禮為首也。○莫，音暮，注同。）

夫祭者，非物自外至者也，自中出生於心也，心怵而奉之以禮。（怵，感念親之貌也。○怵，本又作術，同。）

是故唯賢者能盡祭之義。賢者之祭也，必受其福。非世所謂福也。福者，備也。（賢者之祭也，必受其福。非世所謂福也。福者，備也。○福，如字。禓為己之報，注同。）

備者，百順之名也。無所不順者謂之備。言內盡於己，而外順於道也。忠臣以事其君，孝子以事其親，其本一也。（賢者之祭，言內盡於己而外順於道也。）

上則順於鬼神，外則順於君長，內則以孝於親。如此之謂備。（鬼神，謂祖考也。○長，丁丈反。為，于偽反。祐，注同，一如字。）

唯賢者能備，能備然後能祭。是故賢者之祭也，致其誠信與其忠敬，奉之以物，道之以禮，安之以樂，參之以時。明薦之而已矣，不求其為。此孝子之心也。（明，猶潔也。為，謂福祐。○道，音導。樂，音洛。為，于偽反，注同。）

祭者，所以追養繼孝也。孝者畜也。順於道，不逆於倫，是之謂畜。（畜，謂順於德教。○畜，許六反。養，羊尚反。）

是故孝子之事親也，有三道焉：生則養，沒則喪，喪畢則祭。養則觀其順也，喪則觀其哀也，祭則觀其敬而時也。盡此三道者，孝子之行也。（沒，終也。○沒，音沒。）

○【行】下孟反。【盡】子忍反。既內自盡，又外求助，昏禮是也。故國君取夫人之辭曰：請君之玉女，與寡人共有敝邑，事宗廟社稷。此求助之本也。【言玉比德者，美言之也。○【取】七住反。】祭也者，必夫婦親之，所以備外內之官也，官備則具備矣。【具謂所共眾物。】水草之菹，陸產之醢，小物備矣；三牲之俎，八簋之實，美物備矣；昆蟲之異，草木之實，陰陽之物備矣。【水草之菹，芹茆之屬；陸產之醢，蝸蠯之屬。天子之祭八簋。昆蟲謂溫生寒死之蟲也。內則之物有蜩范。草木之實，蔆芡榛栗之屬。○【蒩】側魚反。【蝝】悅專反。】凡天之所生，地之所長，苟可薦者，莫不咸在，示盡物也。外則盡物，內則盡志，此祭之心也。【咸，皆也。】是故天子親耕於南郊，以共齊盛；王后蠶於北郊，以共純服；諸侯耕於東郊，亦以共齊盛；夫人蠶於北郊，以共冕服。天子諸侯非莫耕也，王后夫人非莫蠶也，身致其誠信，誠信之謂盡，盡之謂敬，敬盡然後可以事神明，此祭之道也。○【純】側基反。及時將祭，君子乃齊。齊之為言齊也，齊不齊以致齊者也。是故君子非有大事也，非有恭敬也，則不齊；不齊則於物無防也，耆欲無止也。及其將齊也，防其邪物，訖其耆欲，耳不聽樂，故記曰：齊者不樂，言不敢散其志也。心不苟慮，必依於道；手足不苟動，必

依於禮。【齊，側皆反，下「齊」皆同。○此如字，守也。下「以齊」側之皆反。】是故君子之齊也，專致其精明之德也。故散齊七日以定之，致齊三日以齊之。【定，其志意也。】定之之謂齊，齊者精明之至也，然後可以交於神明也。是故先期旬有一日，宮宰宿夫人，夫人亦散齊七日，致齊三日。【宿，讀為肅。肅，猶戒也。○【宿】素六反。又息袖反。讀為肅，同。】君致齊於外，夫人致齊於內，然後會於大廟。君純冕立於阼，夫人副褘立於東房。君執圭瓚祼尸，大宗執璋瓚亞祼。【圭瓚、璋瓚，祼器也。以圭璋為柄，酌鬱鬯曰祼。大宗，宗伯也。○瓚，才旦反。祼，古亂反。】及迎牲，君執紖，卿大夫從，士執芻。宗婦執盎從，夫人薦涗水。【紖，所以牽牲也。芻，藁也，殺牲時用以藉之。○紖，直忍反。】君執鸞刀羞嚌，夫人薦豆。此之謂夫婦親之。【鸞刀，刀有鈴也。嚌，嚌肺，祭之屬也。○嚌，才計反。】及入舞，君執干戚就舞位，君為東上，冕而總干，率其羣臣，以樂皇尸。是故天子之祭也，與天下樂之；諸侯之祭也，與竟內樂之。【竟，音境。○樂，音洛。下同。】冕而總干，率其羣臣，以樂皇尸，此與竟內樂之之義也。夫祭有三重焉：獻之屬莫重於祼，聲莫重於升歌，舞莫重於武宿夜，此周道也。【武宿夜，武曲名也。】凡三道者，所以假於外而以增君子之志也。

也。故與志進退，志輕則亦輕，志重則亦重。輕其志而求外之重也，雖聖人弗能得也。是故君子之祭也，必身自盡也，所以明重也，道之以禮，以奉三重而薦諸皇尸，此聖人之道也。夫祭有餕，餕者祭之末也，不可不知也。是故古之人有言曰：善終者如始，餕其是已。是故君子曰：尸亦餕鬼神之餘也，惠術也，可以觀政矣。（術猶法也。○惠，盡惠也。君此惠，民人所瞻。○餕音俊，〔施〕始詩反。）是故尸謖，君與卿四人餕，君起，大夫六人餕，臣餕君之餘也。（〔謖〕所六反。餕音俊。）大夫起，士八人餕，賤餕貴之餘也。士起，各執其具以出，陳于堂下，百官進，徹之，下餕上之餘也。（進徹，餕君之祭者也。）凡餕之道，每變以眾，所以別貴賤之等，而興施惠之象也。（別彼列反，下同。）是故以四簋黍見其脩於廟中也。廟中者，竟內之象也。祭者，澤之大者也。是故上有大澤，則惠必及下，顧上先下後耳，非上積重而下有凍餒之民也。是故上有大澤，則民夫人待于下流，知惠之必將至也，由餕見之矣，故曰可以觀政矣。（使人餕有祭，不獨饗之。恩澤之大。）夫祭之為物大矣，其興物備矣，順以備者也，其教之本與。（為物也。）

是故君子之教也，外則教之以尊其君長，內則教之以孝於其親。是故明君在上，則諸臣服從；崇事宗廟社稷，則子孫順孝。盡其道，端其義，而教生焉。（教由孝順生也。尊也。）是故君子之事君也，必身行之，所不安於上，則不以使下；所惡於下，則不以事上。非諸人行諸己，非教之道也。（必身行之。○〔惡〕烏路反。）是故君子之教也，必由其本，順之至也，祭其是與。故曰：祭者，教之本也已。夫祭有十倫焉：見事鬼神之道焉，見君臣之義焉，見父子之倫焉，見貴賤之等焉，見親疏之殺焉，見爵賞之施焉，見夫婦之別焉，見政事之均焉，見長幼之序焉，見上下之際焉，此之謂十倫。（〔倫〕猶義也，下皆○。〔殺〕色界反。）鋪筵設同几，為依神也；詔祝於室，而出于祊，此交神明之道也。（〔鋪〕平聲，〔為〕于偽反，〔詔〕徒頁反。○〔祊〕伯庚反。几同也。詔祝告事，祭者以尸也。妃配，祊亦謂索。）君迎牲而不迎尸，別嫌也。（尸神象也，魂神。）尸在廟門外則疑於臣，在廟中則全於君；君在廟門外則疑於君，入廟門則全於臣、全於子。是故不出者，明君臣之義也。（之不迎尸者，欲全其尊也。尸出廟門則伸。神象也，魂神。）夫祭之道，孫為王父尸，所使為尸者，於祭者子行也；父北面而事之，所以明子事父之道也，此父子之倫也。（孫行也，猶天子諸侯之祭祖，則事延尸，皆取於尸外，於是以同姓之有適北。）

○〔行尸之禮，剔反。〕尸飲五，君洗玉爵獻卿；尸飲七，以瑤爵獻大夫；尸飲九，以散爵獻士及羣有司，皆以齒，明尊卑之等也。〔三尸獻五，謂醆尸五獻也。○醆，音盞，又仕觀反。〕

夫祭有昭穆。昭穆者，所以別父子、遠近、長幼、親疏之序而無亂也。是故有事於大廟，則羣昭羣穆咸在而不失其倫，此之謂親疏之殺也。〔昭穆咸在，同宗父子放于此皆同。○殺，所界反。昭，上遙反，後昭放此皆同。〕

古者明君爵有德而祿有功，必賜爵祿於大廟，示不敢專也。故祭之日，一獻，君降立于阼階之南，南鄉；所命北面，史由君右執策命之。再拜稽首，受書以歸而舍奠于其廟。此爵賞之施也。〔一獻，尸也。非時而祭曰奠。○舍，當為釋，聲之誤也。鄉，許亮反。〕

君卷冕立于阼，夫人副褘立于東房。夫人薦豆執校，執醴授之執鐙。尸酢夫人執柄，夫人受尸執足。夫婦相授受，不相襲處，酢必易爵，明夫婦之別也。〔校，豆中央直者也。○卷，音袞。副，音富。褘，音暉。校，戶交反。鐙，都鄧反，又丁鄧反。酢，才各反。〕

凡為俎者，以骨為主。骨有貴賤。殷人貴髀，周人貴肩。凡前貴於後。俎者，所以明祭之必有惠也，是故貴者取貴骨，賤者取賤骨；貴者不重，賤者不虛，示均也。惠均則政行，政行則事成，事成則功立。功之所以立者，不可不知也。俎者，所以明惠之必均也。善為政者如此，故曰：見政事之均焉。〔髀，必爾反。○重，直龍反。〕

〔……為其顯也。○臂（髀），必爾反。重，直龍反。臑，乃報反。肫，膞之屬也。〕凡賜爵，昭為一，穆為一。昭與昭齒，穆與穆齒，凡羣有司皆以齒，此之謂長幼有序。〔昭穆猶羣輩。有司猶衆賓食及執事者。兄弟……謂君若賜酬之爵。〕

夫祭有畀煇、胞、翟、閽者，惠下之道也。唯有德之君為能行此，明足以見之，仁足以與之。畀之為言與也，能以其餘畀其下者也。煇者，甲吏之賤者也。胞者，肉吏之賤者也。翟者，樂吏之賤者也。閽者，守門之賤者也。古者不使刑人守門。此四守者，吏之至賤者也。尸又至尊，以至尊既祭之末而不忘至賤，而以其餘畀之，是故明君在上則竟內之民無凍餒者矣，此之謂上下之際。〔畀，必履反。……煇，周禮作韗，韗磔皮革之官也，況運反，又音運，下古同。胞，步交反，肉吏也。翟音狄，謂教羽舞者也，大計反。磔，知樂宅吏也。閽音昏，守門者也。〕

凡祭有四時：春祭曰礿，夏祭曰禘，秋祭曰嘗，冬祭曰烝。〔礿，夏殷時祭名也。○礿……禘，大計反。嘗，時亮反。烝，之丞反。〕礿、禘，陽義也；嘗、烝，陰義也。禘者，陽之盛也；嘗者，陰之盛也。故曰：莫重於禘、嘗。〔禘者……萬物成著，古者於禘……〕

古者於禘也，發爵賜服，順陽義也；於嘗也，出田邑，發秋政，順陰義也。故記曰：嘗之日，發公室，示賞也；草艾則墨；未發秋政，則民弗敢草也。故曰：禘嘗之義〔言國地屬命屬陽，賞陽。○艾，音刈。……草艾，始行。〕

大矣，治國之本也，不可不知也。明其義者君也，能其事者臣也。不明其義，君人不全；不能其事，為臣不全。夫義者，所以濟志也，諸德之發也。是故其德盛者其志厚，其志厚者其義章，其義章者其祭也敬，祭也敬則竟內之子孫莫敢不敬矣。是故君子之祭也，必身親涖之，有故則使人可也。雖使人也，君不失其義者，君明其義故也。其德薄者其志輕，疑於其義而求祭，使之必敬也，弗可得已。祭而不敬，何以為民父母矣。夫鼎有銘，銘者自名也，自名以稱揚其先祖之美，而明著之後世者也。為先祖者，莫不有美焉，莫不有惡焉，銘之義，稱美而不稱惡，此孝子孝孫之心也，唯賢者能之。銘者，論譔其先祖之有德善、功烈、勳勞、慶賞、聲名，列於天下，而酌之祭器，自成其名焉，以祀其先祖者也。顯揚先祖，所以崇孝也。身比焉，順也。明示後世，教也。夫銘者，壹稱而上下皆得焉耳矣。是故君子之觀於銘也，既美其所稱，又美其所為。為之者明

足以見之，仁足以與之，知足以利之，可謂賢矣。賢而勿伐，可謂恭矣。故衛孔悝之鼎銘曰：六月丁亥，公假于大廟〔公，孔悝。假，至也，以夏之禘祭至廟也。○悝，口回反。假，加百反，至也〕。公曰：叔舅〔舅，甥舅之稱，孔悝莊公之甥也〕！乃祖莊叔，左右成公，成公乃命莊叔隨難于漢陽〔難，謂成公為晉文公所伐，出奔楚也。○隨，女乃反。後，射同音〕，即宮于宗周〔宗周，鎬京也〕，奔走無射〔奔走，猶服事也。射，厭也〕。啟右獻公，獻公乃命成叔纂乃祖服〔纂，繼也。服，事也〕。乃考文叔，興舊耆欲，作率慶士〔率，循也。慶，善也〕，躬恤衛國，其勤公家，夙夜不解〔解，惰也〕，民咸曰：休哉〔休，美也〕！公曰：叔舅！予女銘〔女，音汝。予，猶賜也〕，若纂乃考服。悝拜稽首曰：對揚以辟之〔對，遂也。揚，舉也。辟，明也〕，勤大命〔勤，勞也。大命，君命也〕，施于烝彝鼎〔施，猶刻也。烝，祭也。彝，常也〕。

（也周禮大約劑書於宗彝。約如字，又於妙反。劑于隨反。○）此衛孔悝之鼎銘也。（銘言）古之君子，論譔其先祖之美，而明著（取其類一衆以多訨也。之類衆多訨之略）之後世者也。以比其身，以重其國家如此。（如莊公為命孔悝之。也莊公於孔悝，雖無令德，以終其事，於禮是，行之非。）子孫之守宗廟社稷者，其先祖無美而稱之，是誣也；有善而弗知，不明也；知而弗傳，不仁也。此三者，君子之所恥也。昔者周公旦有勳勞於天下。周公既沒，成王、康王追念周公之所以勳勞者，而欲尊魯，故賜之以重祭。外祭則郊社是也，內祭則大嘗禘是也。（言若此者，周公之室，王室所功。）夫大嘗禘，升歌清廟，下而管象，朱干玉戚，以舞大武，八佾，以舞大夏。（清廟，詩也，頌文王之。管象，管吹之。而舞也。大夏，禹樂，文舞也。此武象武舞也。朱干赤盾，戚斧也。俏象列之樂，羽籥文象武之舞所。）此天子之樂也。康周公，故以賜魯也。子孫纂之，至（曾八列，康侯用錫馬。○俏音逸。盾食準反。卦晉。曰康侯，列互言之耳。易易。）于今不廢，所以明周公之德，而又以重其國也。（重猶尊也。其猶此禮樂也。不廢不廢。）

禮記卷第十四

經解第二十六　鄭氏註

孔子曰：入其國，其教可知也。〔觀其風俗，則知其所以教也。〕溫柔敦厚，《詩》教也；疏通知遠，《書》教也；廣博易良，《樂》教也；絜靜精微，《易》教也；恭儉莊敬，《禮》教也；屬辭比事，《春秋》教也。〔屬猶合也。春秋多記諸侯朝聘會同，有相接之事，辭之罪辯之事。○易，良也，以豉反。下易良同。屬音燭，下同。〕

故《詩》之失愚，〔失謂不能節其教者也。敦厚近愚。〕《書》之失誣，〔書知遠近誣。〕《樂》之失奢，《易》之失賊，〔易精微，愛惡相攻，遠近相取，則不能容。〕《禮》之失煩，《春秋》之失亂。

其為人也，溫柔敦厚而不愚，則深於《詩》者也；疏通知遠而不誣，則深於《書》者也；廣博易良而不奢，則深於《樂》者也；絜靜精微而不賊，則深於《易》者也；恭儉莊敬而不煩，則深於《禮》者也；屬辭比事而不亂，則深於《春秋》者也。〔言深，以既能。〕

天子者，與天地參。故德配天地，兼利萬物，與日月並明，明照四海而不遺微小。其在朝廷，則道仁聖禮義之序；燕處，則聽雅頌之音；行步，則有環佩之聲；升車，則有鸞和之音。居處有禮，進退有度，百官得其宜，萬事得其序。《詩》云：「淑人君子，其儀不忒。其儀不忒，正是四國。」此之謂也。

發號出令而民說，謂之和；上下相親，謂之仁；民不求其所欲而得之，謂之信；除去天地之害，謂之義。義與信，和與仁，霸王之器也。有治民之意而無其器則不成。

禮之於正國也，猶衡之於輕重也，繩墨之於曲直也，規矩之於方圜也。故衡誠縣，不可欺以輕重；繩墨誠陳，不可欺以曲直；規矩誠設，不可欺以方圜；君子審禮，不可誣以姦詐。是故隆禮由禮，謂之有方之士；不隆禮不由禮，謂之無方之民。敬讓之道也。故以奉宗廟則敬，以入朝廷則貴賤有位，以處室家則父子親、兄弟和，以處鄉里則長幼有序。孔子曰：「安上治民，莫善於禮。」此之謂也。

故朝覲之禮，所以明君臣之義也；聘問之禮，所以使諸侯相尊敬也；喪祭之禮，所以明臣子之恩也；鄉飲酒之禮，所以明長幼之序也；昏姻之禮，所以明男女之別也。夫禮，禁亂之所由生，猶坊止水之所自來也。故以舊坊為無所用而壞之者，必有水敗；以舊禮為無所用而去之者，必有亂患。

故昏姻之禮廢。則夫婦之道苦。而淫辟之罪多矣。鄉飲酒之禮廢。則長幼之序失。而爭鬭之獄繁矣。喪祭之禮廢。則臣子之恩薄。而倍死忘生者眾矣。聘覲之禮廢。則君臣之位失。諸侯之行惡。而倍畔侵陵之敗起矣。（苦謂不至○辟匹亦反　倍音佩下同○）故禮之教化也微。其止邪也於未形。使人日徙善遠罪而不自知也。是以先王隆之也。易曰君子慎始。差若豪氂。繆以千里。此之謂也。（隆謂尊盛之也　始謂其微時也○遠始　于萬反又初宜反　差初佳反）

哀公問第二十七　鄭氏註

哀公問於孔子曰。大禮何如。君子之言禮。何其尊也。孔子曰。丘也小人。不足以知禮。（謙也不）君曰。否。吾子言（答也不）之也。孔子曰。丘聞之。民之所由生禮為大。非禮無以節事天地之神也。非禮無以辨君臣上下長幼之位也。非禮無以別男女父子兄弟之親昏姻疏數之交也。君子以此之為尊敬然（言禮○數色角反　敬尊）後以其所能教百姓不廢其會節（君子使以其所不廢此於上禮事教／百姓使以其所不廢此於民事有行）有成事然後治其雕鏤文章黼黻以嗣（於上民事有行）節之順之然後言其喪算備其鼎（成功乃後續以治其差文）俎設其豕腊脩其宗廟歲時以敬祭祀以序宗族即（節）

安其居節醜其衣服卑其宮室車不雕幾器不刻鏤食不貳味以與民同利昔之君子之行禮者如此（禮民數教也順也乃後語以類也喪祭之禮就之也安其言居君子虛其正既其母衣服也○腊音昔　幾音機　魚據反）公曰今之君子胡莫之行也（○籩音邊　幾音機）孔子曰今之君子好實無厭淫德不倦荒怠敖慢固民是盡午其眾以伐有道求得當欲不以其所昔之用民者由前今之用民者由後今之君子莫為禮也（其實猶富也　淫放也　稱猶徧也　固猶故　所猶故道也　午逆其眾由前用／上所言由後用下故午五反一如字○好呼報反　厭於豔反　當丁浪反　稱尺證反　敖五報反）孔子侍坐於哀公哀公曰敢問人道誰為大孔子愀然作色而對曰君之及此言也百姓之德也固臣敢無辭而對人道政為大（福也愀然變動貌也○愀七小反又于小反　德猶）公曰敢問何謂為政孔子對曰政者正也君為正（丁反）則百姓從政矣君之所為百姓之所從也君所不為百姓何從（言君當務於政）公曰敢問為政如之何孔子對曰夫婦別父子親君臣嚴三者正則庶物從之矣（庶物猶眾物）公曰寡人雖無似也願聞所以行三言之（彼列反○別事也）道可得聞乎（言不肖猶無似）孔子對曰古之為政愛人為大所以治愛人禮為大所以治禮敬為大敬之至矣大昏為大大昏至矣大昏既至冕而親迎親之也親之

也者親之也。是故君子與敬爲親，舍敬是遺親也。弗愛不親，弗敬不正，愛與敬，其政之本與！〔與平聲〕公曰：寡人願有言然，冕而親迎，不已重乎？孔子愀然作色而對曰：合二姓之好，以繼先聖之後，以爲天地宗廟社稷之主，君何謂已重乎？〔好呼報反〕公曰：寡人固，不固焉得聞此言也。寡人欲問，不得其辭，請少進。孔子曰：天地不合，萬物不生。大昏，萬世之嗣也，君何謂已重焉？孔子遂言曰：內以治宗廟之禮，足以配天地之神明。出以治直言之禮，足以立上下之敬。物恥足以振之，國恥足以興之。爲政先禮，禮其政之本與！

孔子遂言曰：昔三代明王之政，必敬其妻子也，有道。妻也者，親之主也，敢不敬與？子也者，親之後也，敢不敬與？君子無不敬也，敬身爲大。身也者，親之枝也，敢不敬與？不能敬其身，是傷其親；傷其親，是傷其本；傷其本，枝從而亡。三者，百姓之象也。身以及身，子以及子，妃以及妃，君行此三者，則愾乎天下矣，大王之道也。如此，國家順矣。

公曰：敢問何謂敬身？孔子對曰：君子過言則民作辭，過動則民作則。君子言不過辭，動不過則，百姓不命而敬恭，如是則能敬其身，能敬其身則能成其親矣。公曰：敢問何謂成親？孔子對曰：君子也者，人之成名也。百姓歸之名，謂之君子之子，是使其親爲君子也，是爲成其親之名也已。孔子遂言曰：古之爲政，愛人爲大，不能愛人，不能有其身；不能有其身，不能安土；不能安土，不能樂天；不能樂天，不能成其身。公曰：敢問何謂成身？孔子對曰：不過乎物。公曰：敢問君子何貴乎天道也？孔子對曰：貴其不已。如日月東西相從而不已也，是天道也；不閉其久，是天道也；無爲而物成，是天道也；已成而明，是天道也。公曰：寡人惷愚冥煩，子志之心也。

反。孔子蹴然辟席而對曰：「仁人不過乎物，是故仁人之事親也如事天，事天如事親，孝子成身。」○公曰：「寡人既聞此言也，無如後罪何？」孔子對曰：「君之及此言也，是臣之福也。」〔此善言哀公言及此也。〕

仲尼燕居第二十八　　　　鄭氏註

仲尼燕居，子張、子貢、言游侍，縱言至於禮。〔燕居，言游，縱言，猶放言也。〕子曰：「居！女三人者，吾語女禮，使女以禮周流，無不徧也。」〔居，猶坐也。女，三人者則子張、子夏、子貢也。〕子貢越席而對曰：「敢問何如？」子曰：「敬而不中禮，謂之野；恭而不中禮，謂之給；勇而不中禮，謂之逆。」子曰：「給奪慈仁。」〔巧言足恭之人似仁而非。〕子曰：「師，爾過；而商也不及。子產猶眾人之母也，能食之不能教也。」〔師謂子張，商謂子夏。〕子貢越席而對曰：「敢問將何以為此中者也？」子曰：「禮乎禮！夫禮所以制中也。」子貢退，言游進曰：「敢問禮也者，領惡而全好者與？」〔領，猶治也。好，善也。〕子曰：

「然。」「然則何如？」子曰：「郊社之義，所以仁鬼神也；嘗禘之禮，所以仁昭穆也；饋奠之禮，所以仁死喪也；射鄉之禮，所以仁鄉黨也；食饗之禮，所以仁賓客也。」〔仁猶存也。凡存此者，所以全善之道也。〕子曰：「明乎郊社之義、嘗禘之禮，治國其如指諸掌而已乎！〔嘗禘指諸掌，言易知也。〕是故以之居處有禮，故長幼辨也；以之閨門之內有禮，故三族和也；〔辨，別也。三族，父子孫也。〕以之朝廷有禮，故官爵序也；以之田獵有禮，故戎事閑也；以之軍旅有禮，故武功成也。是故宮室得其度，量鼎得其象，〔量，豆區斗斛也。〕味得其時，樂得其節，車得其式，鬼神得其饗，喪紀得其哀，辨說得其黨，官得其體，政事得其施；〔味，酸苦之屬也。四時得有所法，及於禮樂之說。載尊卑異而合同。○〔量〕音諒。〔錯〕七故反。〕加於身而錯於前，凡眾之動得其宜。」〔所宜也。〕子曰：「禮者何也？即事之治也。君子有其事必有其治。〔故區以別矣。○〔易〕以豉反。〕治國而無禮，譬猶瞽之無相與？倀倀乎其何之？譬如終夜有求於幽室之中，非燭何見？若無禮，則手足無所錯，耳目無所加，進退揖讓無所制。是故以之居處，長幼失其別；閨門三族失其和；朝廷官爵失其序；田獵戎事失其策；軍旅武功失其制；宮室〔失其度〕

失其度量，鼎失其象，味失其時，樂失其節，車失其式，鬼神失其饗，喪紀失其哀，辨說失其黨，官失其體，政事失其施（凡言失者，無禮故也。策，謀也。無以為也），加於身而錯於前，凡眾之動失其宜。如此，則無以祖洽於眾也（祖，始也。洽，合也。言失合和。〇張，敎良反）。

子曰：「慎聽之，女三人者，吾語女，禮猶（女音汝）有九焉，大饗有四焉（所欲語女餘，諸侯九）。苟知此矣，雖在畎畝之中，事之聖人已（但有大饗有四，九焉吾所欲語者是）。兩君相見，揖讓而入門，入門而縣興（縣音懸）。揖讓而升堂，升堂而樂闋。下管象武，夏籥序興（謂立置也。四者謂金作，聖人已再作，是升歌清廟之與管象，金象作也，事之金）。陳其薦俎，序其禮樂，備其百官。如此而后君子知仁焉（再作也。獻主君又堂下也。管謂舞堂下文武也，之象武更武起舞也，知夏）。行中規，還（還音旋）中矩，和鸞中采齊（齊音咨），客出以雍，徹以振羽（朝立置也。采齊主人各以情，皆相樂示章也，金振性肉振內振羽）。是故君子無物而不在禮矣（鷩及雍。金作樂示所情也。賓主人各以情相示）。入門而金作，示情也。升歌清廟，示德也（明象人情示也，以示德也。相示武象以王德之也，清廟頌文王之德也。〇縣音懸）。下而管象，示事也（示象人相示也，以示事也，武象示以王德之也，大事也。頌〇文王之德）。是故古之君子不必親相與言也，以禮樂相示而已。」

子曰：「禮也者，理也；樂也者，節也（〇丁又反。還音旋。齊音庚，下同）。君子無理不動，無節不作。不能詩，於禮繆；不能（繆誤也。素猶質也。作樂所以歌詩，所以同）樂，於禮素；薄於德，於禮虛（以通禮意也。素猶質也）。」

子曰：「制度在禮，文為在禮，行之其在人乎（樂音謬。〇繆。文為）。」子貢越席而對曰：「敢問夔其窮與（其見禮。〇夔求龜反）？」子曰：「古之人與？古之人也（音餘。與）。達於禮而不達於樂，謂之素；達於樂而不達於禮，謂之偏（素與偏俱達於不。備耳。與偏俱達於不）。夫夔達於樂而不達於禮，是以傳於此名也（樂傳世名，此所謂窮人也）。古之人也。」

子張問政。子曰：「師乎！前，吾語女（禮樂足以為政）。君子明於禮樂，舉而錯之而已（言禮樂猶足以為政。錯猶施行也）。」子張復問。子曰：「師！爾以為必鋪几筵，升降酌獻酬酢，然後謂之禮乎？爾以為必行綴兆，興羽籥，作鐘鼓，然後謂之樂乎？言而履之，禮也（言而覆之，禮也）。行而樂之，樂也（行而樂之，樂也）。君子力此二者以南面而立，夫是以天下太平也。諸侯朝，萬物服體，而百官莫敢不承事矣。禮之所興，眾之所治也；禮之所廢，眾之所亂也。目巧之室，則有奧阼；席，則有上下；車，則有左右；行，則有隨；立，則有序。古之義也。室而無奧阼，則亂於堂室也；席而無上下，則亂於席上也；車而無左右，則亂於車也；行而無隨，則亂於塗也；立而無序，則亂於位也。昔聖帝明王諸侯，辨貴賤、長幼、遠近、男女、外內，莫敢相踰越，皆由此塗出也。」

禮之所廢，衆之所亂也。興，謂萬物之符長，皆來爲瑞應也，衆之所以治也；廢，衆之所以亂也。目巧之室，則有奧阼；目巧，謂但用目巧以善意作室，不由法度，猶有奧阼賓主之處也。……古之義也。自古今常事，不可廢改也。○復，扶又反。樂，音洛。昔聖帝明王諸侯，辨貴賤、長幼、遠近、男女、外內，莫敢相踰越，皆由此塗出也。三子者，既得聞此言也於夫子，昭然若發矇矣。○矇，音蒙。朦，音瞢。

孔子閒居第二十九　鄭氏註

孔子閒居，子夏侍。子夏曰：「敢問《詩》云『凱弟君子，民之父母』，何如斯可謂民之父母矣？」○凱，第音。弟，音悌。（樂易也。）○閒，音閑。孔子曰：「夫民之父母乎，必達於禮樂之原，以致五至，而行三無，以橫於天下。四方有敗，必先知之，此之謂民之父母矣。」原，猶本也。橫，充也。○橫於天下。四方有敗，必先知之，此之謂民之父母矣。

子夏曰：「民之父母，既得而聞之矣。敢問何謂五至？」孔子曰：「志之所至，詩亦至焉；詩之所至，禮亦至焉；禮之所至，樂亦至焉；樂之所至，哀亦至焉。哀樂相生。是故正明目而視之，不可得而見也；傾耳而聽之，不可得而聞也；志氣塞乎天地。此之謂五至。」凡言至者，至於民也。志，謂恩意也。此之謂五至。

子夏曰：「五至既得而聞之矣。敢問何謂三無？」孔子曰：「無聲之樂，無體之禮，無服之喪，此之謂三無。」子夏曰：「三無既得略而聞之矣，敢問何詩近之？」未詳其意。

孔子曰：「『夙夜其命宥密』，無聲之樂也。詩讀「夙夜」爲「謀基」，爲政之謀以安民，則民密靜樂之也。此非有鐘鼓之聲也。『威儀逮逮，不可選也』，無體之禮也。言君讀「夙夜」爲謀基，爲政之謀以安民，則民密靜樂之也。威儀逮逮，安和之貌也。此逮逮，非安有和升之降揖讓之君禮也。『凡民有喪，匍匐救之』，無服之喪也。非之有絰衰経之言服，君從民有喪，有以絰衰大計反。○其音基。逮，大計反。選，宣面反。衰，音催。蒲，扶又反，又北音。蒲，䗍七。雷，音服。又

子夏曰：「言則大矣，美矣，盛矣！言盡於此而已乎？」孔子曰：「何爲其然也！君子之服之也，猶有五起焉。」言盡此乎？君子於此書讀此詩，以爲說之未盡也，其說有五。君子以書讀此詩，起此說也，服猶有五。子夏曰：「何如？」孔子曰：「無聲之樂，氣志不違；無體之禮，威儀遲遲；無服之喪，內恕孔悲。無聲之樂，氣志既得；禮威儀遲遲，無服之喪，內恕孔悲，無聲之樂，氣志既

無體之禮，威儀翼翼；無服之喪，施及四國。無聲之樂，氣志既從；無體之禮，上下和同；無服之喪，以畜萬邦。同，和同。畜，孝也。○同，圓音問。施，以豉反。邦無體之禮，上下和同，無服之喪，以畜萬樂氣志既從，無體之禮，上下和同，無服之喪，得無體之禮威儀翼翼，無服之喪，施及四國無聲之禮威儀遲遲無服之喪內恕孔悲無聲之樂氣志既

無聲之樂，日聞四方；日有所成至月，則爲大矣。就，成也；將，行也；大也。○施以豉反，下同。易，以豉反。無體之禮，日就月將；無服之喪，純德孔明。孔，甚也。施，易也，從君之氣，畜，孝也。施于孫子。孔不甚也者，民易不違也，從君之氣，畜，孝也。施，易也，從順也，氣，畜，孝也。海無服之喪，施于孫子。

子夏曰：「三王之德，參於天地，敢問何如斯可謂參天地矣？」同，圓音問。施，以豉反。斯可謂參天地矣。孔子曰：「奉三無私以勞天下。」湯，文王也。參天地者，其德與天地同，來也。○參天地，力報反，下同。勞，力報反。謂三王禹、湯、文王。子夏曰：「敢問何謂三無私？」孔子曰：「天無私覆，地無私載，日月無私

照奉斯三者以勞天下，此之謂三無私。其在詩曰：帝命不違，至于湯齊。湯降不遲，聖敬日齊。昭假遲遲，上帝是祗。帝命式于九圍。是湯之德也。〔帝，天帝也。詩讀「湯齊」為「湯躋」。躋，升也。降，下也。齊，莊也。昭，明也。假，至也。祗，敬也。式，用也。九圍，九州之界也。此詩言殷之先君，其為政也不違天，其至於湯，升為君。之用事於九州，謂使王也。是湯之德者，是湯奉天無私。王天下，王皆同。〕

天有四時，春秋冬夏，風雨霜露，無非教也。地載神氣，神氣風霆，風霆流形，庶物露生，無非教也。〔言天之施化收殺，地之載當生奉行，以此為政有所教。無非教者，皆人君之所奉行以此為政也。清明在躬。〕

清明在躬，氣志如神，嗜欲將至，有開必先。天降時雨，山川出雲。其在詩曰：嵩高惟嶽，峻極于天。惟嶽降神，生甫及申。惟申及甫，惟周之翰。四國于蕃，四方于宣。此文武之德也。〔如神之先知也。言天將降時雨，山川為之先出雲。嶽，四嶽也。甫，甫侯也。申，申伯也。翰，幹也。蕃，屏也。宣，布也。此文武之先賢輔佐也。〕

三代之王也，必先其令聞。詩云：明明天子，令聞不已。三代之德也。〔天令也，乃善也。王以名德也，王德不已而聞。詩云明明，此其取也。明明，文王之德也。止弛其文德，協此四國，大王之德也。〕

子夏蹶然而起，負牆而

立曰：弟子敢不承乎。〔承，奉承不失隊也。○起負牆者，居負牆也。問竟辟後來失隊也。〕

坊記第三十　　鄭氏註

子言之：君子之道，辟則坊與。坊民之所不足者也。〔辟，譬也。坊，讀則放。失道則防邪。○〔坊〕音防，〔與〕音餘。〔辟〕匹亦反，又音譬。〕

大為之坊，民猶踰之。故君子禮以坊德，刑以坊淫，命以坊欲。〔踰之，能止嚴，況其禁，不禁尚不禁乎。命，教令謂。〕

子云：小人貧斯約，富斯驕。約斯盜，驕斯亂。禮者，因人之情而為之節文，以為民坊者也。故聖人之制富貴也，使民富不足以驕，貧不至於約，貴不慊於上，故亂益亡。〔約，窮也。此節文者謂農之級也。士有爵者，命之級也。慊，恨也。不滿之貌也。慊或為慊。○〔慊〕苦簟反。〕

子云：貧而好樂，富而好禮，眾而以寧者，天下其幾矣。〔言如此者寡也，言多作此者亂。○〔好〕呼報反，安。〔樂〕音洛，〔幾〕。〕

詩云：民之貪亂，寧為荼毒。〔安言其民貪荼毒之為亂惡者。○〔荼〕音徒，〔行〕。〕

故制國不過千乘，都城不過百雉，家富不過百乘。以此坊民，諸侯猶有畔者。〔畔，古其者中方六十。雉，度名也。高一丈，長三丈。兵，兵賦之法也。成國之賦千乘。十四井出兵車一乘，此兵賦之法也。成國之賦千乘。百雉為長，三百雉為都。五國之步，子男之城方五里，百雉。○〔乘〕繩證反，〔高〕古報反，〔長〕直亮反。〕

子云：夫禮者，所以章疑別微，以為民坊者也。故貴賤有等，衣服有別，朝廷有位，則民有所讓。〔別，朝位也。○〔別〕彼列反。〕

子云：天無二日，土無二王，家無二主，尊無二上，示民有君臣之別也。春秋不稱楚越之王喪。〔恐其先王非此公諸侯之子孫無嫌有繼也〕禮君不稱天。大夫不稱君。恐民之惑也。〔越，楚僭號稱王也。春秋傳曰：吳楚之君不書葬，辟其號也。諸侯於天子曰天王，於其國曰君，於鄰國曰寡君。諸侯相辟息不可得，此僭也。求息不可得也。○亮反。盍，戶臘反。〕詩云相彼盍旦。尚猶患之。〔相，視也。盍旦，夜鳴求旦之鳥也。求不可得也。人猶惡其欲鳴，反晝夜而亂晦明。況於臣之求君，以亂國之人乎。○相，息亮反。盍，戶臘反。〕同車。與異姓同車不同服。示民不嫌也。以此坊民。民猶得同姓以弒其君。〔同車，謂乘君之貳車從於朝覲、會同也。服，車服也。先王非此，非禮則無嫌也。繼也。〕不辭貧則亂益亡。〔亡，無也。〕故君子與其使食浮於人也。寧使人浮於食。〔食，謂祿也。在上曰浮。祿勝己則近貪。己勝祿則近廉。○食音嗣。浮，薄也。〕豆肉讓而受惡。民猶犯齒。〔齒，年也。〕席之上讓而坐下民猶犯貴。〔僖六十以上，齒年以上。〕犯貴朝廷之位讓而就賤。民猶犯君。〔言民之多僭差也。〕詩云民之無良。相怨一方。受爵不讓。至于己斯亡。〔言無善之人，自怨憎得無善，以至遍相怨。己，至也。至亡己也。〕人而賤己先人而後己則民作讓。故稱人之君曰君。自稱其君曰寡君。〔貴人賤己，先人後己，所以教民讓也。〕而後生者先亡者而後存者則民可以託。〔存言不偝。下則同。〕子云利祿先死者〔先施死者之家，而後施生者。偝音佩。〕詩云先君之思。以畜寡人。〔先君謂定公之思，以畜寡人。畜，孝也。是魯寡人毛詩。○〔畜〕許六反。莊姜、定姜無子，定姜無子，作詩言于獻公，是為獻公。當畜養先君之恩。畜，先君畜。〕

姜定公〔姜，定公之妻。此孝，是魯寡人毛詩。○〔畜〕許六反，莊姜、定姜〕以此坊民。民猶偝死而號無告。〔死者見償其家之老也。冤無所告，無理也。○〔號〕戶羔反。〕子云有國家者貴人而賤祿則民興讓尚技而賤車則民興藝。〔讓言道藝人與賢者，貴之；尚賢者，人所能服也。技客莅班祿，賜車服，則其錡也。○〔技〕其綺反。〕故君子約言。小人先言。〔言人尚德，君子不尚言，則小人與先，互人言尚德，君子尚約言，則小人與識。○多〔識〕，其記反。〕上酌民言則下天上施上不酌民言則犯也下不天上施則亂也。〔多矣，小人先，前言往行以畜其德。○〔行〕下孟反。酌，斟也，取也。斟民之取也，則眾民之所加，民以為政。如教天則得。○酌，猶得民心也，取民心，則恩澤所加。○〔蒞〕音利，猶言臨。○〔施〕始〕故君子信讓以蒞百姓則民之報禮重。〔謂上古之君能蒞其難也。報禮重者，猶言謀之庶民，乃施之。○〔蒞〕音利，〔蕘〕初古之人俱反。〕詩云先民有言。詢于芻蕘。〔民先〕子云善則稱人過則稱己則民不爭善則稱人過則稱己則怨益亡。〔善則稱人，過則稱己，則民讓。善則稱己，則民不爭。詩云爾卜爾筮，履無咎言。〕詩云爾卜爾筮。履無咎言。〔禮也。言惡女在己，卜彼，過踐然後與。○〔女〕音汝。〔鄉〕許亮反，惡之〕子云善則稱人過則稱己則民讓善。詩云考卜惟王。度是鎬京。惟龜正之。武王成之。〔王度卜而謀也。鎬京此鎬宮邑，龜則賦居京，鎬京此鎬宮邑龜則賦。○〔度〕徒洛反，之此〕子云善則稱君過則稱己則民作忠。君陳曰爾有嘉謀嘉猷。入告爾君于內。〔出歸美於君之也。〕女乃順之于外曰此謀此猷惟我君之德。於乎是惟良顯哉。〔君陳，蓋周公之子，於伯禽為弟也。名篇在尚書。嘉，善也。猷，道也。于伯禽，是惟名篇，良顯哉，在美尚書，君之今〕

子云：善則稱親，過則稱己，則民作孝。〔善不敢以己善。〕《大誓》曰：予克紂非予武，惟朕文考無罪；紂克予非朕文考有罪，惟予小子無良。〔大誓，尚書篇名也。克，勝也。文考，文王也。武，非我武功也。紂之辭也。今大誓無良，此無章則其也。○大音泰。以伐子。〕

子云：君子弛其親之過而敬其美。〔弛，猶棄忘之也。孝子○弛式氏反。善不敢以己親。〕《論語》曰：三年無改於父之道，可謂孝矣。高宗云：三年其惟不言，言乃讙。〔殷王名。○敗。高宗，殷王武丁也。〕

子云：從命不忿，微諫不倦，勞而不怨，可謂孝矣。〔微諫，○讙音歡。則柔讙，此所謂諫若不倦。○鄂五各反。〕《詩》云：孝子不匱。

子云：睦於父母之黨，可謂孝矣。〔黨，猶親也。睦猶厚親也。〕故君子因睦以合族。〔合族謂燕與族人食也。〕《詩》云：此令兄弟，綽綽有裕；不令兄弟，交相為瘉。〔令，善也。交猶更也。瘉，寬病容貌。〕

子云：於父之執，可以乘其車，不可以衣其衣，君子以廣孝也。〔執謂志同者也，可以乘其車。父執，身差遠也。乘其車，於父。〕

子云：小人皆能養其親，君子不敬，何以辨？〔辨，別也。○養羊尚反。〕

子云：父子不同位，以厚敬也。〔子說。卑同等位為尊。〕《書》云：厥辟不辟，忝厥祖。〔厥，其也。辟，君也。忝，辱也。辟君臣，子相辱也。〕

子云：父母在，不稱老，言孝不言慈，〔則嚴先祖。○辟夫君必殺之，反道。〕閨門之內，戲而不歎。〔孝謂上施，言慈笑則嫌也，下流於孟子。戲謂上施，言慈笑則嫌也。〕君子以此坊民，民猶薄於孝而厚於慈。〔之日，舜年五十而不失其孺子之心，有憂戚之失其聲，其孺子也。〕

子云：長民者，朝廷敬老，則民作孝。〔長民謂天子諸侯也。○長丁丈反。〕

子云：祭祀之有尸也，宗廟之主也，示民有事也。脩宗廟，敬祀事，教民追孝也。〔尸，宗廟之有主。所有事，有事。〕以此坊民，民猶忘其親。

子云：敬則用祭器。〔祭器，籩豆簠簋之屬。敬有其事，為之燕，賓客○則用之，謂饗食也。○食音嗣。饗食同也。〕故君子不以菲廢禮，〔菲，薄也。薄不及禮而去，禮不行。〕不以美沒禮。〔言不可以其美過禮而去，禮不行。〕故食禮，主人親饋則客祭；主人不親饋，則客不祭。〔敬滅之。〕故君子苟無禮，雖美不食焉。《易》曰：東鄰殺牛，不如西鄰之禴祭，實受其福。〔東鄰謂紂國中也，西鄰謂文王國中也。此辟西鄰在。坎為豕，坎上離為牛，殺牛為豕，受福喻豕。西鄰禮慢不祭，則用俊。〕《詩》云：既醉以酒，既飽以德。〔泰稷。春秋傳曰：黍稷惟馨，明德惟馨信。〕以此示民，民猶爭利而忘義。

子云：七日戒，三日齊，承一人焉以為尸，過之者趨走，以教敬也。〔○齊側皆反。戒謂散齊也。承猶事也。○散悉但反。〕醴酒在室，醍酒在堂，澄酒在下，示民不淫也。〔醴酒在室。○醍音體。三酒。澄酒清也。澄尚味。淫猶貪也。澄尚質。〕尸飲三，眾賓飲一，示民有上下也。〔主人獻尸，尸卒爵，乃主人。上猶尊，下猶卑也。主婦上賓獻。〕因其酒肉，聚其宗族，以教民睦也。〔酒肉，祭有。祭言肉聚。〕故堂上觀乎室，堂下觀乎上。〔昭穆咸有薦。羣昭之穆咸皆至俎而獻。時謂祭肅。〕

詩云：禮儀卒度，笑語卒獲。（卒，盡也。獲，得也。言其在廟中者不失其言。禮儀皆歡喜得其節也。○度，如字，法度也，又涂洛反。）子云：賓禮每進以讓，喪禮每加以遠。浴於中霤，飯於牖下，小斂於戶內，大斂於阼，殯於客位，祖於庭，葬於墓，所以示遠也。殷人弔於壙，周人弔於家，示民不偝也。子云：死，民之卒事也，吾從周。以此坊民，諸侯猶有薨而不葬者。子云：升自客階，受弔於賓位，教民追孝也。未沒喪不稱君，示民不爭也。故魯春秋記晉喪曰：殺其君之子奚齊及其君卓。以此坊民，子猶有弒其父者。（弒之，父甚不子。）子云：孝以事君，弟以事長，示民不貳也。故君子有君不謀仕，唯卜之日稱二君。（君謂君之子……君有故而殺之，在卜者也，不當謀仕……君之貳其卜爾。貳，晉惠公獲……）喪父三年，喪君三年，示民不疑也。（之親於君不疑……君，無……至君得重，服之至君，得無骨。）父母在，不敢有其身，不敢私其財，示民有上下也。（父身及則嘗統也，於母也則猶當專統也。）故天子四海之內無客禮，莫敢為主焉。故君適其臣，升自阼階，即位於堂，示民不敢有其室也。（臣於君亦統，君亦統。）

子云：父母在，饋獻不及車馬，示民不敢專也。（之車馬家者物也。）以此坊民，民猶忘其親而貳其君。（之此禮謂所見者執，以謂所見者。）子云：禮之先幣帛也，欲民之先事而後祿也。（禮之先辭而後奉幣帛以修好也，遍反。○見，賢遍反。或云。）先財而後禮則民利，（先財而後禮則民利。）民利，（利財幣猶貪也。）無辭而行情則民爭。（辭，辭讓也。利，欲利也。情，故。）故君子於有饋者弗能見則不視其饋。（謂饋有遺也。不能見，不視其饋。）《易》曰：不耕穫，不菑畬，凶。（〔丙〕易曰不耕穫不菑畬凶。菑，乃得畬也，安有無事而取利者乎。田一歲曰菑，側其反。畬音餘。二歲曰畬也，三歲曰畬。〔菑〕側其乎反。畬音餘。）以此（菑……若音先。）坊民，民猶貴祿而賤行。（不行，務其事也。言務得……〔行〕下得孟反。祿……）子云：君子不盡利以遺民。（利與民，不利也。）《詩》云：彼有遺秉，此有不斂穧，伊寡婦之利。（利，言穧者……子之賜遺餘，擺拾所以為。）故君子仕則不稼，田則不漁，食時不力珍，大夫不坐羊，士不坐犬。（有秩膳，古者殺牲之食膳。其肉坐其皮也。天子諸侯……食時謂食四時殺牲。）《詩》云：采葑采菲，無以下體。德音莫違，及爾同。（是不無故殺之……死，根葑也，蔓也。采菁也，菲陳之宋菜之闕，採謂其葉葑而可食，無以其體謂根，美其根今……則者弁言取人之苦交，則當弃，如采弃取采之菲，是取盡一善也而已。詩故子……不今。女同備死於夫一人，論語曰如此，故舊則無德大美，故之則音不不弃離也，令○名齒，我願與富。又智音福〔離〕。）以此坊民，民猶忘義而爭利以亡其身。子云：夫禮，坊民所淫，章民之別，使民無嫌，以為民紀者也。（淫猶貪也。章也期。）故男女無媒不交，無幣不相見，恐（也淫猶嫌疑也。）

一九〇

男女之無別也。〔注〕重男女之會，所以遠別之，必待幣，有禽獸行也。有幣者必有媒，有媒者不必有會，無幣，有禽獸行也。
以此坊民，民猶有自獻其身。詩〔注〕仲春之月，會男女，於是時也，奔者不禁，必待幣。〇獻，進也，自進也。
云：伐柯如之何？匪斧不克。取妻如之何？匪媒不得。蓺〔注〕伐柯以為斧柄，伐木必用斧。
麻如之何？橫從其畝。取妻如之何？必告父母。〔注〕柯，斧柄也。克，能也。如蓺猶樹之也，必橫從，斧也，行治取其妻之田也，言取妻之道也，必言告父母。
以此坊民，民猶有不告者。
子云：取妻不取同姓，以厚別也。〔釋文〕厚，如字，又音后。〇娶，不……故買妾不知其姓則卜之。〔注〕妾言買者，以其賤，同之於眾物也。士庶有不知其姓者。
以此坊民，魯春〔注〕吳，大伯之後，魯同姓也。昭
秋猶去夫人之姓曰吳，其死曰孟子卒。〔注〕魯同姓也。昭公取焉，去姬曰吳而已，至其死亦略云孟子卒。
子云：禮，非祭，男女不交爵。〔注〕相獻酬以爵。〇〔殺〕音試。一色，如〔殺〕君而立。〇繆音穆。以此坊民，陽侯猶殺繆
侯而竊其夫人。〔注〕其國未聞也。〇貪夫人之色。故大饗廢夫人之禮。〔注〕大饗，諸侯之禮。子云：寡婦
之子，不有見焉，則弗友也，君子以辟遠也。〔釋文〕見，賢遍反。〇〔辟〕音避，遠。〇〔見〕同志反。故朋友之交，主人不在，不有大
故則不入其門。〔注〕大故，喪病。以此坊民，民猶以色厚於德。〔注〕此句似《論語》曰：未見好德如好色者也。
云：好德如好色。〔釋文〕〇〔好〕呼報反。此句似《論語》曰：未見好德如好色也。好
諸侯不下漁色。〔注〕中，謂不為下漁色於國中也。內取象捕魚。〇〔中〕網，丁仲反。然。故君子遠色，
故則不入其門。色疾時似，好時人不足論色語曰，未見薄於德，如好德如好，色於國中也，內取象，昏禮始納，采謂國中也，內采謂國
之子不有見焉，則弗友也。大夫饗諸侯之禮，使人攝之也。君子以辟遠也。其有覿謂也。
故大饗廢夫人之禮。故朋友之交，主人不在，不有大
故好德如好色。此句似不足，論語曰未見好德如好色也好，中謂不為下漁色，然。故君子遠
采擇其可者是無所擇。〇〔中〕網，丁仲反。內取象捕魚，然。故君子遠色
報反〇〔好〕呼，諸侯不下漁色，中謂不為下漁色於國中也，內取象捕魚。〇〔中〕網丁仲反。然。故君子遠色
以為民紀。故男女授受不親。〔注〕內不親則曰，非祭以手相授，喪不與相也。

御婦人則進左手。〔注〕授器則其皆相授，坐奠之，而後取匜之，其。〇在御右者。
無發器則其皆相授，奠則坐之，女而受，以後取匜之，其
前微左背手之則，姑姊妹女子子已嫁而反，男子不與同席而坐。〇身
女出，嫁及成人，可以遠別。寡婦不夜
而坐。〇出女，夫子猶十年，而男不與，男子出地，嫁而及坐，成人。〇遠別，可以。
哭。〔注〕嫌思人道也。婦人疾，問之，不問其疾。〔注〕嫌媚，增損略而已。〇〔妃〕如字。〇〔洗〕
人嫌道思，問增媚損略而已。
民民猶淫泆而亂於族。〔釋文〕亂族，音逸。〔妃〕犯，音非。妃一匹也，如字。〇〔洗〕子云
民猶淫泆而亂於族。
昏禮，婿親迎，見於舅姑，舅姑承子以授婿，恐事之違〔注〕父戒女曰，夙夜毋違命；母戒女曰，夙夜毋違宮事。〇外姑〔迎〕。
也。父戒姑妻女曰，夙夜毋違命之母；父戒女外姑曰，夙夜毋違宮事。〇外姑〔迎〕。
以此坊民，婦猶有不至者。〔注〕姑不至也。《春秋》成公九年〇魚敬反。
姑不至也。《春秋》成公以孝九年
女。是二月，宋伯姬歸，共公不於親迎，夏五月，恐其有季孫而致，父之也。如宋致

禮記卷第十五

天命之謂性，率性之謂道，脩道之謂教。道也者，不可須臾離也，可離非道也。是故君子戒慎乎其所不睹，恐懼乎其所不聞。莫見乎隱，莫顯乎微，故君子慎其獨也。喜怒哀樂之未發謂之中，發而皆中節謂之和。中也者，天下之大本也；和也者，天下之達道也。致中和，天地位焉，萬物育焉。

仲尼曰：君子中庸，小人反中庸。君子之中庸也，君子而時中；小人之中庸也，小人而無忌憚也。

子曰：中庸其至矣乎！民鮮能久矣。

子曰：道之不行也，我知之矣，知者過之，愚者不及也；道之不明也，我知之矣，賢者過之，不肖者不及也。人莫不飲食也，鮮能知味也。

子曰：道其不行矣夫。

子曰：舜其大知也與！舜好問而好察邇言，隱惡而揚善，執其兩端，用其中於民，其斯以為舜乎。

子曰：人皆曰予知，驅而納諸罟擭陷阱之中，而莫之知辟也；人皆曰予知，擇乎中庸，而不能期月守也。

子曰：回之為人也，擇乎中庸，得一善，則拳拳服膺而弗失之矣。

子曰：天下國家可均也，爵祿可辭也，白刃可蹈也，中庸不可能也。

子路問強。子曰：南方之強與？北方之強與？抑而強與？寬柔以教，不報無道，南方之強也，君子居之。衽金革，死而不厭，北方之強也，而強者居之。故君子和而……

不流。強哉矯。中立而不倚。強哉矯。國有道。不變塞焉。強哉矯。國無道至死不變。強哉矯。〔此抑女之強也。塞猶實也。○流猶移也。強貌。變以趨時。國無道不變以辟害。下有道同。〔矯〕居表反。〕

子曰。素隱行怪。後世有述焉。吾弗為之矣。〔素讀如攻城攻其所之攻。言方鄉辟害隱身而行怪。言後世有述之者。吾弗為之矣。○素如字。慶云按漢書誦以素當作後世索。蓋名字也。〕

君子遵道而行。半塗而廢。吾弗能已矣。〔言力行不能誠也。〔廢〕猶罷止也。弗能已。謂行道而中廢。孟行反。道〔行〕下孟行反。〕

君子依乎中庸。遯世不見知而不悔。唯聖者能之。〔言隱居放言而行中庸。遯世而無悶。唯舜為能如此此也。○〔費〕扶弗反。又費猶倚弗文也。公道云不符費味則。〕

君子之道費而隱。〔言可隱之節也。費猶佹也。道不費則仕。○〔費〕扶弗反。〕

夫婦之愚。可以與知焉。及其至也。雖聖人亦有所不知焉。〔與讀如贊者皆與之與。○〔與〕音預。〕

夫婦之不肖。可以能行焉。及其至也。雖聖人亦有所不能焉。〔言匹夫匹婦愚耳。亦可以知可以能及其至也。〕

天地之大也。人猶有所憾。〔憾恨也。天地至大無不覆載。人尚有所恨。況不至乎。○〔憾〕胡暗反。〕

故君子語大。天下莫能載焉。語小。天下莫能破焉。〔語猶說也。聖人說大道。天下之人尚有所不能行。說小道。天下之人猶有所不能盡也。〕

詩云。鳶飛戾天。魚躍于淵。言其上下察也。〔聖人之德。至於天則鳶飛戾天。至於地則魚躍于淵。是其著明於天地也。○〔鳶〕音悅。〔戾〕音利。力計反。〔躍〕羊灼反。結于二淵反。察猶著也。〕

君子之道。造端乎夫婦。及其至也。察乎天地。〔造端乎夫婦。謂匹夫匹婦之所知。察乎天地。謂聖人所不能。○〔造〕音曹。〕

子曰。道不遠人。人之為道而遠人。不可以為道。

詩云。伐柯伐柯。其則不遠。執柯以〔言道即不遠人。人道行之也。○詩伐柯伐柯。言持柯以伐木。將以為柯也。近言以柯為尺寸之則。○〔柯〕古何反。〔睨〕音詣。〕

伐柯。睨而視之。猶以為遠。〔人尚遠之。明為道不可以遠人。○法此法也。不可以遠。〕

故君子以人治人。改而止。〔人言以人道治人。改過則止。不責以人所不能。其人能改過則止。君子以人道治人也。〕

忠恕違道不遠。施諸己而不願。亦勿施於人。君子之道四。丘未能一焉。所求乎子以事父。未能也。所求乎臣以事君。未能也。〔聖人而曰我未能。明人當勉之無已。違猶去也。道不遠人。人道是也。〕

所求乎弟以事兄。未能也。所求乎朋友先施之。未能也。〔明聖人勉行。未能已也。〕

庸德之行。庸言之謹。有所不足。不敢不勉。有餘不敢盡。言顧行。行顧言。君子胡不慥慥爾。〔言顧行行顧言。皆相應和也。慥慥守實之貌。○〔慥〕七到反。〕

君子素其位而行。不願乎其外。〔素猶鄉也。言君子鄉此位而行其道也。不願其外。謂不務尚其所行之外也。其外所謂失其道。〕

素富貴。行乎富貴。素貧賤。行乎貧賤。素夷狄。行乎夷狄。素患難。行乎患難。君子無入而不自得焉。〔君子所鄉不失其道也。素貧賤行乎貧賤。素夷狄行乎夷狄。〔難〕乃旦反。下及注自得謂得道也。〔難〕七丹反。下舊如孟反。〕

在上位不陵下。在下位不援上。正己而不求於人則無怨。〔援牽持也。○〔援〕音袁。又音院。正己而不求於人。則無怨之者也。〕

上不怨天。下不尤人。〔無怨人。無怨天。〕

故君子居易以俟命。小人行險以徼幸。〔易謂平安。俟命謂聽天任命也。險謂傾危之道。徼幸謂求其所不當得也。○〔易〕以豉反。〔徼〕古堯反。〕

子曰。射有似乎君子。失諸正鵠。反求諸其身。〔畫布曰正。棲皮曰鵠。○〔正〕音征。〔鵠〕古毒反。〕

諸其身。

之道，辟如行遠必自邇，辟如登高必自卑。詩曰：妻子好合，如鼓瑟琴，兄弟既翕，和樂且耽，宜爾室家，樂爾妻帑。子曰：父母其順矣乎。子曰：鬼神之為德，其盛矣乎。視之而弗見，聽之而弗聞，體物而不可遺。使天下之人齊明盛服，以承祭祀。洋洋乎如在其上，如在其左右。詩曰：神之格思，不可度思，矧可射思。夫微之顯，誠之不可揜如此夫。子曰：舜其大孝也與。德為聖人，尊為天子，富有四海之內，宗廟饗之，子孫保之。故大德必得其位，必得其祿，必得其名，必得其壽。故天之生物，必因其材而篤焉。故栽者培之，傾者覆之。詩曰：嘉樂君子，憲憲令德，宜民宜人，受祿于天，保佑命之，自天申之。故大德者必受命。

子曰：無憂者其唯文王乎。以王季為父，以武王為子，父作之，子述之。武王纘大王、王季、文王之緒，壹戎衣而有天下，身不失天下之顯名，尊為天子，富有四海之內，宗廟饗之，子孫保之。武王末受命，周公成文武之德，追王大王、王季，上祀先公以天子之禮。斯禮也，達乎諸侯大夫，及士庶人。父為大夫，子為士，葬以大夫，祭以士。父為士，子為大夫，葬以士，祭以大夫。期之喪達乎大夫，三年之喪達乎天子。父母之喪，無貴賤一也。子曰：武王、周公其達孝矣乎。夫孝者，善繼人之志，善述人之事者也。春秋脩其祖廟，陳其宗器，設其裳衣，薦其時食。宗廟之禮，所以序昭穆也。序爵，所以辨貴賤也。序事，所以辨賢也。旅酬下為上，所以逮賤也。燕毛所以序齒也。士序也，猶次也。事謂薦羞也，謂公卿有司，以其事別所能也。以爵為位，崇德也。宗伯共雞牲，宗人授事矣。《文王世子》曰：宗廟之中以爵為位。踐其位，行其禮，奏其樂，敬其所尊，愛其所親，事死如事生，事亡如事存，孝之至也。踐，猶升也。其，謂先祖也。郊社之禮，所以事上帝也；宗廟之禮，所以祀乎其先也。明乎郊社之禮、禘嘗之義，治國其如示諸掌乎。示讀如寘諸河干之寘。寘，置也。而在讀如實諸掌中。○知音智。哀公問政。子曰：文武之政，布在方策。方，版也。策，簡也。其人存，則其政舉；其人亡，則其政息。息，猶滅也。人道敏政，地道敏樹。敏，猶勉也。樹，謂草木也。人道，謂地道敏樹也。夫政也者，蒲盧也。蒲盧，蜾蠃，謂土蜂也。《詩》曰：螟蛉有子，蜾蠃負之。蒲盧取桑蟲之子，去而變化之，以成為己子。政之於百姓，若蒲盧之於桑蟲然。○化，呼化反。蒲盧，果蠃也。故為政在人，取人以身，修身以道，修道以仁。在人，賢人也。故為政得人也。仁者人也，親親為大；義者宜也，尊賢為大；親親之殺，尊賢之等，禮所生也。人也，讀如相人偶之人，以人意相存問之言。仁者人也，親親為大。尊賢之等，禮所生也。○殺，色界反。在下位不獲乎上，民不可得而治矣。此脫句誤重，其屬在此下。故君子不可以不修身；思修身，不可以不事親；思事親，不可以不知人；思知人，不

可以不知天。言不脩身乃知孝，知孝乃知人，知人乃知天命所保佑乃知。天下之達道五，所以行之者三。達者，常行，百王者所行也。曰：君臣也，父子也，夫婦也，昆弟也，朋友之交也，五者天下之達道也。知、仁、勇三者，天下之達德也，所以行之者一也。變也。○知音智，下皆同。或生而知之，或學而知之，或困而知之，及其知之一也。困而知之，謂己臨事而知之。謂有長而不足見，乃禮義之始學。○長，丁丈反。或安而行之，或利而行之，或勉強而行之，及其成功一也。利，謂若人貪榮名也。○強，其兩反。子曰：好學近乎知，力行近乎仁，知恥近乎勇。○好，呼報反，行下孟反。知斯三者，則知所以修身；知所以修身，則知所以治人；知所以治人，則知所以治天下國家矣。言有知脩身，則有脩身之道，此有三者，乃為脩身之基。凡為天下國家有九經，曰：修身也，尊賢也，親親也，敬大臣也，體群臣也，子庶民也，來百工也，柔遠人也，懷諸侯也。體，猶接納也。遠人，蕃國之諸侯也。子，猶愛也。修身則道立，尊賢則不惑，親親則諸父昆弟不怨，敬大臣則不眩，體群臣則士之報禮重，子庶民則百姓勸，來百工則財用足，柔遠人則四方歸之，懷諸侯則天下畏之。不惑，謀者也。任，明也。○眩，懸遍反。齊明盛服，非禮不動，所以修身也；去讒遠色，賤貨而貴德，所以勸賢也；尊其位，重其祿，同其好惡，所以勸親親也；官盛任使，所以

勸大臣也。忠信重祿，所以勸士也。時使薄斂，所以勸百姓也。日省月試，既稟稱事，所以勸百工也。送往迎來，嘉善而矜不能，所以柔遠人也。繼絕世，舉廢國，治亂持危，朝聘以時，厚往而薄來，所以懷諸侯也。

尊官盛其祿位，所以貴之。不必同姓，雖恩不天，官義不必可同私也。有忠信者，重其祿也。有祿屬也，官時所使，使之不以親小事也。日省月試，考校其成功也。○〔好惡〕皆去聲，又如字。〔斂〕力驗反。〔稱〕尺證反。〔朝〕直遙反。〔臺〕苦報反。〔既〕音餼。〔稟〕彼錦反，又力錦反，一古老錦反。

凡為天下國家有九經，所以行之者一也。凡事豫則立，不豫則廢。言前定則不跲，事前定則不困，行前定則不疚，道前定則不窮。

一謂不當豫也。○〔跲〕其劫反，其夾病也。〔疚〕……

在下位不獲乎上，民不可得而治矣。獲乎上有道，不信乎朋友，不獲乎上矣。信乎朋友有道，不順乎親，不信乎朋友矣。順乎親有道，反諸身不誠，不順乎親矣。誠身有道，不明乎善，不誠乎身矣。誠者，天之道也；誠之者，人之道也。誠者不勉而中，不思而得，從容中道，聖人也；誠之者，擇善而固執之者也。博學之，審問之，慎思之，明辨之，篤行之。有弗學，學之弗能

弗措也；有弗問，問之弗知弗措也；有弗思，思之弗得弗措也；有弗辨，辨之弗明弗措也；有弗行，行之弗篤弗措也。人一能之，己百之；人十能之，己千之。果能此道矣，雖愚必明，雖柔必強。

此勸人學誠其身也。○〔措〕七路反，其身也，下同。果置猶決也。

自誠明，謂之性；自明誠，謂之教。誠則明矣，明則誠矣。

由至誠而有明德，是聖人之性者也。由明德而有至誠，是賢人學以成之也。有明德則必有至誠，有至誠則必有明德。

唯天下至誠，為能盡其性；能盡其性，則能盡人之性；能盡人之性，則能盡物之性；能盡物之性，則可以贊天地之化育；可以贊天地之化育，則可以與天地參矣。

盡性者，謂順理之使不失其所也。贊，助也。育，生也。助天地之化生，謂聖人受命在王位致太平。

其次致曲，曲能有誠，誠則形，形則著，著則明，明則動，動則變，變則化，唯天下至誠為能化。

其次，謂自明誠者也。致，至也。曲，猶小小之事也。形，謂人見其功也。盡性之誠，人不能見也。著，形之大者也。明，著之顯者也。動，動人心也。變，改惡為善也。變之久，則化而性善也。

至誠之道，可以前知。國家將興，必有禎祥；國家將亡，必有妖孽；見乎蓍龜，動乎四體。禍福將至，善，必先知之；不善，必先知之。故至誠如神。

〔禎〕音貞。〔祥〕音……〔妖孽〕音……〔蓍〕音尸。〔龜〕……〔見〕同現。〔著〕音著……

誠者自成也，而道自道也。

言人能至誠，所以自成，道所以自道也。○〔見〕賢遍反。〔著〕……

誠者物之終始，不誠無物。是故君子誠之為貴。誠者非自成己而已也，所以成物也。成己，仁也；成物，知也。性之德也，合外內之道也，故時措之宜也。

故至誠無息。不息則久，久則徵，徵則悠遠，悠遠則博厚，博厚則高明。博厚，所以載物也；高明，所以覆物也；悠久，所以成物也。博厚配地，高明配天，悠久無疆。如此者，不見而章，不動而變，無為而成。

天地之道，可壹言而盡也：其為物不貳，則其生物不測。天地之道，博也，厚也，高也，明也，悠也，久也。今夫天，斯昭昭之多，及其無窮也，日月星辰繫焉，萬物覆焉。今夫地，一撮土之多，及其廣厚，載華嶽而不重，振河海而不洩，萬物載焉。今夫山，一卷石之多，及其廣大，草木生之，禽獸居之，寶藏興焉。今夫水，一勺之多，及其不測，黿鼉蛟龍魚鼈生焉，貨財殖焉。

詩云：「維天之命，於穆不已。」蓋曰天之所以為天也。「於乎不顯，文王之德之純。」蓋曰文王之所以為文也，純亦不已。

大哉聖人之道！洋洋乎發育萬物，峻極于天。優優大哉！禮儀三百，威儀三千，待其人然後行。故曰：苟不至德，至道不凝焉。故君子尊德性而道問學，致廣大而盡精微，極高明而道中庸。溫故而知新，敦厚以崇禮。是故居上不驕，為下不倍，國有道其言足以興，國無道其默足以容。詩曰：「既明且哲，以保其身。」其此之謂與！

子曰：「愚而好自用，賤而好自專，生乎今之世，反古之道。如此者，災及其身者也。」非天子，不議禮，不制度，不考文。今天下車同軌，書同文，行同倫。雖有其位，苟無其德，不敢作禮樂焉；雖有其德，苟無其位，亦不敢作禮樂焉。子曰：「吾說夏禮，杞不足徵也。吾學殷禮，有宋存焉。」

焉。吾學周禮,今用之,吾從周。〔徵,猶明也。杞,不足徵也。吾能說夏之禮。○從,字餘如字。王,于況反,又如字,上聲。〕

王天下有三重焉,其寡過矣乎!〔三重,三王之禮。○三重,之仲反。〕

上焉者雖善無徵,無徵不信,不信民弗從;〔上焉者,謂君也。〕下焉者雖善不尊,不尊不信,不信民弗從。〔下焉者,謂臣也。徵或為證。〕

故君子之道,本諸身,徵諸庶民,考諸三王而不繆,建諸天地而不悖,質諸鬼神而無疑,百世以俟聖人而不惑。〔繆,猶錯也。○繆,音謬。悖,布內反。後同。〕

質諸鬼神而無疑,知天也;〔知天地鬼神之情,謂知其與天地相似,鬼神從天地也。〕百世以俟聖人而不惑,知人也。

是故君子動而世為天下道,行而世為天下法,言而世為天下則。遠之則有望,近之則不厭。〔○厭,於豔反,又去聲。〕

詩曰:〔在彼無惡,在此無射。庶幾夙夜,以永終譽。○惡,烏路反。射,音亦。〕君子未有不如此而蚤有譽於天下者也。〔○蚤,音早。〕

仲尼祖述堯舜,憲章文武,上律天時,下襲水土。〔祖述堯舜之道,憲章文武之法。〕

辟如天地之無不持載,無不覆幬,辟如四時之錯行,如日月之代明。〔○辟,音譬。下同。幬,徒報反。錯,七故反。〕

萬物並育而不相害,道並行而不相悖,小德川流,大德敦化,此天地之所以為大也。〔○敦,如字,又都回反。〕

唯天下至聖,為能聰明睿知,足以有臨也;寬裕溫柔,足以有容也;發強剛毅,足以有執也;齊莊中正,足以有敬也;文理密察,足以有別也。〔○睿,音銳。知,如字。齊,側皆反。別,彼列反。〕

溥博淵泉,而時出之。溥博如天,淵泉如淵。見而民莫不敬,言而民莫不信,行而民莫不說。〔○溥,普。見,賢遍反。說,音悅。〕

是以聲名洋溢乎中國,施及蠻貊。舟車所至,人力所通,天之所覆,地之所載,日月所照,霜露所隊,凡有血氣者,莫不尊親,故曰配天。〔○施,以豉反。貊,武伯反。隊,直類反。〕

唯天下至誠,為能經綸天下之大經,立天下之大本,知天地之化育。夫焉有所倚?〔○焉,於虔反。倚,於綺反。〕肫肫其仁!淵淵其淵!浩浩其天!〔○肫,之純反。純,又之淳反。浩,胡老反。〕

苟不固聰明聖知,達天德者,其孰能知之?

詩曰：「衣錦尚絅」，惡其文之著也。故君子之道，闇然而日章；小人之道，的然而日亡。〔小注〕人淺近易知，衣之美而君子以絅表之，人所以不知其為孔子，以章其文之深，惡其文章之著也。○〔衣〕文，去聲。〔絅〕口迥反，又口詠反。〔闇〕於感反，又於感反。〔著〕張慮反。〔惡〕烏去聲。

君子之道，淡而不厭，簡而文，溫而理，知遠之近，知風之自，知微之顯，可與入德矣。〔小注〕簡而文，溫而理者，皆言其睹末察本，探端而知緒也。自，謂所從來也。入，謂入聖人之德。○〔淡〕徒暫反，又音探。〔厭〕於豔反，又於鹽反。

詩云：「潛雖伏矣，亦孔之昭」，故君子內省不疚，無惡於志。〔小注〕孔，甚也。昭，明也。疚，病也。聖人雖隱，其德亦昭明矣。○〔昭〕音招。〔疚〕九又反。〔惡〕烏路反。君子之所不可及者，其唯人之所不見乎。

詩云：「相在爾室，尚不愧于屋漏」，故君子不動而敬，不言而信。〔小注〕言君子雖隱居之室，在於屋漏之地，尚不愧焉，況有人乎。屋漏，室西北隅也。○〔相〕息亮反。〔屋漏〕非有人也。〔女〕音汝。

詩曰：「奏假無言，時靡有爭」，是故君子不賞而民勸，不怒而民威於鈇鉞。〔小注〕假，大也。奏，進也。大樂之和，於大平之時，作廟之中，人皆肅敬，無有言者，以古雅頌之詩，無敢作言訟爭者也。○〔假〕音格。〔奏〕如字。〔鈇〕音斧。〔鉞〕音越。〔辟〕方亦反。

詩曰：「不顯惟德，百辟其刑之」，是故君子篤恭而天下平。〔小注〕不顯，言顯也。辟，君也。刑，法也。言君盡此德，百辟諸侯皆法之也。○〔辟〕音璧。

詩云：「予懷明德，不大聲以色」，子曰：「聲色之於以化民，末也」。〔小注〕予，我也。懷，歸也。言我歸有明德者，以其不大聲為嚴屬之期。我色也，以威化民，末也。

詩曰：「德輶如毛」，毛猶有倫。〔小注〕輶，輕也。言化民輶如毛耳。○〔輶〕音酉，一音由，舉而用其輕也。當以德化之易，舉而用其輕也。言倫猶比也，毛雖輕，尚有所比則。

「上天之載，無聲無臭」，至矣。〔小注〕載讀曰栽，謂所生物也。有重上天之德，清明如神，造生萬物，人無得聞其聲音，淵淵浩浩，然後善。○〔載〕讀曰栽。〔比〕音必，災生也。詩

禮記卷第十六

禮記卷第十七

表記第三十二　　鄭氏註

子言之：歸乎！君子隱而顯，不矜而莊，不厲而威，不言而信。〔此孔子行應聘諸侯，莫能用己也。厲謂嚴顏色。心厭倦而言也。倦音卷。〕

子曰：君子不失足於人，不失色於人，不失口於人。是故君子貌足畏也，色足憚也，言足信也。〔失其容止重之節也。《玉藻》曰：足容重，色容莊。失謂舉止不重。〕

《甫刑》曰：敬忌而罔有擇言在躬。〔言己外敬而心戒忌，則無有可擇之言加於身也。《甫刑》，《尚書》篇名。擇，猶敗也。〕

子曰：裼襲之不相因也，欲民之毋相瀆也。〔以相因襲為敬者，或以褻瀆為敬，是不敬之大者。裼襲，盛禮也。或重或輕。裼音錫。〕

子曰：祭極敬，不繼之以樂；朝極辨，不繼之以倦。〔極猶盡也。盡其敬與哀政事，則其禮樂之事。辨，別也。朝極辨，謂別公卿大夫之位也。辨音班。〕

子曰：君子慎以辟禍，篤以不揜，恭以遠恥。〔篤，厚也。揜，猶困迫也。遠，于萬反。揜，於檢反。〕

子曰：君子莊敬日強，安肆日偷。君子不以一日使其躬儳焉，如不終日。〔儳焉，可輕賤之貌。偷，苟且也。肆，猶放恣也。強，其兩反。偷，他侯反。肆，息利反。〕

子曰：齊戒以事鬼神，擇日月以見君，恐民之不敬也。〔擇日月，必戒心也。齊，側皆反。見，賢遍反。〕

子曰：狎侮，死焉而不畏也。〔狎習而相慢也。狎，狀甲反。〕

子曰：無辭不相接也，無禮不相見也，欲民之毋相褻也。〔辭，所以通情也。辭必稱摯先也。君臣以摯相見。古者諸侯。褻，息列反。〕

《易》曰：初筮告，再三瀆，瀆則不告。〔初筮告，再三瀆則不告。瀆之言褻。瀆，之欲反。又如字。〕

子言之：仁者，天下之表也；義者，天下之制也；報者，天下之利也。〔表猶儀也。制，法度也。報，謂禮尚往來也。〕

子曰：以德報德，則民有所勸；以怨報怨，則民有所懲。〔懲謂艾也。艾，魚廢反。○創，初亮反。又如字。〕《詩》曰：無言不讎，無德不報。

《大甲》曰：民非后無能胥以寧，后非民無以辟四方。〔胥，相也。《大甲》，湯孫也。書以名篇。安○大音泰。辟音必。〕

子曰：以德報怨，則寬身之仁也；以怨報德，則刑戮之民也。〔寬猶愛也。愛民身之誤也。依注之正，民也。怨，非禮也。亦當言民。聲之誤。息。〕

子曰：無欲而好仁者，無畏而惡不仁者，天下一人而已矣。是故君子議道自己，而置法以民。〔好惡皆去聲。一人謂天子。己，自盡己所能行也。自○一人而已。〕

子曰：仁有三，與仁同功而異情。與仁同功，其仁未可知也；與仁同過，然後其仁可知也。〔利仁、強仁三者異，本情則異。○強，其兩反。安仁也，強仁也。〕仁者安仁，知者利仁，畏罪者強仁。〔在功過者之中，非其本情。過者或有悔者焉也。知音智。〕

仁者右也，道者左也。仁者人也，道者義也。〔右也左也，言相須而成也。人也，謂施以人恩也。○辟音避。斷，丁亂反。義也，謂斷以事宜也。《春秋傳》曰：執未有言舍之者，此其言舍之何。〕

厚於仁者薄於義，親而不尊；厚於義者薄於仁，尊而不親。〔言親仁之義立，多行者也。仁多則人親之，義多則人尊之。道有室。〕

道有至，義有考，至道以王，義道以霸，考道以為無失。〔此讀當有道，讀有當。至道謂王。考，成也。考字脫也。一有耳，有至謂一，兼仁義成之。不有義則有失。無至仁，有矣義，有考。〕

（人非性有也。至。○有道有義。〔王〕于義，讀為。況依注。反。）子言之：仁有數，義有長短小大。（數與長短小大，互言之耳。○〔數〕所住反。性仁義者，〔憯〕七感反。）中心憯怛，愛人之仁也；率法而強之，資仁者也。（資，取也。取仁義者，其短小大互言之耳。）詩云：「豐水有芑，武王豈不仕，詒厥孫謀，以燕翼子。」數世之仁也。（芑，枸檵也。燕，安也。仕之，言事也。詒，遺也。言武王豈不任賢仕之。詒厥孫謀，王之于孫，詒以天下之事，安乎？如豐水之有芑，武王乃美，遺之其後。○〔芑〕音起。〔詒〕本亦作詒。〔檵〕音計。〔葛〕反。〔恆〕丹反。）國風曰：「我今不閱，皇恤我後。」終身之仁也。（閱，猶容也。皇，暇也。恐不能自容，何暇憂我後之言。我今尚。○〔閱〕音。）

子曰：仁之為器重，其為道遠，舉者莫能勝也，行者莫能致也。取數多者，仁也。夫勉於仁者，不亦難乎？是故君子以義度人，則難為人；以人望人，則賢者可知已矣。（言先王則難中法。言人相比方耳。○〔度〕待洛反，又丁仲反。）

子曰：中心安仁者，天下一人而已矣。大雅曰：「德輶如毛，民鮮克舉之，我儀圖之，惟仲山甫舉之，愛莫助之。」小雅曰：「高山仰止，景行行止。」（輶，輕也。鮮，罕也。儀，愛，惜也。圖，謀也。仲山甫，周宣王之大臣也。言能舉行此詩者，仲山甫則能舉行者。愛猶惜也。○〔輶〕音由。〔鮮〕息淺反。〔少〕。〔惜〕一音。）

子曰：詩之好仁如此。鄉道而行，中道而廢，忘身之老也，不知年數之不足也，俛焉日有孳孳，斃而

后已。（廢，瑜仆也。極，罷頓，不能復行則同。鄉，許亮反。○〔好〕呼報反。下行則止也。俛，亮反。○〔數〕色勞住之。〔俛〕音勉。〔孳〕音茲，又音孜。〔斃〕蒲北音弊，又匹反。〔仆〕蒲北反。）子曰：仁之難成久矣，人人失其所好，故仁者之過易辭也。（所言由仁不道不得其成，人故仁者之過易辭。辭猶解說也。○〔好〕呼報反。〔易〕以豉反。）

子曰：恭近禮，儉近仁，信近情，敬讓以行此，雖有過，其不甚矣。夫恭寡過，情可信，儉易容也；以此失之者，不亦鮮乎？詩云：「溫溫恭人，惟德之基。」（辭也，辭猶解說也。聖人無過，仁者之過易辭。○〔易〕音以豉反，又羊豉反。〔近〕附近之近。○〔恭〕恭近禮，儉近仁，信近情，敬讓以行此雖有過其不甚矣。溫溫，和柔貌。基，本也。）

子曰：仁之難成久矣，唯君子能之。是故君子不以其所能者病人，不以人之所不能者愧人。是故聖人之制行也，不制以己，使民有所勸勉愧恥以行其言。禮以節之，信以結之，容貌以文之，衣服以移之，朋友以極之，欲民之有壹也。小雅曰：「不愧于人，不畏于天。」（言君子能之者少也。○病、愧，謂罪病之，愧恥之也。是故聖人之制行也。○制，謂不制以己。使民有所勸勉，制以中人為節，使民有所勸勉愧恥以行其言。移猶廣大也。極，致也。壹，謂專心壹。○〔移〕昌氏反，又怡。○〔讀〕如字。專心壹讀。不愧於人，不畏於天，言有所天人也。）

是故君子服其服則文以君子之容，有其容則文以君子之辭，遂其辭則實以君子之德。是故君子恥服其服而無其容，恥有其容而無其辭，恥有其辭而無其德，恥有其德而無其行。是故君子衰絰則有哀色，端冕則有敬色，甲胄則有不可辱之色。詩云：「惟鵜在梁，不濡其翼。」彼記

之子不稱其服。鷺鷀，胡污澤也。污澤，污其翼，舍居泥水之中，才翼如君子于……在魚梁以不濡其翼為君子于……以稱其服為有德。〇鷺音帝。記，紀吏反。

子言之：君子之所謂義者，貴賤皆有事於天下。天子親耕，粢盛秬鬯，以事上帝，故諸侯勤以輔事於天子。是言無義而富，居且貴，食祿。〇子曰：下之事上也，雖有庇民之大德，不敢有君民之心，仁之厚也。是故君子恭儉以求役仁，信讓以求役禮，不自尚其事，不自尊其身，儉於位而寡於欲，讓於賢，卑己而尊人，小心而畏義，求以事君，得之自是，不得自是，以聽天命。《詩》云：莫莫葛藟，施于條枚，凱弟君子，求福不回。其舜、禹、文王、周公之謂與！有君民之大德，有事君之小心。《詩》云：惟此文王，小心翼翼，昭事上帝，聿懷多福，厥德不回，以受方國。

子曰：先王謚以尊名，節以壹惠，恥名之浮於行也。是故君子不自大其事，不自尚其功，以求處情；過行弗率，以求處厚；彰善而美人之功，以求下賢。是故君子雖自卑，而民敬尊之。

子曰：后稷，天下之為烈也，豈一手一足哉！唯欲行之浮於名也，故自謂便人。

子言之：君子之所謂仁者，其難乎！《詩》云：凱弟君子，民之父母。凱以強教之，弟以說安之。樂而毋荒，有禮而親，威莊而安，孝慈而敬。使民有父之尊，有母之親。如此而后可以為民父母矣，非至德其孰能如此乎！今父之親子也，親賢而下無能；母之親子也，賢則親之，無能則憐之。母，親而不尊；父，尊而不親。水之於民也，親而不尊；火，尊而不親。土之於民也，親而不尊；天，尊而不親。命之於民也，親而不尊；鬼，尊而不親。

子曰：夏道尊命，事鬼敬神而遠之，近人而忠焉，先祿而後威，先賞而後罰，親而不尊。其民之敝：惷而愚，喬而野，朴而不文。殷人尊神，率民以事神，先鬼而後禮，先罰而後賞，尊而不親。其民之敝……

朝覲以摯，交接相施予。其民之敝，蕩而不靜，勝而無恥。言其心放蕩，無所定，困於刑罰，苟勝免而無恥也。令曰：無作淫巧，以蕩上心。○勝，始證反。周人尊禮尚施，事鬼敬神而遠之，近人而忠焉，其賞罰用爵列，以尊卑爲差也。親而不尊。其民之敝，利而巧，文而不慚，賊而蔽。

子曰：夏道未瀆辭，不求備，不大望於民，未瀆辭者，謂其政寬，不求備，不大望於民。民未厭其親。殷人未瀆禮，而求備於民。周人強民，未瀆神，而賞爵刑罰窮矣。言其承殷繁文，難變設也。○厭，於豔反。強，其兩反。

子曰：虞夏之道，寡怨於民；殷周之道，不勝其敝。○勝，音升。子曰：虞夏之質，殷周之文，至矣。虞夏之文不勝其質，殷周之質不勝其文。言後有王者，其作不能易之。言王者相變，質文各有所宜。○勝，音升。

子言之曰：後世雖有作者，虞帝弗可及也已矣。君天下，生無私，死不厚其子。厚其子，言不傳位與之也。子民如父母，有憯怛之愛，有忠利之教。親而尊，安而敬，威而愛，富而有禮，惠而能散。其君子尊仁畏義，恥費輕實，費，謂出空言也；實，謂財貨也。忠而不犯，義而順，文而靜，寬而有辨。辨，謂別諸臣也。○費，芳貴反。憯，七感反。散，悉旦反。甫刑曰：德威惟威，德明惟明。德所威，則人皆畏之；德所明，則人皆尊之也。非虞帝其孰能如此乎！也。

得人尚也。書。○威，音畏，如字。子言之：事君先資其言，拜自獻其身，以成其信。資，謀也。獻，進也。言臣事君先進言，乃後親進爲臣，進言於君也。君有責於其臣，臣有死於其言。死其言者，竭力於事，而不負於其所言也。故其受祿不誣，其受罪益寡。事死而言不負於事，不誣其信也。

子曰：事君大言入則望大利，小言入則望小利。大言，可以立大事也；小言，可以立小事也。故君子不以小言受大祿，不以大言受小祿。用言其臣德能受祿也。○爲，于僞反。易曰：不家食，吉。此大畜象辭也。

子曰：事君不下達，不尚辭，非其人弗自。不下達，不以私事自通於君也。弗自，不多出身，將與華相之親言也。小雅曰：靖共爾位，正直是與，神之聽之，式穀以女。靖，治也。共，具也；爾之位也。臧，善也。式，用也。穀，祿也。○共，音恭。女，音汝。

子曰：事君遠而諫，則諂也；近而不諫，則尸利也。遠也。近也。尸，謂主也。○諂，敕撿反。

子曰：邇臣守和，宰正百官，大臣慮四方。邇，近也。和，齊也。齊景公曰：唯據與我和。宰，謂家宰，主治百官也。

子曰：事君欲諫不欲陳。陳，謂宣君之過於外也。詩云：心乎愛矣，瑕不謂矣，中心藏之，何日忘之。瑕之言何也。○瑕，戶加反。

子曰：事君難進而易退，則位有序；易進而難退，則亂也。○易，以豉反。故君子三揖而進，一辭而退，以遠亂也。進難者爲在入之難也；退速者爲君子也。○遠，于萬反，下同。

子曰：事君三違而不出竟，則利祿也；人雖曰不要，吾違，去也。竟，猶境也。利祿，苟貪祿位也。○竟，音境。要，於遙反，下同。

弗信也。（遠於去，言利祿。言去是為貪祿留也。臣以道去，要君。要君者，以其強與君要，必以其距君去。）

子曰：事君慎始而敬終。（慎始而敬終，謂愼其所以成敗。）

子曰：事君可貴可賤，可富可貧，可生可殺，而不可使為亂。（君之於臣，輕交絕以所易。子曰：）

子曰：事君軍旅不辟難，朝廷不辭賤。處其位而不履其事，則亂也。（言位有所屬。履猶行也。處其位而不行其事，是亂君臣之禮也。行，履也。）故君使其臣，（使之者，使此己聘問御役欲從之。）得志則慎慮而從之，否則孰慮而從之，終事而退，臣之厚也。（謙遜也。得志，謂臣致其志。孰慮者，計可否而為，退而去，臣尚忠且厚。）《易》曰：不事王侯，高尚其事。（高尚其志，致尚其仕，不為仕尊大。君其成功猶不。）

子曰：唯天子受命于天，士受命于君。（不言皆，不敢專有所唯受。唯音帷。）故君命順則臣有順命，君命逆則臣有逆命。（君命逆則臣。爭謂關諫。）《詩》曰：鵲之姜姜，鶉之賁賁；（姜姜、賁賁，爭鬬惡之貌。姜，舒羊反。賁音奔。子曰：）人之無良，我以為君。（如臣無良，我以為君。君子不。賁音墳，下同。○餘行則以孟反。）

子曰：君子不以辭盡人。（不見時人之言惡也。語曰：）故天下有道則行有枝葉，（行或見於時。行謂禮，枝葉益德。下以）天下無道則辭有枝葉。（辭，言語也。枝葉出於禮。所以有枝葉者。是故君子於有喪者之側，不能賻焉，則不問其所費；（賻謂賙貧者之喪也，賻助喪家。有病者之側，不能饋焉，則不問其所欲；有客，不能館，則不問其所舍。（皆言辭有言。館則不能館。）故君子之接如水，小人之接如（君子之接如水，小人之接如

醴。（醴音禮。）君子淡以成，小人甘以壞。（水相得則敗合而無酸，得則相敗，淡合而無酸。酒、醴味相得則敗。）小雅曰：盜言孔甘，亂是用餤。（餤猶進也。故大嗜反。又以餤為甚，以進。子曰：君子不以口惠而實不至，怨菑及其身。○〔餤〕音談，又以占反。盜，賊也。○〔餤〕徒甘反，又以冉反。○〔嗜〕市志反。○〔繩〕音繩。又以繩為譽。○〔繩〕音餘。〔繩〕市之反。）譽人則民作忠。（升譽也。左傳以繩為譽。）亂則民作餤。（○〔餤〕音談。又以占反。故大嗜反，故大。）

子曰：君子不以口惠而實不至，（有言不可以無實。○〔食〕音嗣。○〔衣〕於既反。衣之間，人之飢則食之。）寒則衣之。（衣之、食之，稱人之美則爵之。國風曰：心之憂矣，於我歸說。（所以悅，又信銳之反。人欲歸其所說，又始。○〔說〕音悅。）說。（○〔菑〕音災。烏路反，惡也。言而無信，人所惡也。是故君子口惠而實不至，怨菑及其身。）怨菑及其身。（○〔菑〕音災。烏路反，惡也。言而無信，人所惡也。是故國風曰：言笑晏晏，）是故君子與其有諾責也，（此皆相昏相。言而無信，人所惡。）責也寧有已怨。（死，謂其不怨。大也。於言不諾，許而許。此皆相昏為。）晏信誓旦旦，不思其反反，是不思亦已焉哉。（禮而不終也。言始合會之不思，亦已焉哉。無如婚，此今人何。其本恩之反，覆反。覆之不思，亦已焉哉，無如婚。此今人何。）

子曰：君子不以色親人，情疏而貌親，在小人則（怨之深也。）穿窬之盜也與？（○〔巧〕謂順而說也，又。○〔窬〕羊朱反，說也。又。音豆。○〔與〕音餘。）

子言之：昔三代明王皆事天地之神明，無非卜筮之用，（神明謂天地之神明也。言動任卜筮神明也。是）不敢以其私褻事上帝。是故不犯日月，不違卜筮。（日月謂冬夏至，正月及四時。日所不違者，日至與牲尸也。大事尤有。）卜筮不相襲也。（襲因也。卜小事則筮，大事則筮。大事尤有。）大事有時日，（有事尤大事。小事無時日，有筮。（日有事尤筮，臨有神事，筮之時常。）外事用剛日，內事用柔日。（事順之陰陽也，別陽為外，陰為內。郊。○〔別〕彼列反。）不違龜筮。

子曰：牲牷禮樂齊盛，是以無害乎鬼

神無怨乎百姓。音牲。雝猶純也。[齊]音粢。○[牲]。

子曰：后稷之祀易富也，其辭恭，其欲儉，其祿及子孫。之言其祿之共，儉者也，以傳世祭。易富。詩曰：后稷兆祀，庶無罪悔，以迄于今。祭無處悔也。迄，至也。言祀乃后稷從郊以配天，庶幾其……○[易]以豉反。[迄]許訖反。幾其。兆，四郊之。

子曰：大人之器威敬。之言其用尊嚴。天子無筮，守也。謂征伐出師若巡守，天子至尊，大事皆用卜也。五年歲襲其祥。傳曰先。諸侯有守筮。筮守國有事則用之。天子道以筮，有始將出，小事則卜之，筮道。諸侯非其國不以筮。不敢問吉凶於人之國也。卜宅寢室。入他國則不筮，不敢。天子不卜處大廟。

子曰：君子敬則用祭器。是以不廢日月，不違龜筮，以敬事其君長，是以上不瀆於民，下不褻於上。君子敬，不敢聘待燕賓客也。○[褻]待頁反。[長]丁丈反。是以獻曰下。言之上以之正於。是以。

緇衣第三十三

鄭氏註

子言之曰：為上易事也，為下易知也，則刑不煩矣。君言。

子曰：好賢如緇衣，惡惡如巷伯，則爵不瀆而民作愿，刑不試而民咸服。緇衣、巷伯皆詩篇名也。緇衣又改緇衣為首適章。賢欲其……爵不瀆而民作愿，刑不試而民咸服。宜子長之為館兮，還予授子之衣，緇新衣者是賢其者好也。皆欲其死也。○[好]呼報反。下爵皆不同。[緇]側其反。[惡惡]上試烏路也。咸反。

大雅曰：儀刑文王，萬國作孚。[衣]下如字，[還]音旋。[孚]刑信法也。儀，法者文也。王文之德而政克之明，則德慎罰，無不。

子曰：夫民，教之以德，齊之以禮，則民有格心；教之以政，齊之以刑，則民有遯心。故君民者，子以愛之，則民親之；信以結之，則民不倍；恭以涖之，則民有孫心。格，來也，逃來也。故君民者，子以愛之，則民有孫心。諸刑乃有三。五苗者蚩作。○[孫]音遜。[泄]音利，又。音佩。[遯]音避。音類。

甫刑曰：苗民匪用命，制以刑，惟作五虐之刑曰法。是以民有惡德，而遂絕其世也。書甫刑篇名，尚書甫刑篇。匪，非也。命，政令也。高辛制御氏之以末，嚴諸侯，刑乃有五。苗者，蚩尤之後。亂其治也。苗尤由之，此刑以滅無後世，由是民不任德。○[惡]……[蚩]尺之反。倍之畔反也。三。

子曰：下之事上也，不從其所令，從其所行。上好是物，下必有甚者矣。故上之所好惡，不可不慎也，是民之表也。於言譌化。○[行]下孟反。拘。如字。又。甚者甚也。故上之所好，君者也甚，故如影反。遂言表民之。○[惡]烏路反。[影]。

子曰：禹立三年，百姓以仁遂焉，豈必盡仁？詩云：赫赫師尹，民具爾瞻。甫刑云：一人有慶，兆民賴之。大雅曰：成王之孚，下土之式。仁言非百姓本性能為仁。達也。遂猶達也。皆言化，君式法也。

子曰：上好仁，則下之為仁爭先人。故長民者章志、貞教、尊仁以子愛百姓，民致行己以說其上矣。詩云：有梏德行，四國順之。之章，貞。正也。民致己。盡己心致。○[長]丁丈反。者民[說]之行皆音悅。[說]音悅，皆。

子曰：王言如絲，其出如綸；王言如綸，其出如綍。之音楷角，[行]下孟反。○[楷]大也，直也。也言綍引出彌索大也。○[綸]今有秩音倫，又古頑反。[綍]音偏反。

音綴也。〔綍〕故大人不倡游言。游，猶浮之詍也，不可用之詍也，不可行〕可言也，不可行，君子弗言也；可行也，不可言，君子弗行也。則民言不危行，而行不危言矣。高，猶高言也，行相不應也。○行，危行反。《詩》云：淑慎爾止，不愆于儀。淑，善也。慎，善也。女之過，○愆，起虔反。禮之威儀也。

以行〕禁謹慎導也。故言必慮其所終，而行必稽其所敝，則民謹於言而慎於行。稽猶考也。話，善言也。○話，胡快反。《詩》云：穆穆文王，於緝熙敬止。緝熙，光明也。○緝，七入反。《大雅》文王之詩也。毛氏有之而三家焉。

以言〕故言必慮其所終，而行必稽其所敝〕子曰：長民者衣服不貳，從容有常，以齊其民，則民德壹。壹，不貳也。○長，丁丈反。從，七容反。《詩》云：彼都人士，狐裘黃黃，其容不改，出言有章，行歸于周，萬民所望。此服也，詩人見而說之。周之都人士以此為常。

容有常以齊其民則民德壹〕彼都人士，狐裘黃黃，其容不改，出言有章，行歸于周，萬民所望。

也則君不疑於其臣而臣不惑於其君矣〕子曰：為上可望而知也，為下可述而志也，則君不疑於其臣，而臣不惑於其君矣。志，猶知也。○說，音悅。《尹吉》曰：惟尹躬及湯，咸有壹德。尹吉，伊尹也。吉，古文詰，字之誤也。守之也。《詩》云：淑人君子，其儀不忒。

容有常〕子曰：有國者章義癉惡，以示民厚，則民情不貳。章，明也。癉，病也。○癉，丁但反。或作善。〔癉〕丁但反。情不貳〕作貳。義，尚書作善。○他得反。《詩》云：靖共爾位，好是正直。

位好是正直〕子曰：上人疑則百姓惑，下難知則君長勞。難知，有姦心也。○難，恭下反。共，好也。呼報反。〔共〕故君民者，章好以示民俗，慎惡以御民之淫，則民不惑矣。淫，貪也。好惡後而民知禁。孝經曰：示之○示〔好〕以好惡，後而民知禁。

惡以御民之淫，則民不惑矣。臣儀行，不重辭，不援其所不及，不煩其所不知，則君不勞矣。猶引也，君所不知謂必使其知慮如聖人也。凡告喻人，當隨其才以誘之。○援音袁。儀當為義，聲之誤也，言《詩》云：上帝板板，下民卒癉。喻上帝板板，君臣並板辟也，卒，盡也。癉，病也。此君亦使民惑，君於勞之。《小雅》曰：匪其止共，惟王之邛。匪，非也。惟使邛勞，此臣亦使君於勞之。邛，其恭反。○板，布綰反。〔板〕丁但反。〔辟〕匹亦反。

其止共惟王之邛〕其詩也。其恭反。○〔邛〕子曰：政之不行也，教之不成也，爵祿不足勸也，刑罰不足恥也。故上不可以褻刑而輕爵。教言政，教所以明賞罰。○〔藝〕息列反。勸也〕《康誥》曰：敬明乃罰。《甫刑》曰：播刑之不迪。康，康叔也。迪，道也。言施刑之道也。○〔播〕猶補饋反，不迪，衍字耳。誥作誥，尚書篇名也。播，施也。

子曰：大臣不親，百姓不寧，則忠敬不足，而富貴已過也，大臣不治而邇臣比矣。治而邇臣比矣。○比，毗志反。故大臣不可不敬也，是民之表也；邇臣不可不慎也，是民之道也。近不足謂近臣，亦於謀之從道言。君毋以小謀大，毋以遠言近，毋以內圖外，則大臣不怨，邇臣不疾，而遠臣不蔽矣。互言之，比之，君循之道也，君毋以小〔柄〕音秉。當各於謀其黨。民於其黨，言近於謀其黨之也。外圖外當圖外圖外。非疾猶疾也。○〔柄〕音秉。則大臣不怨，邇臣不疾，而遠臣不蔽矣。內其過或時審交也，大臣相柄羅害於外小臣執命。《葉公之顧命》曰：毋以小謀敗大作，毋以嬖御人疾莊后，毋以嬖御士疾莊士大夫卿士。命，小謀小臣之謀也。大作，大事也。臨死遺書曰所。葉公，楚縣公葉公子高也。

位好是正直，子曰：上人疑則百姓惑，下難知則君長勞。故君民者，章好以示民俗，慎惡以御民之淫，則民不惑矣。

為也，變御人愛妾也，愛臣也。莊士亦非也，莊士之后適夫人，齊莊得禮者。今得禮者變御士，愛臣也。疾，士亦謂士之適。丁歷反。○業舒涉反。齊側皆反。敗皆反。

子曰：大人不親其所賢，而信其所賤，當親親失也。失，教其所煩。民是以親失，而教是以煩。詩云：彼求我則，如不我得，執我仇仇，亦不我力。言君始求我，如恐不得我；既得我，不親信我，持我仇仇然，亦不力用我也。○仇音求。君陳曰：未見聖，若己弗克見，既見聖，亦不克由聖。由，用也，能用也。○鱓音餤。

子曰：小人溺於水，君子溺於口，大人溺於民，皆在其所褻也。言人溺，不溺於所敬者。溺，謂覆沒不能自理出也。夫水近於人而溺人，水，人所潔清沐浴而自潔清。德易狎而難親也，易以溺人。言水近人之故，或泳之，深淵共彼所當慎慎也。由近人之故，或泳之。人而溺人，德易狎而難親也，易以溺人。如溺臨於深淵。費，數色或為角反。呼或內悖寸分忽反。口費而煩，易出難悔，口多言，且煩數也，口舌所過言，亦一所過，言亦悔。夫民閉於人而有鄙心，可敬不可慢，易以溺人。詐言難卒告語人，人君道而慎心以鄙。故君子不可以不慎也。君臨無所則慎不溺，夫藝而慢矣。○若陵虐溺矣而慢。○卒寸忽反。大甲曰：毋越厥命以自覆也。越之言是無自顛也，厥顛所覆女之也。若虞機張，往省括于厥度則釋。越之言，機關視牙，與所度參相擬。○機弩牙也，括與所射謂參相擬。

以自虞也，毀敗人。虞，主田獵之地，從者機闕。射禽弩已，張射田獵之地。○可得乃乃後施釋也。○大音泰，亦以服己。心，參於字，軍又臣及各萬反民。

兌命曰：惟口起羞，惟甲冑起兵，惟衣裳在笥，惟干戈省厥躬。命高宗尚書篇名也。羞猶辱也。惟甲冑起兵，衣裳當慎朝祭軍旅之服也。惟干戈省厥躬。○兌本作禮說也。○司吏反。○說音悅，當悅。○躬音弓。○畔也。○釁魚追反。兌命曰惟口起羞，惟甲冑起兵，惟衣裳在笥。其厥反，又紀衞反。一反。兌女音汝。射食亦反。大甲曰：天作孽，可違也；自作孽，不可以逭。列反。逭音避乎亂。尹吉曰：惟尹躬天，見于西邑夏，自周有終，相亦惟終。尹吉亦尹周，相助也。尹，周相助也。尹吉之誤，先祖信。此信以自湯終矣，今天絕桀在者亳以西，其邑。逃達猶。○畔也。○釁魚追。

依或注，為敗。先起或，作見夔之先君臣，仕於皆夏忠，時就自夏。作見夔伊之尹，始君臣仕於皆夏忠。終相亦惟終。息為亮于反。○晢步音各諳。○天反。

子曰：民以君為體，心以民為體，心莊則體舒，心肅則容敬。心好之，身必安之；君好之，民必欲之。以民為體，心莊則體舒。心肅則容敬，心好之身必安。君好之民必欲之。心以體全，亦以體傷；君以民存，亦以民亡。先此正入也，君長邦也，之能八成邦也。誰能秉國成。誰能秉，今成傷秉。亦以民亡。莊齊報齊反，下也同。○好。詩云：昔吾有先正，其言明且清，國家以寧，都邑以成，庶民以生，誰能秉國成，不自為正，卒勞百姓。無此正入也，先君成長邦也，之八能成邦也。才性來百姓，一云此憂念之者，與疾宜，時行大臣專自功以爭所美。○者清舊，如字報反，輿音餘，力報上，先正當音當征。君雅曰：夏日暑雨，小民惟曰怨；資冬祁寒，小民亦惟曰怨。雅，周書序，王作司徒假借尚書篇君雅名也。資語當為至，夏日暑雨，小民語聲之，天誤也。至冬是寒，言是也，齊又小民，西偏之語也。資音至，民祁旦多，依為字林上尸。○雅音牙。資音貧。祁怨天言至，祁旦依為其君上難。○雅音牙。貧音。

子曰：下之事上也，身不正，言不信，則義不壹，行無類也。身不正，言不信，則義不壹，行無類也。行類謂此。孟比式下。○

〔壻〕婿字同　子曰：言有物而行有格也，是以生則不可奪志，死則不可奪名。（物謂事驗也。格，舊法也。）故君子多聞，質而守之；多志，質而親之；精知，略而行之。（精知，執慮也。○知如字，一音智。精或為清。）君陳曰：出入自爾師虞，庶言同。（壻由之也。師庶皆眾言也。虞，度也。眾言同，實度乃行也。之言出內當教，由壹也。）詩云：淑人君子，其儀一也。子曰：唯君子能好其正，小人毒其正。（好，呼報反，下皆同。○毒如字。）故君子之朋友有鄉，其惡有方。（鄉方，喻善惡所利。人鄉方，猶嚮也。友無常，小人。）是故邇者不惑，而遠者不疑也。（可望而知也。邇，近也。）詩云：君子好仇。（仇音逑。○古堯反。）子曰：輕絕貧賤，而重絕富貴，則好賢不堅，而惡惡不著也。人雖曰不利，吾不信也。（著，張慮反。惡惡，上烏路反，下如字。此近利也。）詩云：朋友攸攝，攝以威儀。（攝之禮義相攝也，所以貧富友以相攝也。）子曰：私惠不歸德，君子不自留焉。（私惠謂相慶遺也。物相惠曰遺。○遺，惟季反。私惠不以公禮，德小。）詩云：人之好我，示我周行。（道，行也。○行，戶郎反，又音衡。是則為君以道示我，又以忠信如字。）子曰：苟有車，必見其軾；苟有衣，必見其敝；人苟或言之，必聞其聲；苟或行之，必見其成。（軾又音式。苟，誠也，後必見其敝，敝，必世反，敗衣也。又必世在內，新時反，隱蔽也，不見如○〔載〕字，又賢遍反。）葛覃曰：服之無射。（君子服之，言己無厭。顧諫不虛以為也。○射音亦，今〔覃〕音潭。○〔壻〕音亦今。）

<hr>

子曰：言從而行之，則言不可飾也；行從而言之，則行不可飾也。故君子寡言而行，（從猶隨也，下則隨行也。○〔行〕以從下同孟。）以成其信，則民不得大其美而小其惡。（不可飾也，反從則隨行也。）詩云：白圭之玷，尚可磨也；斯言之玷，不可為也。（玷，缺也，如玉之言，何圭之缺，尚可磨。○〔玷〕丁簟反，又平念反。）小雅曰：允也君子，展也大成。（展，允，信，誠也。君子昔在上。）帝〔成王〕觀文王之德，其集大命于厥躬。（周田觀文王之德，讀為厥亂勸寧文王之德。三者割申勸寧王之德之集大命，使王有誠信于天下也。之德讀為文，蓋謂割申勸寧王之德，讀為申勸寧，況反。○〔與〕音釋，申蓋照反。〔王〕于況反。〔召〕子曰：南人有言曰：人而無恒，不可以為卜筮。古之遺言與，龜筮猶不能知也，而況於人乎。（恒，常也。定其可否也。○言卜兆。〔與〕音餘。龜厭卦音兆，不能兌。）詩云：我龜既厭，不我告猶。（猶，道也，以言褻而用之，道也。）兌命曰：爵無及惡德，民立而正事，純而祭祀，是為不敬。（惡德，無恒之德。純，猶皆也，民言將立君。）事煩則亂，事神則難。（臣爵無及惡德之純人也。惡德之人使事鬼神，是又不敬，難以祭鬼神，是放傚之人皆如是而以祭。）及惡德，民立而正事，純而祭祀，是為不敬。易曰：不恒其德，或承之羞。（或方往。○〔悅〕放為煩，〔放〕音免反。易曰不恒其德或承之羞。）恒其德偵，婦人吉，夫子凶。（羞者，辱也。偵，問正也。問正為常德。婦人從人，專行幹事，而以問正，是亦無恒之人以也。○〔偵〕音常，貞。）

禮記卷第十七

禮記卷第十八

奔喪第三十四　　鄭氏註

奔喪之禮，始聞親喪，以哭答使者，盡哀問故，又哭盡哀。〔親親，父母也。以哭答使者，親親喪所由也。雖哭，非答父母者，聞喪悒而之哀，其無禮亦然也。○問故。○恆，都困反。〕遂行，日行百里，不以夜行。唯父母之喪，見星而行，見星而舍。〔冒晨夜也。○冒音慢。〕若未得行，則成服而后行。〔行，謂以君命有為之。○言士彌益，于為者反。又亡報反。〕過國至竟哭，〔親親之心念下，至竟哀感也。○竟音境，下同。〕盡哀而止。〔哭辟市朝。〕望其國竟哭。〔竟哀七也。○辟音避，又音闢。〕

至於家，入門而左，〔為驚眾也。〕升自西階，殯東西面坐，哭盡哀，括髮袒，〔括髮，去冠也。○括髮，古活反。衣，素衣也。○徒早反。〕降堂東即位，西鄉哭，成踊，〔鄉許亮反。〕襲絰于序東，絞帶，反位，〔絞，古卯反。〕拜賓成踊，〔拜賓，賓弔者。〕送賓，反位。〔未小斂，乃經而踊者。〕雖有賓後至者，則拜之成踊，送賓皆如初。〔踊，音勇。〕眾主人兄弟皆出門，出門哭止，闔門，相者告就次。〔次，倚廬也。○相，息亮也。〕於又哭，括髮袒成踊，於三哭猶括髮袒成踊。〔音版，皆同。〕三日成服，拜賓送賓

皆如初。〔三日三哭，喪服之期杖日也，於序東。既，東。○奔喪。〕人為之拜賓送賓。〔奔喪者非主人，則主人為之拜賓送賓也。〕奔喪者自齊衰以下，入門左，中庭北面哭盡哀，免麻于序東，即位袒，與主人哭成踊。〔言堂者，期所父母之喪，雖有統於主人，不至也。麻亦經服也。○免音問。麻，下乃經服。〕又哭三哭皆免袒，有賓則主人拜賓送賓。〔著者，父於母位也。襲○為，于東。祖襲反。齊音。○免音相。〕丈夫婦人之待之也，皆如朝夕哭位無變也。〔敬待此奔喪者，骨肉哀無變。則自嫌賓客之此也，乃於。〕奔母之喪，〔中至庭北面也。如始。〕西面哭盡哀，括髮袒，降堂東即位，西鄉哭成踊，襲免絰于序東，〔者以入哭也，猶三哭，不以序入哭也。〕拜賓送賓，皆如奔父之禮，〔父於東。祖襲反。齊音相。免音。〕於又哭不括髮。〔喪升自東階，殯東西面坐，哭盡哀，東髽即位，與主人〕拾踊。〔入，婦人，由闈門東，姊妹女子于東也，不至序東。主人與婦人在。○者，去瓜反。拾，更起也。主人。○踊，側去反。更音庚，計反，同。〕

奔喪者不及殯，先之墓，北面坐哭盡哀。〔奔喪者不及殯，先之墓。〕主人之待之也，即位于墓左，婦人墓右，成踊盡哀括髮，〔主人之待之也，即位于墓左，婦人墓右。〕東即位，絰絰帶，哭成踊，拜賓，反位成踊，相者告事畢，遂冠歸，〔主人之待之也，謂在家者。父母則袒，告事畢在家者於此也。後無於哭。〕入門左，北面哭盡哀，括髮袒成踊，東即位，拜賓成踊，〔父母則袒，祖成踊。雜括。〕賓出，主人拜送，有賓後至者，則拜之成踊，送賓如初。

眾主人兄弟皆出門。出門哭止。相者告就次。於又哭括髮成踊。於三哭猶括髮成踊。三日成服。於五哭。相者告事畢。〔又禮說三哭不及殯。於哀又成。已久殺之也。即位逸不奔。謂既期乃後歸至者也。不復哭也。其未期猶朝夕哭。不為四。止於五。此〕

為母。所以異於父者。壹括髮。其餘〔期音基。下同〕免以終事。他如奔父之禮。〔於此括髮乃言謂歸入門。異於哭父時者也〕

齊衰以下。不及殯。先之墓。西〔明及殯不及殯反。下同。○為。于下同〕面哭盡哀。〔統於北。主人〕免麻于東方。即位與主人哭。成踊襲。有賓則主人拜賓送賓。賓有後至者拜之。成踊。送賓如初。相者告事畢。〔齊衰親者言襲。者或袒可〕遂冠歸入門左。北面哭盡哀。〔不言祖者。或容祖可〕免袒成踊。東即位拜賓。成踊。賓出。主人拜送于門外。反位。若有賓後至者拜之。成踊。送賓如初。眾主人兄弟皆出門。哭止。相者告就次。於又哭免袒成踊。於三哭猶免袒成踊。三日成服。於五哭。相者告事畢。〔又為哭三。於又哭皆言哭。括髮袒而衍字也。此〕

聞喪不得奔喪。哭盡哀。問故。又哭盡哀。乃為位。括髮袒。〔又言祖袒。○衍字也。此聞〕成踊。襲。絰絞帶。即位。〔有事不然者。而不得為位。謂以位有君命〕拜賓。反位。成踊。〔至此蹴。日如於家。是可也。○哭位矣。齊子短反。處昌慮反〕賓出。主人拜送于門外。反位。若有賓後至者。拜之。成踊。送賓如初。於又哭括髮袒成踊。於三哭猶括髮袒成踊。三日成服。於五哭。相者告事畢。〔官不言就次者。當從其事。不可以迫公事。五服日廢公職也。亦可以在〕

止。若除喪而後歸。則之墓。哭成踊。東括髮袒絰。拜賓成踊。送賓反位。又哭盡哀。遂除。〔除於殯。墓者而也。遂歸〕於家不哭。〔即位無變于墓服。自婦人墓服。若時墓左也右也〕主人之待之也。無變於服。與之哭。不踊。〔自齊衰以下。所以異者〕免麻。凡為位。非親喪。齊衰以下皆即位哭盡哀。而東免絰。即位。袒成踊。〔己謂私。未君喪者。又無故。唯父母可得之奔喪〕襲。拜賓。反位。哭。〔不離聞。乃行之。○離。力智反〕成踊。送賓反位。〔更為位。其哭之。皆可行。乃行之〕相者告就次。於又哭免袒成踊。於三哭猶免袒成踊。三日五哭卒。主人出〔次卒一猶止也。也與明日。始之朝夕而五。為位不乃出。朝就〕送賓。眾主人兄弟皆出門。哭止。相者告事畢。〔亦哭而明曰。數朝夕成服備。凡云哭五而哭止者。亦其為後急。有奔殯喪已與私之事。哭當而畢〕成服拜賓。若所為位家遠。則成服而往。〔待乃齊衰望鄉〕

齊衰望鄉而哭。大功望門而哭。小功至門而〔遠近喪之差也。就親就哭差也〕哭。緦麻即位而哭。哭父之黨於廟。母妻之黨於寢。〔此因五服閒而已。以逸而奔喪。列人恩。曰諸父族當哭與母者也。黨於黨廟。謂於黨廟〕師於廟門外。朋友於寢門外。所識於野張〔惟族類無服者也〕帷。〔存精乎神不〕凡為位不奠。〔已不則不為外位矣〕哭天子九。諸侯七。卿大夫五。士三。〔士大夫諸侯之差名也〕〔此臣而未聞奔君喪〕大夫哭諸侯。不敢拜〔為位而哭。君不敢拜〕賓。〔賓謂辟哭。為其舊君。○辟音避〕諸臣在他國。為位而哭。不敢拜賓國，謂大夫士使於〔使〕色吏反。○列與諸侯爲兄弟，亦爲位而哭。

凡爲位者壹〔爲〕于僞反。同。祖，始謂聞其喪禮，正哭可。祖，其明而祖。爲位。所識者弔先哭于家而後之墓，皆爲之。

成踊從主人北面而踊。外從來主人便也，而主人拾踊。其踊，左袒也，西北面。○自

父沒兄弟同居各主其喪。主各爲喪，主也爲其妻與賓客爲禮。凡喪父在父爲主。父從宗子父喪，雖猶宗于之爲禮。親同。不同親者弔。宗于之喪之父從。

長者孤丁丈之喪。○昆弟丁，如長昆弟丁。

賓則尚左手。○吉禮，拜麻。尚左手，吉。○者小手劫反。

者麻雖尊無服兄猶公弔服加麻之妻袒免也。○無服袒免服者爲位。無服而爲位者唯嫂叔及婦人降而無服。

聞遠兄弟之喪既除喪而后聞喪免袒成踊拜。

之昆弟喪聞遠兄弟之喪小功緦，既除喪而后聞喪免成踊。

〔嫂〕悉反。凡奔喪有大夫至袒拜之成踊而后襲於士襲〔早〕反。主人祖降哭而大夫至，因袒拜之，不敢成己爲

而后拜之。禮，乃禮尊者或曰大夫至後至者袒拜敬之成記踊之成

親始死，雞斯徒跣，扱上衽，交手哭。惻怛之心，痛疾之意，傷腎乾肝焦肺。水漿不入口，三日不舉火，故鄰里爲之糜粥以飲食之。

親父母也。親始死，雞斯當爲笄纚，聲之誤也。親始死去冠，二日乃去笄纚。纚者，韜髮也。笄，今時冠之存象也。肺徒。纚括髮也。上袒，深衣之裳，前五藏者，腎在下，肝在中。肺猶空也。

意傷腎乾肝焦肺，水漿不入口，三日不舉火，故鄰里爲之糜粥以飲食之。

夫悲哀在中，故形變於外也，痛疾在心，故口不甘味，身不安美也。

三日而斂，在床曰尸，在棺曰柩，動尸舉柩，哭踊無數。

棺曰柩，動尸舉柩，哭踊無數。相應人情。○〔夫〕之中外。〔柩〕音扶，又

身不安美也。痛疾在心故口不甘味。〔斂〕初洽反，食音嗣。〔去〕起呂反，又

夫悲哀在中故形變於外也痛疾在心故口不甘味身不安美。

惻怛之心，痛疾之意，悲哀志懣氣盛，故袒而踊之，所以動體安心下氣也。

哀志懣氣盛故袒而踊殷殷田田如壞牆然悲〔懣〕滿本反，又〔殿〕。

人不宜袒故發胷擊心爵踊殷殷田田。〔撫〕時靡反，下同〔柩〕

哀痛疾之至也故曰辟踊哭泣哀以送之。〔隱〕尺反，〔壞〕音怪。

迎精而反也。故袒踊，哭之言聖人制法以送之，送形而往。〔謂〕本哭。又曰〔辟〕音

婦人不宜袒故發胷擊心爵踊其往送也如慕其反也如疑。在望在前瞻望者之不知也神慕之。

及也。其反也皇皇然若有求而弗得也。故其往送之望在前疑望者之貌。

也如慕其反也如疑。其入門而弗見也。

求而無所得之也，入門而弗見也，上堂又弗見也，入室又弗見也。

室又弗見也。亡矣喪矣，不可復見已矣！故哭泣辟踊〔復〕扶又反

盡哀而止矣。心悵焉愴焉，惚焉愾焉，〔愴〕初亮反，〔悵〕。

爲惚焉心絕志悲而已矣。祭之宗廟以鬼饗之徼幸〔惚〕音忽

復反也。說虞之義〔愴〕音愴。

意傷腎乾肝焦肺水漿不入口三日不舉火故鄰里

敢入處室居於倚廬哀親之在外也寢苫枕塊哀親

爲之糜粥以飲食之。

之在土也。處室言親處室，或在外在宮土。○孝於〔苫〕古〔枕〕反忍反〔塊〕始自安也〔枕〕入

〔反〔塊〕苦〔懟〕反苦〔怪〕反對〕故哭泣無時，服勤三年，思慕之心，孝子之志也，人情之實也。〔勤謂憂勞〕或問曰：死三日而后斂者何也？〔輕怪其遲也〕曰：孝子親死，悲哀志懣，故匍匐而哭之，若將復生然，安可得奪而斂之也。故曰三日而后斂者，以俟其生也。三日而不生，亦不生矣，孝子之心亦益衰矣，家室之計，衣服之具亦可以成矣，親戚之遠者亦可以至矣。是故聖人為之斷決，以三日為之禮制也。〔……求九月反又……〕

或問曰：冠者不肉袒何也？曰：冠至尊也，不居肉袒之體也，故為之免以代之也。然則禿者不免，傴者不袒，跛者不踊，非不悲也，身有錮疾，不可以備禮也。故曰：喪禮唯哀為主矣。女子哭泣悲哀，擊胸傷心；男子哭泣悲哀，稽顙觸地無容，哀之至也。〔……狀如冠而廣者……免音問……〕

或問曰：免者以何為也？曰：不冠者之所服也。《禮》曰：童子不緦，唯當室緦。緦者，其免也，當室則免而杖矣。〔……童子猶未冠者……〕或問曰：杖者何

也〔各怪其義〕曰：竹、桐一也。故為父苴杖，苴杖，竹也；為母削杖，削杖，桐也。〔言所用異耳〇〔苴〕義七一也顧反〕或問曰：杖者以何為也？〔怪所施〕曰：孝子喪親，哭泣無數，服勤三年，身病體羸，以杖扶病也。〔言數得杖或為乃能起時〕則父在不敢杖矣，〔尊者在故也〕堂上不杖，辟尊者之處也；堂上不趨，示不遽也。此孝子之志也，人情之實也，禮義之經也。非從天降也，非從地出也，人情而已矣。〔為父母在不杖，謂者在不杖，辟尊使之憂戚也，不杖有事不趨〇〔辟〕音避，不趨皆為其感動……〕

服問第三十六　　鄭氏註

傳曰：有從輕而重，公子之妻為其皇姑。〔皇君也，妻于君之妻，諸侯為其君姑齊衰……如字又為小君同，舅不厭婦也〇〔從〕……〇〔厭〕傳此引……涉反〕有從重而輕，為妻之父母。〔降妻一等齊衰，誣言非夫從親麻，差〇〔差〕……〇宜佳反下同，又初反〕有從無服而有服，公子之妻為公子之外兄弟。〔父謂母，從母緦麻，外祖……〕有從有服而無服，公子為其妻之父母。〔兄公女君子厭，降其私也，其……〕傳曰：母出則為繼母之黨服，母死則為其母之黨服。為其母之黨服，則不為繼母之黨服。〔難外親亦無二統……〕

三年之喪既練矣，有期之喪既葬矣，則帶其故葛帶，絰期之絰，服其功衰。〔帶其故葛絰，三年既練首絰除矣……既葬差相似也……母絰期之既葬……〕〔其衰入衰服〔齊衰〇〔期〕音基，或入及杖，或九升皆同〕〕服有大功之

喪亦如之。小功無變也。（麻皆累，重也。○大功齊彼反，又劣篤反；服不用輕。）麻之有本者，變三年之葛。（有本者，乃以變上之麻。雜記曰：有三年之練冠，則以其大功麻。）既練遇麻斷本者，於免絰之，既免去絰，每可以絰必絰，既絰則去之。（小功不易喪之練冠，如免則絰其緦、小功之絰，因其初葛帶。○斷，丁管反。）小功不易喪之練冠，如免則絰其緦、小功之絰，因其初葛帶。緦之麻不變，小功之葛不變，大功之葛以有本為稅。（上之麻，易下之，唯杖屨不易也。○要，一遍為；稅反。）稅之葛猶不易。殤：長、中變三年之葛，終殤之月筭而反三年之葛，是非重麻，為其無卒哭之稅，下殤則否。（可謂以大功三年之親為殤，正在親緦、親小功也，三者也。殤，長中變三年之葛；大功變既練，齊衰變既練，齊衰之月數變，非既重虞之卒而哭，凡喪卒哭，未受成麻。）君為天子三年，夫人如外宗之為君也。（外宗君妻斬，外親之婦也，其夫與諸侯為天子服斬，夫兄弟亦從服期。○重，直勇反，又治在龍反；絰皆同。）世子不為天子服。（人亦從服，期也。嫌。○為，于萬外反，之民，房皆同。）君所主：夫人妻、大子、適婦。（中亦南面。○為，于偽反。大記曰後皆同，宗。）大夫之適子為（君夫人大子如士服。音夫泰以下亦為喪主也，此三人為喪主也。○適，丁歷反，下同。見賢遍。○大）

君夫人大子如士服。（斬。大夫之君不期，世子、大子于不嫌君服也。斬。士臣為國君從服。）君之母非夫人則羣臣無服，唯近臣及僕、驂乘從服。（其妻，母緦，言唯不服君所也。禮麻君子也，伸。○為後，春秋為。）唯君所服服也。（之者音剃。若小君有以小君在則益不可服之者。○乘音剩。若公為卿大夫錫衰以居，）出亦如之，當事則弁絰。大夫相為亦然。為其妻，往則（弁絰，謂以爵弁、他弁而事，不素，至要絰所也。○錫思歷反。當事則弁絰。歷反，皮。）服之，出則否。（弁，出絰；謂如以爵，他弁事而不素，至要絰所也。○不當事則。）凡見人無免絰，雖朝於君，無免絰，唯公門有稅齊衰。（見，見人也，謂無行免求。○免，齊衰，謂不。○免。）傳曰：君子不奪人之喪，亦不可奪喪也。（傳，說或大作稅，有免絰，猶。）傳曰：罪多而刑五，喪多而（勉去也，下。非稅吐活反。又注同，始銳反。）服五，上附下附列也。（列，等比也。○列音例，比必利反。）

閒傳第三十七　　鄭氏註（服，閒傳之閒者，以輕重其所記，宜喪。）

斬衰何以服苴？苴，惡貌也，所以首其內而見諸外也。（服閒傳之閒者，以輕重其所記宜喪。）斬衰貌若苴，齊衰貌若枲，大功貌若止，小功緦麻容貌可也，（止，有大憂者，於面必喜樂之黑。）此哀之發於容體者也。（賢遍。枲或為齊反，齊音容。○苴思七余里反，見。）斬衰之哭，若往而不反；齊衰之哭，若往而反；大功之哭，三曲而偯；小功緦麻，哀容可也，此哀之發於聲音者也。（三曲也，一舉聲而三折也。偯，餘聲從容。）斬衰唯而不對，齊衰對而不言，大功言而不（也，起。○偯反。斬衰唯而不對，齊衰對而不言，大功言而不）議，小功緦麻議而不及樂，此哀之發於言語者也。（謂議。）

斂，非特事也。于癸反，徐以水反。○斬衰三日不食，齊衰二日不食，大功三不食，小功緦麻再不食，士與斂焉則壹不食。故父母之喪，既殯食粥，朝一溢米，莫一溢米；齊衰之喪，疏食水飲，不食菜果；大功之喪，不食醯醬；小功緦麻，不飲醴酒。此哀之發於飲食者也。

父母之喪，既虞卒哭，疏食水飲，不食菜果；期而小祥，食菜果；又期而大祥，有醯醬；中月而禫，禫而飲醴酒。始飲酒者先飲醴酒，始食肉者先食乾肉。

父母之喪，居倚廬，寢苫枕塊，不說絰帶；齊衰之喪，居堊室，苄翦不納；大功之喪，寢有席；小功緦麻，牀可也。此哀之發於居處者也。

父母之喪，既虞卒哭，柱楣翦屏，苄翦不納；期而小祥，居堊室，寢有席；又期而大祥，居復寢；中月而禫，禫而牀。

斬衰三升，齊衰四升、五升、六升，大功七升、八升、九升，小功十升、十一升、十二升，緦麻十五升去其半，有事其縷無事其布曰緦。此哀之發於衣服者也。

斬衰三升，既虞卒哭，受以成布六升，冠七升；為母疏衰四升，受以成布七升，冠八升。去麻服葛，葛帶三重。期而小祥，練冠縓緣，要絰不除。男子除乎首，婦人除乎帶。男子何為除乎首也？婦人何為除乎帶也？男子重首，婦人重帶。除服者先重者，易服者易輕者。又期而大祥，素縞麻衣，中月而禫，禫而纖，無所不佩。

纖，黑經白緯曰纖。○「緣」于篆反，下「緣」同。「重」直龍反。

易服者何？為易輕者也。因問上之說，所以易輕者之義也。斬衰之喪，既虞卒哭，遭齊衰之喪，輕者包，重者特。謂齊衰可易，斬者服之。施於卑者宜主於尊，謂男子斬衰之絰葛，謂男子之帶；婦人之帶，特其葛。既練，遭大功之喪，麻葛重。輕不可變，以之兩施。此言尊者特，不可貳。齊衰之喪，既虞卒哭，遭大功之喪，麻葛兼服之。此言大功之喪可易，齊衰期服之可節。兼絰有帶也，不言包特者而兩言之者，既練特著，或其無義，兼絰或者無帶麻，言有重葛者耳，以葛期者今皆亦特有其期，重以麻下者固皆有其夫，兩輕，斬衰……

之葛與齊衰之麻同。齊衰之葛與大功之麻同。大功之葛與小功之麻同。小功之葛與緦之麻同。麻同則兼服之。〔此言有變，既練之卒哭，遭小功以下之服，則差於上，唯〕皆無易之麻同。此主言為大功之葛與殤長中言之麻同。○〔為〕于偽反。〔易〕…兼服之服重者則易輕者也。〔服重者謂男子與婦人特之也。尼則下者，則服男子。葛絰虞卒哭，男子除于首則固其故，自受以下服，婦人反受其故矣。〕

三年問第三十八　鄭氏註

三年之喪何也。曰。稱情而立文。因以飾羣。別親疏貴賤之節。而弗可損益也。故曰。無易之道也。〔稱情，稱人之情而立文也。羣，謂同類也。〔別〕彼列反。無易，猶不易也。〔易〕音亦，猶不…情輕重而制其禮也。〔稱〕尺證反，下皆同。○〕

創鉅者其日久。痛甚者其愈遲。三年者稱情而立文。所以為至痛極也。斬衰苴杖。居倚廬。食粥。寢苦枕塊。所以為至痛飾也。〔飾，情之章表也。○〔創〕音瘡。〕三年之喪。二十五月而畢。哀痛未盡。思慕未忘。然而服以是斷之者。豈不送死有已復生有節也哉。〔復生，事也。○除喪。〔斷〕丁亂反。生者之。〕

凡生天地之間者。有血氣之屬必有知。有知之屬莫不知愛其類。今是大鳥獸。則失喪其羣匹。越月踰時焉。則必反巡過其故鄉。翔回焉。鳴號焉。蹢躅焉。踟躕焉。然後乃能去之。小者至於燕雀。猶有啁噍之頃焉。然後乃能去之。故有血氣之屬者。莫知於人。故人於其親也。至死不窮。〔匹，偶也。言燕雀之類。含言血氣之屬，人最有知，大鳥獸死而恩深也。於其…〕

將由夫患邪淫之人與。則彼朝死而夕忘之。然而從之。則是曾鳥獸之不若也。夫焉能相與羣居而不亂乎。將由夫脩飾之君子與。則三年之喪。二十五月而畢。若駟之過隙。然而遂之。則是無窮也。故先王焉為之立中制節。壹使足以成文理。則釋之矣。〔…五戈反。〔隙〕去逆反。流〔咽〕…音智。〔將〕則音志。○死〔夫〕則…月也。〔釋〕猶去除也。〔為〕于偽反。〔去〕起呂反。○〕

然則何以至期也。曰至親以期斷。是何也。曰天地則已易矣。四時則已變矣。其在天地之中者莫不更始焉。以是象之也。〔義，言三年之服言如此則釋服之年。〔期〕音基，下同。期者，謂為人後，何者以父在降至為母也。期，問服之義斷也。從期之服斷也。○雖至親皆期。〔斷〕丁亂反。〕

然則何以三年也。曰加隆焉爾也。焉使倍之。故再期也。〔如字。恩使一從乾反也，下下同。〔倍〕步罪反。○〔為〕反。母言加隆，父如其恩。〕由九月以下何也。曰焉使弗及也。〔不言若使父母恩。〕故三年以為隆。緦小功以為殺。期九月以為閒。上取象於天。下取法於地。中取則於人。人之所以羣居和壹之理盡矣。〔取其象變於天地自謂，法以此變易也。取其象變於天地，自謂法。○〔殺〕色界反，又〕故三年之喪，人道之至文者也，夫是之謂至隆〔言喪之最盛〕。是百王之所同，古今之所壹也，未有知其所由來者也〔年不知其喪，前世行之，喻之久〕。孔子曰：子生三年，然後免於父母之懷，夫三年之喪，天下之達喪也〔達謂自天子至於庶人〕。

人

深衣第三十九　　鄭氏註

古者深衣，蓋有制度，以應規、矩、繩、權、衡〔言聖人制事必有法度〕。短毋見膚〔衣取蔽形〕，長毋被土〔為汙辱也〕。續衽鉤邊〔續猶屬也，衽在裳旁者也，屬連之，不殊裳前後也。鉤邊若今曲裾也。續或為裕。鉤讀如鳥喙必鉤之鉤〕。要縫半下〔要中減也，半下者以下宜寬也。要中或為優〕。袼之高下，可以運肘〔肘不能不出入也，袼衣袂當臂中也〕。袂之長短，反詘之及肘〔袂屬幅於衣，詘而至肘，當臂骨中也〕。帶下毋厭髀，上毋厭脅，當無骨者〔當骨緩急難為中也〕。制十有二幅，以應十有二月〔裳六幅，幅分之以為上下之殺〕。袂圜以應規〔謂胲下也〕。曲袷如矩以應方〔袷交領也，古者方領如今小兒衣領也〕。負繩及踝以應直〔繩謂裻與後幅相當之縫也，踝跟也〕。下齊如權衡以應平〔齊緝也〕。故規者，行舉手以為容〔行舉手謂揖讓〕。負繩抱方者，以直其政，方其義也。故《易》曰：坤六二

之動，直以方也〔言深衣之政直，或為方正，應易〕。下齊如權衡者，以安志而平心也〔心平志安，行乃正〕。五法已施，故聖人服之〔言非法不服也〕。故規矩取其無私，繩取其直，權衡取其平，故先王貴之〔貴此衣也〕。故可以為文，可以為武，可以擯相，可以治軍旅。完且弗費，善衣之次也〔善衣，朝祭之服也。深衣者，用十五升布，鍛濯灰治，純之以采〕。具父母、大父母，衣純以繢〔繢，畫文也〕。具父母，衣純以青。如孤子，衣純以素〔三十無父稱孤，為孝飾也〕。純袂、緣、純邊，廣各寸半〔純謂緣之也，緣邊，衣裳袂之側，其廣各寸半〕。

禮記卷第十八

禮記卷第十九

投壺第四十　　鄭氏註

投壺之禮，主人奉矢，司射奉中，使人執壺。（矢、所以投壺，中、士也。）主人請（之則鹿中也。射人奉之者，投壺射之類也。其奉之。○奉音捧，下皆同，又如字。奉）曰：某有枉矢哨壺，請以樂賓。（投壺謝敬於客，以酒既脫屨升坐，則屨或脫或如是。○枉紆往反，哨七笑反，樂音岳。）賓曰：子有旨酒嘉肴，某（燕飲之禮主乃）既賜矣，又重以樂，敢辭。主人曰：枉矢哨壺，不足辭也，敢固以請。（如故之言謙敬也。故辭者如重辭也，言。）賓曰：某既賜矣，又重以樂，敢固辭。主人曰：枉矢哨壺，不足辭也，敢固以請。賓曰：某固辭不得命，敢不敬從。（不得命，不見許以。）

賓再拜受，主人般還曰辟。（賓再拜受辟，進受授矢也。般還，兩楹之間也。○般步干反，下同。辟音避，又扶亦反。）主人阼階上拜送，賓般還曰辟。（亦拜送，其送矢階上也。辟。）已拜受矢，進即兩楹間，退反位，揖賓就筵。（主人既言將送有矢，又自此受也，退進乃卻。兩楹閒者，賓主夾之席皆即南鄉，欲與偕進明為偶也。○鄉許亮反。）

司射進度壺，間以二矢半，反位，設中，東面，執八算興。（度壺度之壺處也。度其所設之壺處也。度其去位坐二階上半則堂上設中，去賓席主人席亦實行，各八算，七尺於中也。以横委其餘投於中。○度徒洛反。）而立，請賓曰：順投為入，比投不釋，勝飲不勝者，正爵既行，請為勝者立馬，一馬從二馬，三馬既立，請慶多馬。請主人亦如之。（請猶告也。順投矢本也。比投之不爵也。勝者以能養不能也，請之正爵，馬勝筭之名也。○比此任志為將帥乘馬也，徐扶賢反，投壺皆所以。○為于偽反，拾其劫反，樂音洛反，下同，任而林反。）

命弦者曰：請奏貍首，間若一。大師曰：諾。（云弦鼓瑟者也，侯貍首是詩篇名也，今逸。射義所當以為志，取節焉。○大音泰。）

左右告矢具，請拾投。有入者，則司射坐而釋一算焉。（具猶俱也，拾更也，告賓主更投矢。○拾其劫反，更音庚。）賓黨於右，主黨於左。（司射東面也，司射已投者退，東面各反其位，釋筭則坐。○更古衡反，下北為右同。）卒投，司射執算曰：左右卒投，請數。二算為純，一純以取，一算為奇。遂以奇算告曰：某賢於某若干純。奇則曰奇，鈞則曰左右鈞。（數卒其所釋筭也。已射，賓主之黨畢，已射投筭有餘於地則橫，委之每委一筭於中，縮諸純下，一筭為奇，奇則縮而諸純橫之，每委異之。若其餘取某賢謂勝也。○數色主反，純鈞猶全等也下同。）

命酌曰：請行觴。酌者曰：諾。（鄭註宜儀禮如字。勝者與，音全也。○觴音傷。）當飲者皆跪奉觴曰賜（失正爵，酌者乃酌退而跪奠之於豐上，猶飲也。不勝者言）灌；勝者跪曰敬養。（服而跪奠之於西階上，如周禮賓入獻賓之禮曰，以灌其賓客。○賜灌敬各勇反，奉芳勇反，跪其委反。）正爵既行，請立馬。馬各直其算，一馬從（養去聲，下同。尚猶）二馬以慶。慶禮曰：三馬既備，請慶多馬。賓主皆曰諾。（前飲三不立馬者，畢司射投壺如，又射請為勝者立馬而止也。三馬當其一所釋筭不必之，一黨釋筭必之。）

〔投壺〕

……得三勝也。欽，慶爵者并其馬於不勝者，以慶之。○[直]如字。

正爵既行，請徹馬。

籌，多少視其坐。

籌，室中五扶，堂上七扶，庭中九扶。

壺頸脩七寸，腹脩五寸，口徑二寸半，容斗五升。壺中實小豆焉，為其矢之躍而出也。壺去席二矢半。

矢以柘若棘，毋去其皮。（說云：矢堅且重也。取其堅且重也。）

魯令弟子辭曰：「毋幠、毋敖、毋偝立、毋踰言；偝立踰言，有常爵。」

薛令弟子辭曰：「毋幠、毋敖、毋偝立、毋踰言；若是者浮。」

〔釋文〕[浮]好吾反。[敖]五報反。[舊]平聲。[偝]音佩，又符代反。[踰]羊朱反。[浮]縛謀反。[罰]也。[為]于偽反。[鄉]音向。[魏]薄交反。

鼓：（以下○□相間為擊鼓之節，○圓□方。）

○□○○□□○□○○□　半　○□○□○○□○○□□○　魯鼓

○□○○□□○□□○○○□□○　半　○□□○○□○○○□□○　薛鼓

〔注〕此魯薛擊鼓之節也，圓者〔擊鼙〕，方者擊鼓……

取半以下為投壺禮，盡用之為射禮。魯鼓、薛鼓。（半以下為投壺之禮，盡用之為射……司射……）

司射、庭長及冠士立者，皆屬賓黨；樂人及使者、童子，皆屬主黨。（此皆屬賓黨、主黨，使樂人投壺……）

魯鼓　薛鼓　半

此二者記兼列兩家之〔節〕，異者故記兼列兩家之也。

儒行第四十一　　鄭氏註

魯哀公問於孔子曰：「夫子之服，其儒服與？」（哀公見孔子之服，疑其與士大夫異，故問之。○與，音餘。）

孔子對曰：「丘少居魯，衣逢掖之衣，長居宋，冠章甫之冠。丘聞之也：君子之學也博，其服也鄉。丘不知儒服。」（逢，猶大也。大掖，大袂襌衣也。此君子有道藝者所衣也。孔子生於魯，長於宋，故服之。章甫，殷冠也，宋其鄉。鄉，謂其鄉學也。○逢掖，薄紅反，注同。掖，音亦。襌，音丹。祛，起居反。少，詩照反。○衣，於既反。）

哀公曰：「敢問儒行。」孔子對曰：「遽數之不能終其物，悉數之乃留，更僕未可終也。」（遽，卒也。僕，臣之屬，猶君之相代也。物猶事也。更，平聲。○[數]色主反，又所具反。[更]平聲。[卒]七忽反。[行]下孟反。[為]于偽反。）

哀公命席。（為孔子布席於堂，升自阼階，所與在之，如坐主也。）

孔子侍曰：「儒有……

席上之珍以待聘。夙夜強學以待問。懷忠信以待舉。力行以待取。其自立有如此者。

儒有衣冠中動作慎。其大讓如慢，小讓如偽。大則如威，小則如愧。其難進而易退也，粥粥若無能也。其容貌有如此者。

儒有居處齊難，其坐起恭敬，言必先信，行必中正。道塗不爭險易之利，冬夏不爭陰陽之和。愛其死以有待也，養其身以有為也。其備豫有如此者。

儒有不寶金玉，而忠信以為寶。不祈土地，立義以為土地。不祈多積，多文以為富。難得而易祿也，易祿而難畜也。非時不見，不亦難得乎。非義不合，不亦難畜乎。先勞而後祿，不亦易祿乎。其近人有如此者。

儒有委之以貨財，淹之以樂好，見利不虧其義。劫之以眾，沮之以兵，見死不更其守。鷙蟲攫搏不程勇者，引重鼎不程其力。往者不悔，來者不豫。過言不再，流言不極。不斷其威，不習其謀。其特立有如此者。

儒有可親而不可劫也，可近而不可迫也，可殺而不可辱也。其居處不淫，其飲食不溽。其過失可微辨而不可面數也。其剛毅有如此者。

儒有忠信以為甲冑，禮義以為干櫓。戴仁而行，抱義而處。雖有暴政，不更其所。其自立有如此者。

儒有一畝之宮，環堵之室，篳門圭窬，蓬戶甕牖。易衣而出，并日而食。上答之不敢以疑，上不答不敢以諂。其仕有如此者。

儒有今人與居，古人與稽。今世行之，後世以為楷。適弗逢世，上弗援，下弗推。讒諂之民，有比黨而危之者，身可危也，而志不可奪也。雖危，起居竟信其志，猶將不忘百姓之病也。其憂思有如此者。

儒有博學而不窮，篤行而不倦。幽居而不淫，上通而不困。禮之以和為貴。忠信之美。優游之法。舉賢而容眾。毀方而瓦合其寬裕有如此者。謂不窮道不達於也。幽居也。既謂仕則不困於上道通德也。不足也。忠信之美，美忠信之大圭者也。優游之法，法和柔也。毀方而瓦合，去己之大圭角也，下與眾人小法合也。人必○行下者孟反。去起為呂道反。不

儒有內稱不辟親，外舉不辟怨，程功積事，推賢而進達之，不望其報，君得其志，苟利國家，不求富貴，其舉賢援能有如此者。諸君所欲為成之願也。○辟音避。怨於元反。

儒有聞善以相告也，見善以相示也，爵位相先也，患難相死也，久相待也，遠相致也，其任舉有如此者。其相先猶在下位，不久升己，則謂相待。相致達者謂己得明。君旦而反。友。待之乃進也。遠相致者，達則相致達也。○難乃旦反。在小國不得志，則相致。

儒有澡身而浴德，陳言而伏，靜而正之，上弗知也，麤而翹之，又不急為也，不臨深而為高，不加少而為多，世治不輕，世亂不沮，同弗與，異弗非也，其特立獨行有如此者。猶跡也。微也。發其意君使不知之己。又有必善舒言而正行，脫行脫則觀己色為緣。而為高則臨眾不以己。君位納之尊，自振怪妬，所由不加生少也，而不臨深。之疾則君納眾不之以速自。衆謀不自重愛也，小世亂不沮，不以道衰廢壞己以賢者也。事不自重愛也。○澡音早。七叔反。沮在呂反。

儒有上不臣天子，下不事諸侯，慎靜而尚寬，強毅以與人，博學以知服，近文章，砥厲廉隅，雖分國如錙銖，不臣不仕，其規為有如此者。之強毅以博學以知服，不辨用言行之而知。不勝於不苟世賢以知順。如之所言也。雖分國如錙銖，夫八兩曰錙。分國以祿之，視之輕如錙銖。○砥音脂，又音旨。錙側其反。銖

儒有合志同方，營道同術，並立則樂，相下不厭，久不相見，聞流言不信，其行本方立義，同而進，不同而退，其交友有如此者。詞方同術等，其志友行所也，聞如流言不信。厭惡也。○並音傍。樂音洛，又音岳。

溫良者，仁之本也；敬慎者，仁之地也；寬裕者，仁之作也；孫接者，仁之能也；禮節者，仁之貌也；言談者，仁之文也；歌樂者，仁之和也；分散者，仁之施也。儒皆兼此而有之，猶且不敢言仁也，其尊讓有如此者。此蓋聖人之儒上十有五。○孫音遜。施始。○豉。毀謗也。○行如字，又衡守。又下步孟反。樂音洛，又音岳。

儒有不隕穫於貧賤，不充詘於富貴，不慁君王，不累長上，不閔有司，故曰儒。今眾人之命儒也妄，常以儒相詬病。隕穫困迫之失志也。充詘喜失節之失貌也。慁猶辱也。累猶係也。閔病也。○累勿反，又丘反。勿于為反。詬胡困反。

孔子至舍，哀公館之，聞此言也，言加信，行加義，終沒吾世，不敢以儒為戲。時儒行也。孔子自言。蓋至其自舍。哀公初就而反歸至魯。沒世不敢問以儒服為戲，遂當時儒服行。○乃始覺焉言反。

大學第四十二

鄭氏註

大學之道，在明明德，在親民，在止於至善。知止而後有定，定而後能靜，靜而後能安，安而後能慮，慮而後能得。物有本末，事有終始，知所先後，則近道矣。古之欲明明德於天下者，先治其國；欲治其國者，先齊其家；欲齊其家者，先脩其身；欲脩其身者，先正其心；欲正其心者，先誠其意；欲誠其意者，先致其知，致知在格物。物格而後知至，知至而後意誠，意誠而後心正，心正而後身脩，身脩而後家齊，家齊而後國治，國治而後天下平。自天子以至於庶人，壹是皆以脩身為本。其本亂而末治者否矣，其所厚者薄，而其所薄者厚，未之有也。此謂知本，此謂知之至也。

所謂誠其意者，毋自欺也，如惡惡臭，如好好色，此之謂自謙。故君子必慎其獨也。小人閒居為不善，無所不至，見君子而後厭然，揜其不善，而著其善。人之視己，如見其肺肝然，則何益矣。此謂誠於中，形於外，故君子必慎其獨也。

曾子曰：十目所視，十手所指，其嚴乎。富潤屋，德潤身，心廣體胖，故君子必誠其意。詩云：瞻彼淇澳，菉竹猗猗，有斐君子，如切如磋，如琢如磨，瑟兮僩兮，赫兮喧兮，有斐君子，終不可諠兮。如切如磋者，道學也。如琢如磨者，自脩也。瑟兮僩兮者，恂慄也。赫兮喧兮者，威儀也。有斐君子，終不可諠兮者，道盛德至善，民之不能忘也。詩云：於戲前王不忘。君子賢其賢而親其親，小人樂其樂而利其利，此以沒世不忘也。

康誥曰：克明德。大甲曰：顧諟天之明命。帝典曰：克明峻德。皆自明也。湯之盤銘曰：苟日新，日日新，又日新。康誥曰：作新民。詩曰：周雖舊邦，其命惟新。是故君子無所不用其極。詩云：邦畿千里，惟民所止。詩云：緡蠻黃鳥，止于丘隅。子曰：於止知其

所止可以人而不如鳥乎於止於鳥之所止也就而觀之知其所止知鳥擇岑
蔚安閑而止處之耳言人亦當擇禮義樂土而自止處也論語曰里仁爲美擇不處仁焉得知○[畿]音祈
[緡]音緜一士巾反[岑]仕金反[蔚]音鬱[閒]音閑詩云穆穆文王於緝熙敬止
爲人君止於仁爲人臣止於敬爲人子止於孝爲人
父止於慈與國人交止於信緝熙光明也此美文王之德光明敬其所以自
止處○[於]緝文公音烏子曰聽訟吾猶人也必也使無訟乎無
情者不得盡其辭大畏民志情猶實也無實者多虛誕之辭聖人之聽訟與
人同耳必使民無實者不敢盡其辭大畏其心志使誠其意不敢訟此謂知本本謂誠其意也
所謂脩身在正其心者身有所忿懥則不得其正有
所恐懼則不得其正有所好樂則不得其正有所憂
患則不得其正心不在焉視而不見聽而不聞食而
不知其味此謂脩身在正其心懥怒貌也或作懫或爲疐○[身]有文公云
程子曰當作心[忿]弗粉反[懥]勑值反范音稚又丁四反[好]呼報反[樂]五孝反一音岳[懫]音致[疐]音致又得
計反所謂齊其家在脩其身者人之其所親愛而辟焉
之其所賤惡而辟焉之其所畏敬而辟焉之其所哀
矜而辟焉之其所敖惰而辟焉故好而知其惡惡而
知其美者天下鮮矣故諺有之曰人莫知其子之惡
莫知其苗之碩此謂身不脩不可以齊其家之適也譬猶喻
也言適彼而以心度之曰吾何以親愛此人非以其有德美與吾何以敖惰此人非以其志行薄與反以
喻己則身脩與否可自知也鮮罕也人莫知其子之惡猶愛而不察碩大也○[辟]音譬下同文公讀爲僻

賤[惡]烏路反下惡而知同[敖]五報反[惰]徒臥反[鮮]仙善反[諺]魚變反[碩]文公云叶韻時若反[度]徒洛反[與]音
余下同所謂治國必先齊其家者其家不可教而能教
人者無之故君子不出家而成教於國孝者所以事
君也弟者所以事長也慈者所以使衆也康誥曰如
保赤子心誠求之雖不中不遠矣未有學養子而后
嫁者也養子者推心爲之而中於赤子之者欲也○[弟]音悌[長]丁丈反[中]丁仲反一家仁
一國興仁一家讓一國興讓一人貪戾一國作亂其
機如此此謂一言僨事一人定國一家一人謂人君也戾之言利也機
發動所由也僨猶覆敗也春秋傳曰登戾之又曰鄭伯之車僨於濟戾或爲吝僨或爲奔○[戾]力計反[僨]
音奮[覆]芳福反堯舜率天下以仁而民從之桀紂率天下以
暴而民從之其所令反其所好而民不從言民化君行也君若
好貨而禁民淫於財利不能止也○[好]呼報反[行]下孟反或如字是故君子有諸己
而后求諸人無諸己而后非諸人所藏乎身不恕而
能喻諸人者未之有也故治國在齊其家有於己謂有仁讓也
無於己謂無貪戾也詩云桃之夭夭其葉蓁蓁之子于歸宜其
家人宜其家人而后可以教國人詩云宜兄宜弟宜
兄宜弟而后可以教國人詩云其儀不忒正是四國
其爲父子兄弟足法而后民法之也此謂治國在齊
其家夭夭蓁蓁美盛貌之子者是子也○[夭]於驕反[蓁]音臻所謂平天下在治
其國者上老老而民興孝上長長而民興弟上恤孤

而民不倍。是以君子有絜矩之道也。〔注〕老老，老謂尊者。長長，長謂長者。恤憂，謂幼賤者。民不倍。不相倍弃也。絜猶結也。絜法也，君子絜矩，矩法也。倍或作偝。

所惡於上，毋以使下；〔釋文〕所惡，烏路反，下皆同。矩音举。惡上，毋以使下。〔音義〕惡上音佩。〔注〕絜矩之道。所惡於前，毋以先後；所惡於後，毋以從前；所惡於右，毋以交於左；所惡於左，毋以交於右：此之謂絜矩之道。〔注〕絜矩之道，治國平天下所有以恕。○言民之所惡，毋以交於己。

詩云：樂只君子，民之父母。〔注〕言治民之父母。民之所好好之，民之所惡惡之，此之謂民之父母。〔釋文〕好好，呼報反，下好字同。惡惡，上烏路反，下如字。

詩云：節彼南山，維石巖巖。赫赫師尹，民具爾瞻。〔注〕師尹，天子之大臣，為政者也。言民皆視其所行而則之，可不慎其德乎。辟則為政失道者也。有國者不可以不慎，辟則為天下僇矣。〔釋文〕大刑，如字，又音泰。僇音戮，亦作戮。

詩云：殷之未喪師，克配上帝。儀監于殷，峻命不易。〔注〕儀宜也。監視也。峻大也。言殷王帝乙以上，未失天下之時，皆能配天，享其帝祀。及紂為惡而民怨神怒，以失天下。監視殷時之事，天之大命得之不易也，為無德也。道得眾則得國，失眾則失國。〔釋文〕喪，息浪反，下同。峻，思閏反。易，以豉反，下施于上同。

是故君子先慎乎德。有德此有人，有人此有土，有土此有財，有財此有用。德者本也，財者末也。〔注〕財者末也，外本內末，爭民施奪。〔釋文〕施，始豉反。外本內末，爭民施奪。是故財聚則民散，財散則民聚。是故言悖而出者，亦悖而入；貨悖而入者，亦悖而出。〔釋文〕悖，布內反。

康誥曰：惟命不于常，道善則〔釋文〕易，以豉反，下同。藏，才浪反。康誥曰惟命不于常。〔注〕言天命無常，唯樂善為常。得之不善則失之矣。〔注〕道言也。國無以為寶，惟善以為寶。〔注〕楚昭王時，王孫圉聘於晉，趙簡子問楚之寶，圉曰楚國無以為寶，惟善以為寶。亦奚以為寶。舅犯曰：亡人無以為寶，仁親以為寶。〔注〕舅犯，晉文公之舅狐偃也，字子犯。亡人謂文公也，時辟驪姬之讒，亡在翟而獻公薨，秦穆公使子顯弔之，因勸之復國。舅犯為公謀，曰亡人無以為寶，仁親以為寶。言得仁道為寶，不利國也。

國喪失利為寶也。〔釋文〕喪，息浪反。辟，避也。讒，士咸反。翟音狄。顯，許遍反。秦誓曰：若有一个臣，斷斷兮無他技，其心休休焉，〔注〕秦穆公伐鄭，晉敗之殽，還作此誓。一个，猶一介也。斷斷，誠一之貌也。其如有容焉。人之有技，若己有之；〔注〕此美大臣之為人，樂人有技藝也。人之彥聖，〔注〕彥，美士也。有美名也。其心好之，不啻若自其口出，寔能容之，〔注〕寔是也。口不言，而心好之，是其能容之。以能保我子孫黎民，尚亦有利哉！〔注〕尚庶幾也。言如有此人，能容另之有技，若己有之以能保我子孫黎民，亦尚有利哉。

人之有技，媢疾以惡之；〔釋文〕媢，妒也，莫報反，又音冒。妒，丁故反。惡之，烏路反，下同。人之彥聖而違之，俾不通，〔注〕媢，妒也。俾，使也。違戾之，使君不通於己。寔不能容，以不能保我子孫黎民，亦曰殆哉！〔注〕殆危也。言此人不能容人之彥聖，必將危國亡身，亦曰殆哉。唯仁人放流之，迸諸四夷，不與同中國。〔釋文〕放，方罔反，又音甫往反。迸，北諍反。此謂唯仁人為能愛人，能惡人。〔注〕放去惡人媢嫉之類者，獨仁人能之，如舜放四罪而天下咸服。○媢，音冒，又莫報反，妒也。迸音迸，北諍反，又甫諍反。

見賢而不能舉，舉而不能先，命也；〔釋文〕見賢，舉而不能先，命也。〔注〕命讀為慢，聲之誤也，舉賢而不能使君以先己，是輕慢於賢人也。○命，慢也，未詳，鄭云當為慢。見不善而不能退，退而不能遠，過也。〔釋文〕過也。○遠，于萬反。遠于善云當為慢。程子云遠于善。好人之所惡，惡人之所好，〔注〕

是謂拂人之性。菑必逮夫身。〔拂猶佹也。逮及也。○拂扶弗反。惡皆去聲。下同。好呼報反。菑音哉。夫音扶。逮音代。佹九委一反。〕是故君子有大道。〔道行也。〕必忠信以得之。驕泰以失之。〔所由。〕生財有大道。生之者衆。食之者寡。為之者疾。用之者舒。則財恆足矣。〔是而勉民祿以不肯務農也。○恒胡登反。〕仁者以財發身。不仁者以身發財。〔發起也。〕未有上好仁而下不好義者也。未有好義其事不終者也。未有府庫財非其財者也。〔言君行仁道則其臣必義。以義舉事無不成者也。其為誠然如己有也。府庫之財。〕孟獻子曰。畜馬乘不察於雞豚。伐冰之家不畜牛羊。百乘之家不畜聚斂之臣。與其有聚斂之臣。寧有盜臣。此謂國不以利為利。以義為利也。〔孟獻子魯大夫仲孫蔑也。畜馬乘謂以士初試為大夫也。伐冰之家卿大夫以上喪祭用冰。百乘之家有采地者也。雞豚牛羊民之所畜養以為財利者也。國家利義不利財。豚盜臣損財耳。聚斂之臣乃損義。○論語曰。季氏富於周公。而求也為之聚斂。非吾徒也。小子鳴鼓而攻之可也。○畜許六反。乘繩證反。下同。〕長國家而務財用者。必自小人矣。〔言務聚斂財為己用者也。〕彼為善之。小人之使為國家。菑害並至。雖有善者。亦無如之何矣。此謂國不以利為利。以義為利也。〔彼君也。君將欲以仁義善其政教。而使小人治其國家之事。患難猥至。雖云有善。不能救。其惡之已著也。○長丁丈反。為善于偽反。菑音災。並必政反。難乃旦反。〕

禮記卷第十九

冠義第四十三　鄭氏註

凡人之所以為人者，禮義也。禮義之始，在於正容體，齊顏色，順辭令。容體正，顏色齊，辭令順，而後禮義備。以正君臣，親父子，和長幼。君臣正，父子親，長幼和，而後禮義立。故冠而後服備，服備而後容體正、顏色齊、辭令順。故曰：冠者，禮之始也。是故古者聖王重冠。

古者冠禮筮日、筮賓，所以敬冠事。敬冠事所以重禮，重禮所以為國本也。

故冠於阼，以著代也。醮於客位，三加彌尊，加有成也。已冠而字之，成人之道也。見於母，母拜之；見於兄弟，兄弟拜之；成人而與為禮也。玄冠玄端，奠摯於君，遂以摯見於鄉大夫、鄉先生，以成人見也。

成人之者，將責成人禮焉也。責成人禮焉者，將責為人子、為人弟、為人臣、為人少者之禮行焉。將責四者之行於人，其禮可不重與？

故孝弟忠順之行立，而後可以為人。可以為人，而後可以治人也。故聖王重禮。故曰：冠者，禮之始也，嘉事之重者也。是故古者重冠。重冠故行之於廟，行之於廟者，所以尊重事。尊重事而不敢擅重事，不敢擅重事，所以自卑而尊先祖也。

昏義第四十四　鄭氏註

昏禮者，將合二姓之好，上以事宗廟，而下以繼後世也，故君子重之。是以昏禮納采、問名、納吉、納徵、請期，皆主人筵几於廟，而拜迎於門外，入揖讓而升，聽命於廟，所以敬慎重正昏禮也。

父親醮子而命之迎，男先於女也。子承命以迎，主人筵几於廟，而拜迎於門外。壻執雁入，揖讓升堂，再拜奠雁，蓋親受之於父母也。降，出御婦車，而壻授綏，御輪三周。先俟於門外，婦至，壻揖婦以入，共牢而食，合卺而酳，所以合體同尊卑以親之也。敬慎重正……

而后親之，禮之大體，而所以成男女之別，而立夫婦之義也。男女有別，而后夫婦有義；夫婦有義，而后父子有親；父子有親，而后君臣有正。故曰昏禮者，禮之本也。（忠言也。○別，彼列反，下孝則同。）夫禮始於冠，本於昏，重於喪祭，尊於朝聘，和於射鄉，此禮之大體也。（本猶幹也。鄉飲酒也。○射音亦，鄉音香，下同。）

婦執笲棗栗段脩以見。（笲音煩。段音鍛。○見，賢遍反。笲，皮彦反，器名，以葦若竹。○段，丁亂反。）贊醴婦，婦祭脯醢，祭醴，成婦禮也。（見，成其為婦之禮也。贊，一作禮。○醴音禮。醢，呼改反。）

舅姑入室，婦以特豚饋，明婦順也。（饋，供養也。）

厥明，舅姑共饗婦以一獻之禮，奠酬，舅姑先降自西階，婦降自阼階，以著代也。（著，明也。代，謂婦代姑也。○著，張慮反。阼音祚。）

成婦禮，明婦順，又申之以著代，所以重責婦順焉也。婦順者，順於舅姑，和於室人，而后當於夫，以成絲麻布帛之事，以審守委積蓋藏。（室人謂女妐女叔諸婦也。○妐音鐘。當，丁浪反，下同。當猶稱也，後詆言稱夫者也。不和室人，雖有善者猶不爲稱。○賜，才浪反。藏，才浪反。）是故婦順備而后內和理，內和理而后家可長久也，（順備者，行和當事成。○行，下孟反。）故聖王重之。（順也。○行，下孟反。）

是以古者婦人先嫁三月，祖廟未毀，教于公宮；祖廟既毀，教于宗室。教以婦德、婦言、婦容、婦功。教成祭之，牲用魚，芼

之以蘋藻，所以成婦順也。（嫁謂嫁女與壻者，必于就諸侯，尊者教成者之也。○曾同。教成者之家也。女師也。祖廟，女所出之祖也，公宮，君也。宗室，宗子之家也。婦德，貞順也。婦言，辭令也。婦容，婉娩也。婦功，絲麻也。魚，俎實之，蘋藻，所羞葅菜之祭也。無牲牢，告事耳，非物也。陰類也，絲麻也，魚，俎實之，蘋藻其所羞葅菜，祭無牲牢。告事耳，非物也。其正祖祭廟已，其齊盛用黍云，有司告之。宗子之家若祖廟既毀，則爲壇而告焉。○〔先〕悉薦反。〔笲〕莫報反。）

古者天子后立六宮、三夫人、九嬪、二十七世婦、八十一御妻，以聽天下之內治，以明章婦順，故天下內和而家理。天子立六官、三公、九卿、二十七大夫、八十一元士，以聽天下之外治，以明章天下之男教，故外和而國治。故曰：天子聽男教，后聽女順；天子理陽道，后治陰德；天子聽外治，后聽內職，教順成俗，外內和順，國家理治，此之謂盛德。（在天子前，所以承而副施外，在後之六政官。也三夫人以下百二十人，似夏時也，合而言之，取其相應也，有象天數也；三公以下百二十人，周制也。謂主陰事，陰令也。）

是故男教不脩，陽事不得，適見於天，日為之食；婦順不脩，陰事不得，適見於天，月為之食。是故日食則天子素服而脩六官之職，蕩天下之陽事；月食則后素服而脩六宮之職，蕩天下之陰事。故天子之與后，猶日之與月，陰之與陽，相須而后成者也。（婦學之法也，陰德令也。適之言責也，食者見道有虧傷也，蕩，滌去。○適，直革反，下同。見，賢遍反，下同。蕩，蕩滌，于為穢。）天子脩男教，父道也；后脩女順，母道也。故曰：天子之與后，猶父之與母也，故為天王服斬衰，服父之（惡也。○適，丁革反，下同。）

義也。為后服資衰，服母之義也。（注：……母者也，故施其教令，同於婦。資，衰當為齊，聲之誤也。○齊，七雷反。資，音容。○）

鄉飲酒義第四十五　鄭氏註

鄉飲酒之義：主人拜迎賓于庠門之外，入，三揖而後至階，三讓而後升，所以致尊讓也。（注：庠，鄉學也，州黨曰序。○庠，音詳。○盥，音管。）盥洗揚觶，所以致絜也。（注：揚，舉也；觶，今禮皆作騰。○觶，之豉反，又音支。○）拜至、拜洗、拜受、拜送、拜既，所以致敬也。（注：拜至，謂賓始升……）尊讓、絜、敬也者，君子之所以相接也。君子尊讓則不爭，絜敬則不慢；不慢不爭，則遠於鬥辨矣；不鬥辨則無暴亂之禍矣，斯君子之所以免於人禍也，故聖人制之以道。（注：辨，道謂此禮也。○守，如字，又甫遠反。）

鄉人、士、君子，尊於房戶之閒，賓主共之也。尊有玄酒，貴其質也。羞出自東房，主人共之也。洗當東榮，主人之所以自絜而以事賓也。

賓主象天地也，介僎象陰陽也，三賓象三光也，讓之三也象月之三日而成魄也，四面之坐象四時也。（注：……象天地嚴凝之氣……古文禮僎皆作遵……）

天地嚴凝之氣，始於西南而盛於西北，此天地之尊嚴氣也，此天地之義氣也。天地溫厚之氣，始於東北而盛於東南，此天地之盛德氣也，此天地之仁氣也。（注：凝猶成也。）主人者尊賓，故坐賓於西北，而坐介於西南以輔賓。賓者接人以義者也，故坐於西北。主人者接人以德厚者也，故坐於東南，而坐僎於東北以輔主人也。仁義接，賓主有事，俎豆有數曰聖。聖立而將之以敬曰禮，禮以體長幼曰德。德也者，得於身也。故曰：古之學術道者，將以得身也，是故聖人務焉。（注：術猶藝也……得身也……免於刑罰……）

祭薦、祭酒，敬禮也；嚌肺，嘗禮也；啐酒，成禮也。於席末，言是席之正，非專為飲食也，為行禮也，此所以貴禮而賤財也。卒觶，致實於西階上，言是席之末也。（注：上言……非專為飲食也，先禮而後財，則民作敬讓而不爭矣。）

鄉飲酒之禮：六十者坐，五十者立侍，以聽政役，所以明尊長也。六十者三豆，七十者四豆，八十者五豆，九十者六豆，所以明養老也。民知尊長養老，而后乃能入孝弟。民入孝弟，出尊長養老，而后成教，成教而后國可安也。君子之所謂孝者，非家至而日見之也。合諸鄉射，教之鄉飲酒之禮，而孝弟之行立矣。（注：此說鄉飲酒禮正國……索鬼神禮……）

而鄉射，則州長春秋以禮會民而射于州序，以正齒位之禮也。其祭祀，則以禮屬民而飲酒于序，以正齒位之禮也。謂之鄉者，州黨鄉之屬也。如今郡國下或令、長，於鄉之所居州黨，鄉大夫親為主人焉。如今郡國下令、長，於鄉之所居州黨，鄉大夫……相息臨之禮也。漢制，郡有大守，國有相。[行]下孟反。[屬]音燭。[大守]息羊反。

孔子曰：吾觀於鄉，而知王道之易易也。謂鄉飲酒，教化之本也。尊賢。易易。

主人親速賓及介，而眾賓自從之。至于門外，主人拜賓及介，而眾賓自入，貴賤之義別矣。速，召也。[速]謂卿家召之。[別]彼列反。

三揖至于階，三讓以賓升，拜至、獻、酬、辭讓之節繁，及介省矣；至于眾賓，升受坐祭立飲，不酢而降，隆殺之義辨矣。繁猶盛也，省猶減也。隆，盛也；殺，卑也。辨者，小禮隆殺。[省]所領反，下同。[殺]色戒反。

工入升歌三終，主人獻之；笙入三終，主人獻之；間歌三終，合樂三終，工告樂備，遂出。一人揚觶，乃立司正焉，知其能和樂而不流也。工，謂樂正也。樂正既告備，而言以遂出者，自此以禮不至。

賓酬主人，主人酬介，介酬眾賓，少長以齒，終於沃洗者焉，知其能弟長而無遺矣。失可知。一人或為二人。[合]如字，又音閤。[少]詩照反。[遺]唯季反。[沃]於木反。

降，說屨升坐，脩爵無數。飲酒之節，朝不廢朝，莫不廢夕。賓出，主人拜送，節文終遂焉，知其能安燕而不亂也。朝莫，朝夕也。[朝]直遙反。莫聽事先也，夕則不廢其……[莫]音暮。[先]廢先也。

貴賤明，隆殺辨，和樂而不流，弟長而無遺，安燕而不亂，此五行者，足

以正身安國矣。彼國安而天下安，故曰：吾觀於鄉，而知王道之易易也。鄉飲酒之義，立賓以象天，立主以象地，設介、僎以象日月，立三賓以象三光。古之制禮也，經之以天地，紀之以日月，參之以三光，政教之本也。日出於東，僎之所在也；月生於西，介所在也。[行]在地。[三光]……反。

亨狗於東方，祖陽氣之發於東方也。洗之在阼，其水在洗東，祖天地之左海也。尊有玄酒，教民不忘本也。祖猶法也。狗，主養萬物者也。尊，猶法陽氣主養萬物。大水而已。

賓必南鄉。東方者春，春之為言蠢也，產萬物者聖也。南方者夏，夏之為言假也，養之、長之、假之，仁也。西方者秋，秋之為言愁也，愁之以時察，守義者也。北方者冬，冬之為言中也，中者藏也。是故天子之立也，左聖鄉仁，右義偝藏也。

介必東鄉，介賓主也。主人必居東方，東方者春，春之為言，產萬物者也。主人者造之，產萬物者也。月者三日則成魄，三月則成時，是以禮有三讓，建國必立三卿。三賓者，政教之本，禮之大參也。數言取法於陰陽也，大也。

古者諸侯之射也，必先行燕禮；卿大夫士之射也，必先行鄉飲酒之禮。故燕禮者，所以明君臣之義也；鄉（言別以尊卑老稚觀德行也乃）飲酒之禮者，所以明長幼之序也。（後言射則別以觀德行也）故射者，進退周還必中禮，內志正，外體（別彼列反○長丁丈反故○彼列反）直，然後持弓矢審固；持弓矢審固，然後可以言中，此（鵠之名出自此也○中丁仲反下也同正內正外直）可以觀德行矣。

其節：天子以騶虞為節，諸侯以貍首為節，卿大夫以采蘋為節，士以采蘩為節。騶虞者，樂官備也；貍首者，樂會時也；采蘋者，樂循法也；采蘩者，樂不失職也。是故天子以備官為節，諸侯以時會天子為節，卿大夫以循法為節，士以不失職為節。故明乎其節之志，以不失其事，則功成而德行立，德行立則無暴亂之禍矣，功成則國安。故曰：射者，所以觀盛德也。

是故古者天子以射選諸侯、卿、大夫、士。射者，男子之事也，因而飾之以禮樂也。故事之盡禮樂，而可數為，以立德行者，莫若射。故聖王務焉。

是故古者天子之制，諸侯歲獻貢士於天子，天子試之於射宮。其容體比於禮，其節比於樂，而中多者，得與於祭；其容體不比於禮，其節不比於樂，而中少者，不得與於祭。數與於祭而君有慶，數不與於祭而君有讓；數有慶而益地，數有讓而削地。故曰：射者，射為諸侯也。是以諸侯君臣盡志於射，以習禮樂。夫君臣習禮樂而以流亡者，未之有也。

故詩曰：曾孫侯氏，四正具舉，大夫君子，凡以庶士，小大莫處，御于君所，以燕以射，則燕則譽。言君臣相與盡志於射，以習禮樂，則安則譽也。是以天子制之，而諸侯務焉。此天子之所以養諸侯，而兵不用，諸侯自為正之具也。

孔子射於矍相之圃，蓋觀者如堵牆。射至於司馬，使子路執弓矢出延射，曰：賁軍之將，亡國之大夫，與為人後者不入，其餘皆入。蓋去者半，入者半。

而魏者既有畏其爲義者而往之是貪之延或去奇也○[奇]居宜[興]反

[匪]居宜[興]反

又使公罔之裘序點揚觶而語公罔之

裘揚觶而語曰幼壯孝弟耆耋好禮不從流俗脩身

以俟死者不在此位也蓋去者半處者半序點又揚

觶而語曰好學不倦好禮不變旄期稱道不亂者

在此位也蓋廊有存者○[好]呼報反又音觀[行]下孟音[旄]下

[毛]音武百反

解而語廊有存者舉之發聲者也○[耋]田結反老也[耄]又作[旄]

莫報反[稱]尺證反又尺升反

也言徐點也或爲將旄百年曰期頤○[頤]音夷失位也皆序

點騰也耆耋皆老也今此禮賓位皆作騰

說義理也八十九十曰耄壯在此禮賓位皆作序騰行猶

留說八十九十曰耄[旄]亦作耄

子者以爲子鵠爲人君者以爲君鵠爲人臣

臣鵠故射者各射己之鵠故天子之大射謂之射侯

射侯者射爲諸侯也射中則得爲諸侯射不中則不

得爲諸侯還視射侯有讓則飛吾射[射]音亦徐音諸侯之

[鵠]如字又戶各反[鵠]其諸侯卿大夫士謂之射[舍]如字

弓矢審固則射中矣故曰爲人父者以爲父鵠爲人

也繹者各繹己之志也故心平體正持弓矢審固持

○[好]勤又報觀[行]同[旄]孟音[繹]下同[舍]

射之爲言繹也或曰舍○[繹]音亦好勤又報觀

在此位也蓋廊有存者舉之

以俟死者不在此位也蓋去者半處者半序點又揚

宮射中者得與於祭不中者不得與於祭不得與於

習射於澤澤者所以擇士也已射於澤而后射於射

如字音各[捲][射]食亦反[中]丁仲反又徐天雞反[捲]古毒反四方又徐音釋[舍]

祭者有讓削以地得與於祭者有慶益以地進爵絀

地是也皆澤宮名也射於澤謂諸侯朝者先射於諸侯臣及所

澤宮先射士謂射於澤己乃射者射宮及課中貢士也

令習射士於澤有讓律者先反[絀]敕律[絀]敕律

削地○[慶]者先進爵有讓律者反故男子生桑弧蓬矢

諸侯有慶者先進爵○[興]音預[絀]下同[絀]敕律反[食]音嗣爲射者仁之道

六以射天地四方天地四方者男子之所有事也故

必先有志於其所有事然後敢用穀也飯食之謂也

之男子射乃生則設弧於門左三日負之人爲射者仁之道

射乃卜食子也○[飯]扶晚反[食]音嗣

也射求正諸己己正而后發發而不中則不怨勝己

者反求諸己而已矣於諸猶孔子曰君子無所爭必也

孔子曰射者何以射何以聽循聲而發而不失正鵠者其唯賢者乎若夫

不肖之人則彼將安能以中節也何以言其難也樓皮曰謂樂曰鵠樂

以聽循聲而發而不失正鵠者其唯賢者乎若夫

爭而升飲君子○[祖]音但耻[說]吐活反射則

爭中○[祖]音但耻[說]吐活反射則

執張弓不勝者襲說決拾鄰左手右加弛弓者於祖其決上遂

爭也下降也飲射爵者亦揖讓而升降勝者於袒決其上遂

射乎揖讓而升下而飲其爭也君子于必至也於射乎則言有君

射乎揖讓而升下而飲其爭也君子于必至也於射乎則言有君

者反求諸己而已矣於諸猶孔子曰君子無所爭必也

能正中之言正也[鵠]之言梏也梏直也言人正直乃能中○[正]音征[梏]音扶[楷]音正[角]乃詩云

能正中之言正也發或爲射○[正]音征[梏]直也言人正直乃[楷]音扶[楷]音正[角]乃詩云

不肖之人則彼將安能以中節也何以言其難也樓皮曰謂樂曰鵠樂

以聽循聲而發而不失正鵠者其唯賢者乎若夫

發彼有的以祈爾爵祈求也求中以辭爵者辭養也發猶射也

以養老也所以養病也求中以辭爵者辭養也○[養]如字又羊尚反

的謂所射之識也言射的或爲的必欲中之者以隸不飲女尚反

爵也辭養見養也爾或爲有○[養]如字又羊尚反

[識]音志[識]一音式

燕義第四十七　　　鄭氏註

古者周天子之官有庶子官庶子官職諸侯卿大夫

士之庶子之卒掌其戒令與其教治別其等正其位

國有大事，則率國子而致於大子，唯所用之。若有甲兵之事，則授之以車甲，合其卒伍，置其有司，以軍法治之，司馬弗正。（也。國子，諸子屬大子也。軍法，駟馬雖有軍卒，五人爲伍，弗賦也。○弗〔合〕不……）凡國之政事，國子存游卒，使之脩德（游，如忽字。又〔正〕音征。〔卒〕音閬……）學道，春合諸學，秋合諸射，以考其藝而進退之。（未游仕卒者，是以學大學也。射，射宮也。燕禮有庶子……○〔卒〕七內反。此《周禮》文也，義載此以爲說。）諸侯燕禮之義：君立阼階之東南，南鄉，爾卿大夫皆少進，定位也（者，爾，近也，定其位也。○〔鄉〕許亮反。）；君席阼階之上，居主位也；君獨升立席上，西面特立，莫敢適之義也。（○〔適〕音敵。躅躇，〔爲〕於篤反，安定也。）設賓主，飲酒之禮也，使宰夫爲獻主，臣莫敢與君亢禮也；不以公卿爲賓，而以大夫爲賓，爲疑也，明嫌之義也。（主人，公孤也。疑，自下上至膳之官也。公卿，天子使膳宰夫復……爲主人，公孤也。）賓入中庭，君降一等而揖之，禮之也。（賓，設……）君舉旅於賓，及君所賜（爲賓，則尊與君大相近。○〔大〕音泰。○〔元〕）爵，皆降再拜稽首，升成拜，明臣禮也；君答拜之，禮無（苦浪反，〔復〕扶又反。）不答，明君上之禮也。臣下竭力盡能以立功於國，君必報之以爵祿，故臣下皆務竭力盡能以立功，是以國安而君寧。禮無不答，言上之不虛取於下也。上必

明正道以道民，民道之而有功，然後取其什一，故上用足而下不匱也，是以上下和親而不相怨也。和寧，禮之用也，此君臣上下之大義也。故曰：燕禮者，所以明君臣之義也。（言聖人制禮，因事以託之政。是其再報拜，以稽首。是其竭力也。因事，君答以稽……）席，小卿次上卿，大夫次小卿，士庶子以次就位於下。獻君，君舉旅行酬；而后獻卿，卿舉旅行酬；而后獻大夫，大夫舉旅行酬；而后獻士，士舉旅行酬；而后獻庶子。俎豆牲體薦羞，皆有等差，所以明貴賤也。（牲體，俎實也。薦謂脯醢也。羞，庶羞也。○差，初佳反，又初宜反，差庶也。○〔祿〕音惠也。〔稽〕音啓。）

聘義第四十八

鄭氏註

聘禮，上公七介，侯伯五介，子男三介，所以明貴賤也。（此皆使諸侯之出聘之禮。介，其介數下也。大行人職……君行人二等。）介紹而傳命，君子於其所尊弗敢質，敬之至也。（自質相謂當正。）三讓而后傳命，三讓而后入廟門，三揖而后至階，三讓而后升，所以致尊讓也。（此揖讓，主人謂事時也。三讓，賓見而后主人傳命，擯賓至……廟門，主人陳擯以……客禮當己則三讓，主人不得受命也。乃傳小行人其君之職，曰聘。凡命四也。○〔擯〕必刃反。小〔使〕所吏受反。其方幣聽之，其使者……）君使士迎于竟，大夫郊勞，君親拜迎于大門之內而廟受，北面拜貺，拜君命之辱，所以致敬也。（勞。○〔竟〕音境。報，音報反。拜，既聘賜君也。賓之恩致，命惠辱，公當榴命來聘，再拜者……）敬讓也者，君子之所以相接也，故諸侯

相接以敬讓，則不相侵陵。（君耐之相接以敬讓，而主人敬賓也。）卿為上擯、大夫為承擯、士為紹擯。君親禮賓，賓私面、私覿，致饔餼，還圭璋、賄贈、饗食燕，所以明賓客君臣之義也。（禮則為賓客之也，臣則為君臣也。或不親而使。○還音旋。）故天子制諸侯，比年小聘，三年大聘，相屬以禮。使者聘而誤，主君弗親饗食也，所以愧厲之也。諸侯相屬以禮，則外不相侵，內不相陵。此天子之所以養諸侯，兵不用而諸侯自為正之具也。（比年小聘，所謂歲相問也；三年大聘，所謂殷相聘也。○比必履反。使色吏反。）以圭璋聘，重禮也。已聘而還圭璋，此輕財而重禮之義也。諸侯相屬以輕財重禮，則民作讓矣。主國待客，出入三積，餼客於舍，五牢之具陳於內，米三十車，禾三十車，芻薪倍禾，皆陳於外，乘禽日五雙，群介皆有餼牢，壹食再饗，燕與時賜無數，所以厚重禮也。（厚重禮，厚此聘禮也。倍步罪反。乘繩證反。○積音于賜反。食音嗣。）古之用財者不能均如此，然而用財如此其厚者，言盡之於禮也。盡之於禮，則內君臣不相陵，而外不相侵，故天子制之，而諸侯務焉爾。此聘射之禮，至大禮也。質明而始行事，日幾中而后禮成，非強有力者弗能行也。故強有力者，將

以行禮也。（禮成音幾，又音畢也。或曰行成。下孟反。○【幾】）酒清，人渴而不敢飲也；肉乾，人飢而不敢食也；日莫人倦，齊莊正齊，而不敢解惰，以成禮節，以正君臣，以親父子，以和長幼。此眾人之所難，而君子行之，故謂之有行。有行之謂有義，有義之謂勇敢。故所貴於勇敢者，貴其能以立義也；所貴於立義者，貴其有行也；所貴於有行者，貴其行禮也。故所貴於勇敢者，貴其敢行禮義也。故勇敢強有力者，天下無事，則用之於禮義；天下有事，則用之於戰勝。用之於戰勝則無敵，用之於禮義則順治；外無敵，內順治，此之謂盛德。故聖王之貴勇敢強有力如此也。勇敢強有力而不用之於禮義戰勝，而用之於爭鬥，則謂之亂人。（【解】佳賣反。）刑罰行於國，所誅者亂人也。如此則民順治而國安也。（○【勝】克敵也。【渴】苦葛反。或【乾】音陳。）（干【莫】並音暮。【齊】側皆反。下【孟】反，下同。【陳】直革賣反。）子貢問於孔子曰：敢問君子貴玉而賤碈者何也？為玉之寡而碈之多與？（碈石似玉者。○【碈】武巾反。【與】音餘。或作珉，武巾反。）孔子曰：非為碈之多故賤之也、玉之寡故貴之也。夫昔者君子比德於玉焉：溫潤而澤，仁也；（溫潤，潤似仁也。○【縝】音軫。）縝密以栗，知也；（縝緻也。栗堅貌。○【縝】敕忍反，一音真。【知】音智。）廉而不劌，義也；（廉稜也。劌傷也。○【劌】九衛反，又已芮反。【劌】音歲。）垂之如隊，禮也；（隊似禮卑。○【隊】直位反，又音遂。）

之其聲清越以長其終詘然樂也。〔越以長謂其樂勿記。止詘則有止。其樂勿記，苦如老橐反。無樂也。作則有撓也。〕瑕不揜瑜瑜不揜瑕忠也。〔瑕玉之病也。瑜其中間美者。玉之性善，惡不相揜。孚尹旁達信也。〕氣如白虹天也精神見于山川地也。〔氣如白虹，天氣也。精神通氣，地也。〕圭璋特達德也。〔圭璋特達，聘享。〕天下莫不貴者道也。〔言道無不由人。〕詩云言念君子溫其如玉故君子貴之也。〔玉有似君子。〕以其似君子也。

喪服四制第四十九　鄭氏註

凡禮之大體體天地法四時則陰陽順人情故謂之禮。〔訾，口搜反。〕訾之者是不知禮之所由生也。夫禮吉凶異道不得相干取之陰陽也。〔喪服凶禮容貌及器物也。〕喪有四制變而從宜取之四時也。有恩有理有節有權取之人情也。恩者仁也理者義也節者禮也權者知也。仁義禮知人道具矣。〔取其四時制也。其恩厚者其服重。〕

故為父斬衰三年以恩制者也。〔斬衰莫重于門內之。〕門內之治恩掩義門外之治義斷恩資於事父以事君而敬同貴貴尊尊義之大者也故為君亦斬衰三年以義制者也。

〔資於事父以事母而愛同天無二日土無二王國無二君家無二尊也，以一治之也。〕

節制者也。〔三日而食，三月而沐，期而練，毀不滅性，不以死傷生也。喪不過三年，苴衰不補，墳墓不培，祥之日，鼓素琴，告民有終也，以節制者也。〕資於事父以事母而愛同天無二日土無二王國無二君家無二尊也。

齊衰期者見無二尊也。〔齊衰期者，見無二尊也。〕

杖者何也爵也。三日授子杖五日授大夫杖七日授士杖。或曰擔主或曰輔病婦人童子不杖不能病也。百官備百物具不言而事行者扶而起言而後事行者杖而起身自執事而後行者面垢而已。禿者不髽傴者不袒跛者不踊老病不止酒肉凡此八者以權制者也。

始死三日不怠三月不解期悲哀三年憂恩之殺也。〔怠，息也。解，佳買反。〕聖人因殺以制節此喪之所以三年賢者不得過不肖者不得不及此喪之中庸也王者之所常行也。書曰高宗諒闇三年不言善之也。〔諒闇，古作梁闇。諒讀如字。闇讀為鶉，諒闇謂廬也。〕

行此禮何以獨善之也。曰：高宗者武丁，武丁者殷之賢王也。繼世即位，而慈良於喪。當此之時，殷衰而復興，禮廢而復起，故善之。善之，故載之書中而高之，故謂之高宗。三年之喪，君不言。書云：高宗諒闇，三年不言。此之謂也。然而曰言不文者，謂臣下也。（謂喪事辨者。不，所當共也。復，扶又反。文，如字。孝經說曰：言不文者，指士民也。辨，皮莧反。共，音恭。）

○斬衰之喪，唯而不對；齊衰之喪，對而不言；大功之喪，言而不議；緦小功之喪，議而不及樂。（而不對，應耳。言謂先發口也。此謂與侑者為之。○唯，余癸反，徐以水反。侑，音又。為，于僞反。）

父母之喪，衰冠繩纓菅屨，三日而食粥，三月而沐，期十三月而練冠，三年而祥。比終茲三節者，仁者可以觀其愛焉，知者可以觀其理焉，強者可以觀其志焉。禮以治之，義以正之。孝子弟弟貞婦，皆可得而察焉。（察，仁有恩者也。理，義也。○菅，音姦。屨，紀具反。期，音基。比，必利反。知，音智。弟，上音悌，下如字。）

禮記卷第二十